博瑞森图书
BRACE

企业阅读 本土实践

从0过100亿

智者情怀与工匠精神

张学军◎著

中华工商联合出版社

图书在版编目（CIP）数据

六个核桃凭什么：从0过100亿/张学军著．—北京：中华工商联合出版社，2015.7

ISBN 978-7-5158-1366-0

Ⅰ.①六…　Ⅱ.①张…　Ⅲ.①饮料—食品工业—工业企业管理—经验—衡水市　Ⅳ.①F426.82

中国版本图书馆CIP数据核字（2015）第148169号

六个核桃凭什么：从0过100亿

作　　者：张学军
责任编辑：于建廷　效慧辉
责任审读：郭敬梅
封面设计：久品轩
责任印制：迈致红
出版发行：中华工商联合出版社有限责任公司
印　　刷：三河市文阁印刷有限公司
版　　次：2015年9月第1版
印　　次：2015年9月第1次印刷
开　　本：710×1000毫米　1/16
字　　数：250千字
印　　张：19
书　　号：ISBN 978-7-5158-1366-0
定　　价：66.00元

服务热线：010－58301130
团购热线：010－58302813
地址邮编：北京市西城区西环广场A座19－20层，100044
http：//www.chgslcbs.cn
E-mail：cicap1202@sina.com（营销中心）
E-mail：gslzbs@sina.com（总编室）

博瑞森图书：企业阅读　本土实践

亲爱的读者朋友：

也许您是博瑞森图书的老读者，也许是新朋友，欢迎您阅读博瑞森图书！

当今中国，各行各业都存在着转型升级的压力与机遇。博瑞森图书与您一同应对转型挑战并发现其带来的机遇。

我们一直在问：什么样的书能为您解决管理难题并带来启发？

我们一直在找：哪些作品能帮助企业从跟随到领先？

我们一直在做：把最好的作品以最便捷的方式呈现给您，纸质版、电子版、书摘邮件、微信……

我们策划图书的原则是：

- 企业阅读——与您一样，做水中的游泳者，而非岸上的观众或教练，企业的困惑就是我们的任务。
- 本土实践——与您一样，立足本土环境，追求卓越实践，传播最适合当下中国企业的管理之道。

我们也向所有的企业管理者、管理咨询专家和企业研究者征稿，让更多被实践检验的好思想、好方法迸发出来，为企业助力！（bookgood@126.com 或 QQ：1963328416 或手机号（微信号）13611149991，绝非“自费出书”，不向作者收取任何费用）

如果有一天，您把博瑞森图书视为您优秀的事业伙伴、管理助手，我们也就实现了自己的梦想。

博瑞森图书

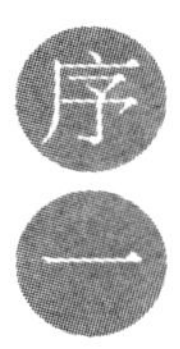

用良知与智慧点亮世界

养元智汇饮品股份有限公司总裁

智达天下（全称为智达天下营销顾问机构）是养元（全称为养元智汇饮品股份有限公司）多年的战略合作伙伴，张学军老师也一直是我的良师和益友，在他亲自领衔搜集、整理、复盘和研究的准备下，今天这本书终于和大家见面了。

这是第一本写养元的书，也是第一次有人从不同的角度和层面，对养元这十几年的发展做了一个较为全面的回顾和总结。说实话，第一次看到这叠厚厚的书稿时，我感到非常震惊。一方面，我感慨于时间的飞逝，转眼间，数十年过去了。在这期间，养元饮品的境遇有很大的改变。回想企业从起步到发展的艰辛历程，一路走来，苦辣酸甜，个中滋味，难以尽表。还好这本书以比较客观的视角记录了养元各阶段的发展状况，让我们这些“当局者”能够“跳出来”做一番自我审视。另一方面，我真切地感受到张学军老师和智达天下团队的诚意。作为养元饮品的事业伙伴和知心朋友，张学军老师参与并见证了养元每一步的发展，有资格和能力向大家展示一个全面的、有血有肉的养元。他们以专业咨询的视角回溯并剖析了企业各方面的发展，这带给我很多的启发和思考。孔子曰：“温故而知新。”通过阅读这本书，我对养元有了全新的认识。

近些年，养元取得了一些成绩，得到了社会的广泛关注和认可。但是，如今的成绩终归是有限的，并且这些成绩已经成为过去，未来我们还有很长的路要走。如果问这些年我在经营上有什么心得和经验的话，我认为无非是在对的时间做了一些对的事情，并且踏踏实实地把对的事情做好了。这绝对不是敷衍的说法，而是我发自内心的一种体会和感受。

实际上，在企业经营上，能够选择并坚持做对的事情，并把对的事情做好，是很不容易的。这要求经营者坚守一贯的良知、道义和商业伦理，经得起各种眼前利益的诱惑，有为人处世的智慧。

养元能走到今天，首先得益于一种务实勤勉的态度，以姚奎章董事长为首的创业班子成员，个个身上都有着衡水人特有的朴实、宽厚和正直。不浮夸，不投机，低调做人、高调做事，这是大家这么多年来共同坚守的行事准则。这种务实的态度给养元注入了良好的组织基因，并在长期发展中固化成企业的文化品格。人们常说性格决定命运，我认为，这句话对于企业同样适用。经营“正直的企业”，做良心产品，自然会有好的“果报”。

其次，养元能取得今天的成绩，也离不开全体养元员工的智慧。这里的智慧不是指一时一事上的捷径机巧，更不是小聪明，而是一种合乎规律、善驾于势的做事方法，也就是做好每个阶段该做的事，在每个阶段做最好的自己。企业成立之初，就把小企业该做的事做好，企业壮大之后，就要承担起大企业应有的责任。回顾养元这十余年的发展，其实也没有发生过多少惊天动地的大事，更没什么所谓的奇迹发生。我们只是以正确的态度和方法做好每一件小事，十年如一日，功到自然成，所以才有了今天的成绩。

如今，很多人在研究、分析养元，希望对养元有比较细致的了解，这对我们来说是一种荣幸。我们也乐于同社会各界坦诚相见，向大家展示一个透明、开放的养元。如果我们的点滴经验或心得能给大家些许启发，也真算得上是幸事一件了。

这本书不仅按照时间顺序讲述了养元的发展历程，方便大家对养元有一个全景式的认识，而且系统、准确地归纳了养元这些年来积淀下来的经营模式，深入地阐发了一些规律性的东西，让大家看到现象背后的真相。此外，本书“智达六论”部分，则在一个更高的层面上阐释了著者对养元企业经营的看法，使人深受启发。总之，我希望更多的人通过对这本书的阅读认识养元，而我们自己也要通过对这本书的阅读勉励自己，不辜负著者在书中对我们的肯定和赞许。

最后，我想借此写序的机会郑重地向智达天下和张学军老师致以谢意，感谢他们多年来的一路陪伴，感谢他们为养元的事业贡献出的智慧和汗水，感谢他们用心写就了这本著作。

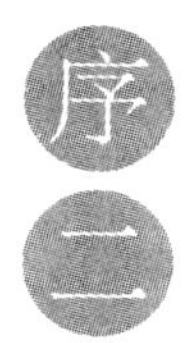

为本土化营销实践与创新喝彩

《糖烟酒周刊》杂志社社长、总编辑

养元六个核桃可谓是近十年来中国食品饮料业难得的一个成功案例，也是本土品牌营销的标杆和样本。《糖烟酒周刊》作为一个行业性的媒体和商务平台，多年来，一直近距离观察和研究养元的发展脉络，并见证了养元的每一步发展。这本书的作者张学军老师和他带领的智达天下团队，也是我们多年的战略合作伙伴和老朋友，听说他们正在写这本书时，我很高兴，对他们的做法也很赞赏。

时下正值中国食品行业的又一个大发展、大繁荣时期，行业规模不断扩大，品类、品牌的迭代升级活动空前活跃。随着国内市场的发展成熟，企业界迫切需要一系列植根本土市场、深度切合国内企业经营实际的观念和方法体系，尤其是标杆性的范例。这本书的出版，第一次向我们展示了养元由小到大、由弱到强的发展轨迹，以及其发展背后的企业素养和成功基因，让我们有机会全面而深入地了解养元、分析养元、学习养元。

中国企业的管理和营销是伴随着改革开放的进程不断发展起来的，是“摸着石头过河”的产物，因而具有鲜明的实践色彩和时代烙印，而理论研究上的启蒙，则脱胎于西方经典的管理学和营销学理论体系。实际上，至今中国企业的管理和营销仍没有脱离其基本框架范畴。这些以西方国家尤其是美国市场的商业实践为基础的理论观念，具有普适性，对国内企业的经营管理也有一定的指导意义，比如，大量的案例已经印证了定位理论、顾客价值观念等理论的价值和有效性。

但是，与此同时，我们也要认识到中国市场的独特性。经历30多年的改革开放，我们的市场化进程是在不断尝试中推进、完善的，我们的企业是在未知的、非线性的环境变化中生存并发展起来的，企业面对的是极具中国特色的政治、经济环境、消费环境、竞争环境等。在这种情况下，我们需要经典理论的指导，更需要构筑一种“中国式”的、体现东方智慧的观念体系，从而更好地与中国企业的实际相结合。理论源于实践，只有立足本土市场、源于本土化经营的实际案例，才能真正体现“中国式”管理思想和方法体系。令人欣慰的是，我们看到越来越多的优秀本土企业正在脱颖而出、奋力崛起，用他们的智慧和勤奋谱写着一个个商业传奇。

养元正是一个本土企业崛起的典型样本。从濒临破产时的生死挣扎，到步步为营，实现连年跨越的成长，再到今天的行业领头羊，这一充满戏剧性和极富传奇色彩的发展经历，不仅使养元练就了深厚的经营功底，更为食品行业乃至中国企业界积累了一笔宝贵的财富。从不同发展阶段的养元身上，你或许会看到自己企业的影子，或许会找到某种类似的问题，或许会对某段经历感同身受。尽管我们无法完全复制出一个企业的成功之道，但是我们相信，通过这样一个血肉丰满的案例，你一定会在做企业的心态、做管理的理念、做营销的方法等方面受到启发。

初读这本书，我最大的感受是“干货”多、诚意足，没有过激的观点，没有夸大的事实，没有多余的包装、渲染，作者更像是一个平和、冷静的讲述者，站在客观、独立的立场，向我们展示了一个立体的、真实的养元。实际上，一个企业十几年的发展，包含了太多的信息，很难讲成一个既线索清晰又跌宕起伏的故事。好在这本书的作者并没有刻意追求面面俱到，而是以纵向、横向两种视角，抓住关键要素和因果关系，“述”与“论”相结合，从事实出发，而又不拘泥于就事论事，由现象到本质，由案例到规律总结，层次清晰。无论是上篇的“养元轨迹”、中篇的“养元密码”，还是下篇的“智达六论”，我们都能从中看到作者的思考和写作立场，以及一家本土智业公司的专业功底和职业情怀。

通过阅读这本书，相信很多读者会进一步了解养元的成功轨迹和成功背后的规律，并从中得到启发。对本土企业尤其是成长型的企业来说，阅读本书，并从养元的成功中汲取经验是很有意义的。就我个人而言，除具体的思路、方法可供其他企业借鉴之外，还有一点值得注意，即养元这种成功企业的背后往往并没有我们想象中的“高大上”的理念或一招制胜的“独门秘籍”，养元的员工只是坚守常识、立足常态，把大家都知都懂的事做到位、坚持做，十年磨一剑，功到自然成，这才是经营企业的正知和正道。

最后，期待着养元给我们带来更多的精彩，也期待着中国诞生出更多像养元一样坚守自我、自强不息的优秀企业！

养元样本：情怀与匠心

养元企业首席战略顾问、智达天下营销顾问机构董事长

自2002年末智达天下与养元结缘至今，已有十多个年头。从初识企业的几位老总，到大家携手合作，再到养元一步步艰难发展、跨越，成为行业巨人，一路走来，许多场景仍历历在目，仿佛昨天才发生。现在的养元已经成为一个榜样或标杆，是极具传奇色彩的案例。的确，年销售额从几百万元上升至一百五十亿元，这可不是所有企业都能实现的跨越。养元作为其他企业的榜样和标杆，可谓实至名归。

然而，复盘和梳理养元十余年的奋斗历程，我们的目光常常会从眼下的辉煌转到企业的开端。罗马不是一天建成的，成功也不是偶然。如果说养元作为样本能给行业带来一些启示的话，那么，我们就必须从纵、横两个维度对其发展历程进行复原，我们不能只看到那些既成的“果”，还要探寻“果”背后的“因”。一座冰山，露出水面的一角看上去很美，但是水面以下的大部分才是撑起它的根基。

“养元崛起靠的是什么”这是这些年我思考的最多的问题。是六个核桃这个名字起得好？是市场策略定得准？是广告投放得多？是广告口号喊得响？是机会赶得巧？是团队执行得棒？其中很多因素在企业生存发展的过程中发挥过重要作用，但是养元能够创造今天的卓越业绩，绝不是某种单一要素或战术作用的结果。企业靠“点子”、运气、战术，也许能够取得一时的成功，但是想要获得持续跨越式的发展，企业一定要有卓越的战略和有效的战略执行系统。当然，除此之外，还要有更深层面的因素。一个习武少年从初学乍练，到武功修为独步天下，再到成为“为国为民”的“侠之大者”，绝不可能是因为花哨的“一招半式”或者心血来潮。深不可测的强大内力一定源自习武之人多年在修炼中对“内功心法”的坚守和不断完善，以及由不断的觉悟、升华而来的使命与情怀。

作为与养元密切合作多年的战略顾问，智达天下有幸一路参与、融入并见证了这家企业的每一步成长和跨越。我们认为有必要从一个全局的、历史的、发展的高度深入解析养元的发展轨迹和成功要素，向同行企业及所有关注养元的人展示一个真实的、立体的、有血有肉的养元，这正是写作本书的目的。

我们从一顿令人颇感尴尬的“散伙饭”开始，力图以全景式的视野回顾、梳理养元人创业崛起的历程，深度剖析养元得以创新自强、持续跨越的关键路径、内在底蕴和独特“基因”。尽管在写作上，有时会顾此失彼，但我们还是会试图展现并还原养元发展的整体面貌，透过现象探寻到企业成功的本质所在。

我们发现，养元的性格禀赋和精神气质是这样的：它憨厚朴实、胸襟坦荡、谦逊低调而又勤勉上进，和这块热土上所有的优秀儿女们一样；它初心沉静、简单纯情、认真专注地探索、创业，步步聚焦，探索品类、推广品类、引领品类和建设品牌，十余年如一日；它务实严谨、严于律己、严以治企、追求效率、追求卓越，起步阶段“一穷二白三落后”的状态不但没有让它感到自卑或选择放弃，反而激起它不息的创业勇气和激情，从“激情四射，缔造传奇”和“从做事开始做事业，以做事业的心态做事”开始，探索、实践、创新，精益求精，不断超越自我，修心修觉，最终形成“创百年民族品牌”以回报社会的家国情怀和大爱胸襟。它崇尚务实、学习、创新和自强的创业精神，从礼品营销到大预售制，从“十几个人，七八条枪”到营销金牌战队，从厂商战略合作到生态圈优势竞争，从品类创新到系统制胜，从“小我卓越”到大爱无疆，在“自强不息，追求永恒”的路上，养元一次次地实现着自我蜕变与升华。

养元人给我们的启示是什么？是专注，是严谨，是效率，是学习，是创新，是格局，是步步聚焦，是务实自强，是坚守初心，是路径、效率、机制、模式趋优。关于这一点，人们已经说了很多。

在我看来，养元人带给本土企业最大的启示是博大的情怀与深远的匠心！以诚信、大爱、慧心、敬畏和信仰书写的情怀和价值观才能支撑起百亿元、千亿元的事业王国；以追求心到神到、严谨执着、精益求精、精雕细琢的“工匠精神”来治理企业、完善企业、拓展事业，才能推动企业事业的不断趋优、升华，进而创造最优化价值。大道至简，这是养元样本带给我们的启发。事实上，成功的事业与成功的人生又何尝不是如此呢。

如今我们已经走进“大众创业，万众创新”的“互联网+”时代，面对时代的大机遇、大挑战、大变革与大迭代，各种媒体也争相报道五花八门的创业传奇、励志故事、大师论道，或许我们最不愿意看到就是万众浮躁、投机取巧、贪婪逐利、速生速死的现象。我们是否应该学习养元这类企业“立百年业”的大情怀、大胸襟与“十年一剑”的大匠心、大智慧呢？“中国智造”也好，“大国崛起”也罢，大情怀与大匠心难道不是最珍贵、最稀缺的吗？

本书分为上、中、下三篇。上篇题为“养元轨迹：蜕变与跨越”，该部分首先以时间为线索，梳理、讲述了养元十余年跨越式成长的三个阶段，其次从横剖面深入解读养元的营销模式、执行效率、厂商合作及六个核桃从品类创新到系统制胜的关键因素。中篇题为“养元密码：规律与特质”，该部分从环境生态、企业生存、养元的企业态度、养元的企业灵魂、养元的企业胸怀及养元不可复制的特质“基因”等方面，多角度地剖析了养元的企业经营与跨越中所蕴含的规律性与独特性。下篇题为“智达六论：寻常即大道”，该部分从企业生态、市场维度、品牌成长、执行速率、系统制胜及文化驱动等方面，阐述了智达天下基于多年快消品领域智业咨询形成的实战性感悟与观点，目的在于超越养元作为案例的层面，探讨本土营销的实践规律与创新方向。

最后，我想说的是，任何企业的成功归根结底是天时、地利、人和多方面综合因素相互作用的结果，养元是这样，其他企业也是这样。作为一家智业机构，智达天下很荣幸能和包括养元在内的众多令人向往的企业携手共进、风雨同舟，但是，我们从来不敢居功自夸。事实上，咨询者犹如企业发展的助推器，这种外力因素必须嫁接到或融合于企业主体的内生性动力才有价值，企业也不应把咨询师看成神医、仙士。在大情怀、大匠心的基础上，做到“深度植入、实事求是、路径定制、高效推进”才是科学的咨询之道，这也正是智达天下一贯的咨询理念和行业立足之本。此为序。

上　篇　养元轨迹：蜕变与跨越

中　篇　养元密码：规律与特质

引子：散伙饭的故事

2001年的一个冬夜，在衡水市桃城区的一个小酒馆，几个年轻人围坐一桌正在喝酒聊天，昏黄的灯光映照着杯盘狼藉的饭桌，也映照着几个年轻人颇带醉意的脸。他们看起来是熟识已久的朋友，言语间有着难以抑制的激动和伤感。他们聊青春，聊理想，聊他们为之奋斗却准备离开的养元。

那时的养元虽是国有大型企业衡水老白干集团的全资子公司，却已在生死边缘上挣扎、坚持了四年多。几个年轻人是养元的业务骨干，几年来他们为之付出了很多努力，却依旧难以改变企业窘迫的现状，年销售额一直在400万元上下徘徊。由于担心自己的存在会耽误企业的前程，几个人打算吃完散伙饭之后，就向时任厂长姚奎章先生辞职，离开自己恋恋不舍的养元。唏嘘，作别，不舍，不甘。这样就放弃了自己眷恋的事业，和对他们充满信任和体恤的领导作别，这使他们感到既不舍，又不甘。

这几乎是养元在最窘迫的岁月里仍然可以坚持下来的重要原因。几个年轻人没想到的是，几天之后，他们遇到了人生和事业上的另一位领路人——范召林先生。在姚总和范总的带领下，养元人重拾信心，重聚士气，重理思路，重启征程。

多年以后，这段故事已成为笑谈，而当初吃散伙饭的几个年轻人如今已是养元企业高管团队的骨干成员。但是复盘养元十余年的蜕变与跨越式成长历程却不能不从“散伙饭”讲起，这虽是一个尴尬且艰难的起点，却蕴含着养元的最初“基因”。

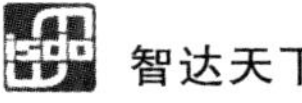

上篇

养元轨迹：蜕变与跨越

第一章

Chapter 1

养元历程：从迷茫濒危到跨越崛起

智达天下与养元的合作始于2002年年底。1999年12月31日，在这个世纪之交的夜晚，我带领我的团队第一次来到衡水——一个距省城石家庄并不远的城市。我自己当时也没有想到，一次世纪之交的见面，就使我们智达天下与衡水老白干、养元结下了不解之缘。2000年至2001年，在我带领着团队为衡水老白干酿酒集团提供服务期间，我因为全力推动酒业公司的营销体制改革，成功推出集团酒类第二大战略品牌——“十八酒坊”，深受集团领导的信赖，这在衡水一时传为佳话。此时的养元作为衡水电力系统投身衡水老白干集团的全资子公司，依然挣扎在生死边缘，缺人、缺钱、缺技术、缺市场。后来，在集团领导的引荐下，养元的姚总、范总一行来到石家庄，一句“张老师，养元需要你”，就开启了养元和智达天下长达十余年的合作历程。

这样的开端，与其说是生意，不如说是缘分。如今的智达天下，之于养元，更像是一个多年与之携手并进、一起冲锋陷阵而又心有灵犀的老战友、老朋友。智达天下亲历了养元从生死濒危的小微企业成长为行业巨人的全部历程，见证了养元在这一历程中的所有艰辛与抉择、智慧与心血。如今终于有机会复盘和梳理养元十余年的发展轨迹与成长机理，真是三生幸事。养元十余年跨越式的成长裂变，成就了一部在很多人看来“仿佛神话般的”企业传奇。但是，笔者还是希望读者们耐心地读完这本书，因为企业的成长历程中从来就没有那么多惊天动地的大事件或大传奇，所谓大道至简、道法自然，无非是说规律往往是如此简单质朴、显而易见，又如此严肃无情、不容践踏。养元的成长历程汇聚了道、天、地、将、法“五事”的态度抉择、智慧运用与内功修炼，这些对很多企业来说，极具学习和借鉴意义。

一、修炼内功，夯实基础（2002年–2005年）

进入新世纪之初，得益于居民收入的提升、庞大的人口红利和消费升级的趋势，中国饮料产业进入一个蓬勃发展的阶段。健康意识的萌发促使消费者对饮料的需求发生变化，碳酸饮料开始走出“潮流风向标”的神坛，而追求绿色、营养、健康的果汁饮料和茶饮料进入畅销阶段。大品类、大品牌强势运作市场，市场规模迅速扩张，同时由于市场进入壁垒较低，新品类、新品牌不断涌入市场，产品的品质良莠不齐。迅速变化的环境导致竞争异常激烈，与此同时，发展机会也是层出不穷。在传统的植物蛋白饮料领域，北方的“露露”和南方的“椰树”各据一方，成为原有市场中已有品类的领军者。由于消费者对植物蛋白饮料缺乏深度的认知，整个品类在饮料行业中所占的比重微乎其微，消费者的需求潜力有待挖掘，新兴品类有待培育和引导。

起步期的养元，没有名气，没有规模，没有市场根基，缺乏资金，缺乏团队，产品质量也不稳定。和今天许多在生死边缘挣扎的小微企业一样，面对庞大而错综复杂的市场，生长在强者夹缝之中的养元，既迷茫，又艰难。想做的事、该做的事很多，但是对当时的养元来说，最重要的事只有一个，那就是生存。

我们经历过市场的残酷竞争，目睹过企业的沉浮，深知“活着”是小企业唯一的生存哲学。因此，在智达天下加入养元之后，所有的问题都要让位于“活着”这一根本问题。如何生存？如何提升销量？我们要卖什么？卖给谁？在哪卖？怎么卖？谁去卖？如果不能解决这些问题，企业就岌岌可危。

（一）卖什么：产品战略“两条线”

很多企业都会面临这样两难的处境，即产品太多会分散精力，想要聚焦却又担心会影响到业绩，2002 年的养元就处在这种举棋不定的状态之中。当时养元旗下的产品可谓五花八门，除核桃乳之外，养元的产品线上还有果之恋系列、苹果醋系列，甚至还有衡水老白干的白酒代理产品。这些产品虽然杂乱无章，但是一年下来，这些流入市场的产品，至少可以为企业带来几百万元的销售收入，企业也因此才得以维系生存。如果贸然聚焦，舍弃哪一类产品都有可能威胁到企业的生存。

企业该何去何从？对于弱势企业而言，所有可以帮助企业提升销售业绩的产品都值得尝试，然而对于心怀梦想的弱小企业来说，培育一款未来有望成为冠军的“适度差异化”产品，是明智之举。于是，在市场区域聚焦的竞争规划下，如何选择产品战略，是“做加法”，还是“做减法”？这就成为我们要交出的第一张答卷。养元是幸运的，在2003年那样粗放而混乱的市场环境下，这个茫然无措的小企业竟然拥有一个“可遇不可求”的种子产品——养元核桃乳。

我们对市场环境和行业趋势做出判断，认为根据植物蛋白饮料的品类进化趋势，核桃类植物蛋白饮料的前景是值得期待的。首先，随着人们消费观念的转变，以绿色、营养、健康为主要特征的植物蛋白类饮料必将保持快速增长态势，市场的总体前景很好。同时，在植物蛋白品类市场，竞争相对缓和，介入的门槛相对较低，尤其是核桃类品类一直没有一个统领性品牌，机会很难得。因此，在发展战略上，我们明确提出养元应进一步坚持并强化自己的主业——核桃类植物蛋白饮料。这是我们为养元产品战略提出的第一条线——战略产品差异化。

为了企业的生存，考虑到新品类的成长、消费者的认知接受及企业现有的资源、能力现状，养元还要在产品战略上继续“做加法”，需要跟进性产品、短期销售导向的产品、整合而来的高利润产品来提升销售业绩，进而培育战略核心产品。于是，产品战略的第二条线就清晰了——战术产品跟进化。

后来养元人将第二条线总结为“生存阶段做加法”。总之，明确了产品战略，企业就有了方向。接下来要做的就是克服所有的障碍，一往无前。

（二）在哪儿卖：市场布局“两条腿”

谈及市场时，以下几点值得我们参考，如市场的深度、广度、密度、高度、变化度和创新度。作为一个微小企业、弱势品牌，2001年以前，养元一直是以广度博销量，即“广种薄收，跑马占圈”。这是中国本土营销1.0时代的典型模式。随着中国市场的转型与升级，激烈的竞争对于企业资源配置水平的要求也提高了，于是，这种营销模式的边际效应迅速降低。

通过大量走访和调研，我们发现当时饮料行业的强势品牌基本都聚集在中型城市，而广阔的农村市场基本上就是小品牌和冒牌货的天下，强势品牌的渗透力不强，存在大量的市场空白、盲区。而随着农村居民消费水平的提高和消费意识的升级，被行业巨头忽略的县级以下市场必将成为饮料行业发展的另一番天地。既然城市市场已经饱和，那么何不从广阔的农村市场寻求突破？于是，养元实施了以衡水为中心，“农村包围城市”的市场战略，即以衡水为中心，以方圆 300 公里为半径，面向河北及周边 100 多个县级市场进行招商，以农村包围城市。这一战略于 2003 年得以贯彻执行，养元就此开启了长达数年的“农村市场攻略”。2003 年，养元企业在市场布局上坚持“两条腿走路”的战略方针，一条腿聚焦于对战略市场进行精耕细作，另一条腿着眼于提高战术市场的有效汇量。

20 世纪 90 年代中后期到 2000 年前后，精细化营销在中国尚处于起步阶段，深度分销的思想的影响延伸至白酒领域。智达天下率先为衡水老白干导入渠道深耕和深度分销体系，市场收效得到十分肯定的验证。自 2003 年起，我们将这套渠道深耕和深度分销体系导入养元。当时的白酒行业已经在市场化的道路上探索多年，其竞争力和营销水平都远高于软饮料行业，这一套思想体系的前瞻性是不言而喻的。虽然当时养元的能力平台还不完全具备执行渠道精耕和深度分销的条件，但精细化营销的先进思想却在养元生根发芽，并开始影响业务团队和经销商团队。时至今日，深度分销早已成为养元市场拓展的常规模式和战术系统。可见，养元在正确的时间选择了正确的道路。就这样，养元在强势企业对之不屑一顾的市场缝隙中悄然成长，在本土内播下星星之火，并且连点成线，连线成片，建立起第一块属于自己的“红色革命根据地”。

（三）卖给谁：进入消费者礼品名单

解决卖给谁的问题，实际上，是对目标顾客群体进行定义和选择。在生存阶段，企业往往没有那么多的机会和能力去挑选目标顾客群体，谁买就卖给谁，这也是没有办法的办法。尤其是在养元的产品战略还是“做加法”时期，对核桃乳这样一个新品类的规划也不是很清晰，因而，当时对目标顾客群体的定位更像是几句空话，缺乏精准性和延伸的价值。初期的养元的战略思考多是“摸着石头过河”。他们不照搬教科书，不模仿现成经验，而是在一线的探索实战中发现并把握有意义、有价值的机会与战术路径，并将这种战术路径提升到营销战略层面加以强调和推进。战术决定战略，战略源于战术。礼品营销就是这样一条具有战略意义的路径。

逢年过节，北方人喜欢走亲访友，而礼品又是走亲访友的必备。逢中秋或春节，饮料成箱卖几乎成了普遍现象。尤其是在城镇或农村市场，日常生活中，消费者个人即时消费的饮料有限，大部分的饮料消费都集中在中秋、双节等节日，因而礼品消费占据了很大的市场份额。

其实，礼品营销是饮料企业普遍采用的营销模式。如今，很多人都在研究养元的礼品营销，认为这是养元的成功之道。然而，正像养元的范总所说：“礼品营销只是顺势而为。”消费者有需求，心中自然会有一个礼品名单。一般而言，消费者对这个名单有一定的忠诚度，但是，品牌乃至品类之间的可替代性又很强，特别是在城镇农村市场，我们能做的只是在价格、品质上突出自己的优势。

（四）怎么卖：营销与推广的超限战

中国曾有一本名为《超限战》的书，该书被西点军校和美国海军学院列为必读教材，作者乔良从战争的角度对一种超越实力局限和制约的战争方式进行了解析。在营销方面，“超限战”也有着重要的参考价值。处在起步阶段的中小型企业，在资源和信息两方面都无法和竞争对手一较高下，在这种情况下，避开竞争对手的锋芒，集中优势，以小规模重点式的经营对竞争对手进行内爆攻坚，以赢取某些方面的主动优势，打破竞争壁垒。无疑，养元是“超限战”的早期最佳践行者。

当时的养元没钱做广告。当无法形成品牌对销售的拉力时，企业只能依靠渠道的推力。然而，企业小、实力弱，面向城镇农村市场招商，产品的销售贡献率和利润贡献率都不具有说服力，渠道推力又从何谈起呢。首先，还是聚焦。这是超限战的精髓之一，避开竞争对手的锋芒，集中优势打造核心渠道，进行突围，并形成样板。其次，是利益。就是让经销商挣到钱，通过对利益链的合理规划及对利益共同体模式的打造，增强渠道动力。最后，就是情感和信心了。在养元能力不足时，真诚、信念和言出必行的服务承诺就是企业最大的资本。

2003 年，我们提出建立以双赢为目的的新型厂商关系，打造利益共同体和命运共同体，并就此推出养元人的“情感营销”、“零风险经营承诺”和“星级助销服务工程”，用以建立渠道信心，树立良好的企业信誉。尽管由于当时团队和资源的限制，很多理念没能深入执行，但养元的可贵之处在于一切他们认为正确且重要的事，他们就会坚持、完善、做到最好，而且，一做就是十年。后来，经常有企业界的朋友前来向我求证养元的“零风险经营”或“星级助销服务”的奥妙。其实，从内容上看，“零风险经营”或“星级助销服务”都是大家能够想到的内容，没有多少原创性，但是能够一如既往地把它做好，做到极致，做成企业的营销竞争力的企业并不多，甚至是凤毛麟角。

这样，养元逐渐放弃了单一、粗放的渠道模式，升级为复合型、宽带型、低重心的渠道模式，并逐步由流通渠道的基本覆盖、礼品销售，转向区域市场深度分销。养元以深度营销理论为先导，对县级市场复合渠道进行精耕，拓展终端网点，不断提升核心终端的有效性，推动销售业绩的持续提升。区域市场深度分销开始逐步落地，进而转变成为养元的核心战略。

在产品推广上，小微企业奢谈品牌是没有任何实质意义的，这是因为企业的资源能力与品牌塑造不协调。但是，辩证地看，小微企业也可以以品牌成长的高度去建立一种品牌的视野，以此来审视当下的形象输出和推广手段。“销售为主，品牌为辅”（说白了就是“做销售，不做品牌”）是当时养元选定的营销战略基调，在资源有限的情况下，我们对业务团队讲：“缺兵少粮没弹药，推拉贴要当成迫击炮。”无论是推拉贴，还是 KT 板，我们要么不做，要做就做第一。正是因为有这样的激情与魄力，初期的养元才能够应对一切困难。对小企业来说，销售永远是重中之重。不提品牌，不代表不要品牌。养元人有一颗渴望品牌的心，随着业绩的增长，这颗心也在不断地膨胀。

（五）谁去卖：团队执行力的打造

有效的团队执行力是团队最关键的能力和素质，在创业期尤为重要，关乎企业的生死。创业期的团队，要求团队成员尤其是团队关键成员必须具有企业家精神，拥有一颗做事业的心、一颗争做冠军的心。

起步期的养元团队，其团队规模和员工的职业化素养都有所欠缺。难得的是，当时养元团队的几个骨干成员已经具备了重要的特质，即具有实干敬业、激情四射的精神，这一特质为后来养元的企业文化注入了优质的基因。核心团队的优良特质，以及企业领导人求贤纳士的博大胸怀，为养元的人才引进及团队的建立奠定了基础。

深度分销战略要求养元不仅要建立一支自己的“营销铁军”，而且这支铁军要“思想过关、作风过硬、纪律严明、战之能胜”。因此，除了人员扩容和岗位填充，企业以咨询公司的系统培训为主、企业内训为辅的培训体系也初步建成。到 2005 年底，养元的业务团队从最初的十几人增至五十多人，业务范围也拓展至河北省 100 多个县级市场，实现销售额 6000 万元，“营销铁军”的战斗力初露锋芒。

“企”字，有人则企，无人则止。养元始终将“人”放在企业发展战略的第一位，“养元的成功归根结底是养元人的成功”，养元的范总常把这句话挂在嘴边，这也是企业内部公认的真理。

（六）管理基石：规范和学习

在养元人看来，2002 年 – 2005 年是企业的内功修炼期，养元文化中的很多优秀基因都是在这一阶段被发掘、引进、吸收、培育的。

养元的管理一向以“严”著称，严格、严谨也是养元企业文化的核心部分。中国很多本土企业在其发展初期都有一个类似于海尔“抡大锤砸冰箱”的传奇故事。在 2004 年的销售旺季，由于产品罐体的质量有问题，一批产品的品质也出现了问题，出现经销商退货、消费者投诉的现象。范总带领全体员工来到工厂的院子，一怒之下，抡起大锤，砸掉了所有问题产品。这是养元版的“砸产品”故事。这件事，养元人至今记忆犹新。当时的场景真是触目惊心，范总这一砸，砸出了养元的质量意识和危机感，从此以后，养元人将此铭记在心。很多小微企业乃至知名企业都会对产品的质量问题置若罔闻，但在养元人看来，产品质量事关社会道德、责任和企业的生命。因此，企业无论大小，对产品质量绝不能掉以轻心。2005年，养元通过科技攻关，规范了“5・3・28”的核桃加工工艺。从此，养元的产品质量有了可靠的保障。

在市场管理上，对那些窜货砸价的经销商，养元一向是从严治理，绝不手软。在团队管理上，养元对所有公司员工一视同仁，实行竞争上岗，末位淘汰的政策。养元人崇尚简单务实的文化，践行“从做事开始做事业，以做事业的心态做事”。坚决杜绝企业政治，严禁高管子女进入养元。养元人憨厚朴实、富有人情味。养元对员工的日常生活关照入微，真诚扶助渠道伙伴的成长进步，认真维护消费者的利益。创业初期的养元人就像一个如饥似渴的学生，一路走，一路学，一路探索。他们从海尔、联想、宝洁、可口可乐、康师傅等优秀企业的文化中汲取正能量，积极吸收、消化这些企业的优秀文化，并将其发扬光大。

二、制度变革，聚焦突围（2006 年 -2009 年）

对养元来说，2005 年是非常重要的一年，是具有分水岭意义的一年。2005 年年底，养元由衡水老白干旗下的全资子公司改制为股份制的民营企业，体制变革为养元解开了体制的绳索，为企业注入了新鲜的活力。同样是在 2005 年的夏天，六个核桃的品牌诞生了。尽管这个品牌刚诞生，而且也没有立即投入市场，但是它就像一只破茧而出的蝴蝶，带着对世界的好奇舞动着自由而有力的翅膀。当时，只有养元人内心充满对事业的渴望与憧憬，并没有多少人会想到，几年以后，这个品牌将在中国的植物蛋白市场掀起一场风暴。

2006 年，养元人又一次站在了新时代的门前。此时的养元已经不再是 2002 年以前的那个孱弱、迷茫而又不甘的企业。经过四年的积累、修炼，养元人的愿景、成长模式与发展路径已十分清晰。在产品、市场、团队、管理方面都已具备了支撑企业长足发展的优良素质。此时，中国饮料行业也开始“枝繁叶茂”，产品的品类越来越多，消费理念的升级也使市场空间日渐广阔，消费者对绿色、营养、健康产品的需求更为迫切，植物蛋白饮料行业的发展前景越来越好，更关键的是，此时的养元仍在巨头的关注视线之外快速而悄悄地生长。

养元的机会来了。2005 年，在年度销售额达 6000 万元的情况下，对于这个只有几十人的小企业来说，维持企业生存，已不在话下。当生存已不是问题的时候，更远大的志向、更浓烈的渴望开始在养元人的心中激荡：突围！冲出河北。但是，面对广阔的外埠市场，养元自身还存在一些问题，如产品结构依然混乱，核心品系尚未形成，重点市场的根基不稳，团队能力有待提高。在这种情况下，企业如何突破市场瓶颈?

（一）品牌升级：从“养元核桃乳”到“六个核桃”

在衡水周边的区域市场，依托衡水老白干的集团背书和企业多年的市场积累，养元品牌已经具有一定的知名度和群众基础。但是，在广阔的外埠市场，如果没有高空广告的拉动，养元人是很难开展工作的。凭借多年来在一线市场锤炼出来的敏感，养元的高管们意识到要送“将士们”去“远征”，去“打大仗”，就要立足产品重新梳理、重整整装，以全新的面貌出现在消费者的面前。当时，核桃蛋白品类一直是群龙无首，养元完全可以通过品牌升级进行品类占位，突出主营业务，甚至使品牌成为品类的代名词。于是，“六个核桃”就诞生了。

事实也证明，好名字会自己说话。2006 年，“六个核桃”进入市场后，市场反响良好。谈到这个品牌，众多商家和消费者都用“眼前一亮”一词来形容自己的感受，饮料命名从此进入“数字化”时代。

（二）产品瘦身：做减法，收缩聚焦

在养元的生存哲学中，加法与减法是两个永不过时的智慧法则，千谋万略，一加一减。

在产品战略方面，处于求生存阶段的养元有一系列的产品。尽管这些

产品可能各不相关，但每一种产品的生产与销售都体现了养元的加法哲学，它们是企业生存寒冬里的一个火把。2006年，养元的年营业额近亿元，此时，企业生存已不成问题。过多的产品会使市场的开拓缺乏锐度。因此，“聚焦突围，做减法”就成为当时养元人的选择。今天，当市场一次次地证实明星单品的巨大能量时，你就会发现养元又一次在正确的时间做了正确的事情。

养元开始大幅度地缩减产品线，从原来的“眉毛胡子一把抓”向战略核心产品倾斜。此次转变的原则是避开行业主流品牌之间的竞争，立足差异化，主导品项不超过五个，将所有的营销资源集中在优势主导产品——“六个核桃”上。产品聚焦给企业带来的是更清晰的战略方向及更具锐度的市场突破力。

在价格策略上，我们制定了颇具挑战性的价格体系。我们坚持先定位，后定价，定价即定位。既然核桃类饮品的营养价值高于杏仁类饮品等其他蛋白饮料，那么其价值就要在终端售价上有所体现。因此，“六个核桃”的定价不但不能低于植物蛋白饮料的主流价位，而且要比其他植物蛋白饮料的定价高，这样才能凸显核桃类饮品的价值。我们最终确定不但整箱普通型“六个核桃”的指导零售价要比市场领导品牌的指导零售价高5元以上，而且其高端产品的价格要直指功能性饮料的领导品牌——“红牛”的价格带。新品定价突破了植物蛋白饮料的价格天花板，也改变了传统观念中弱势企业低价高促的竞争模式。从市场反应来看，这种定价策略非但没有影响到产品的市场推广，反而进一步塑造了品牌的高品质形象，同时也给市场渠道留足了运作空间。

至此，“六个核桃”像是养元人手中的一把“屠龙刀”，以石破天惊、惊涛拍岸的气势迅速进入河北市场。养元战队已不再是在市场上拾遗补阙、在夹缝中求生存的游击队，不再满足于小打小闹、避实击虚的游击战、麻雀战，他们要以战役级别的进攻战改变整个品类的战局。冀、鲁、豫三大战役一触即发。

（三）市场突围：冀、鲁、豫三大战役

深度营销的精髓在于勇争区域第一，进行滚动复制。在完成对河北市

场的渠道下沉和市场精耕之后，养元人开始寻求更大市场范围的销量破局。2008 年，养元划定以冀、鲁、豫为核心的根据地市场范围，开始“进军”河南、山东市场。与河北市场一样，外埠市场的拓展也要立足于对城镇农村市场的深拓，推行精细化的渠道运作模式，同时打响城市市场侧翼战，对深度营销理论进行实践操作。

客观地说，虽然 2006 年的养元已初具规模，但当时的高空传播资源依然十分有限，因此，以渠道管理为核心的推力型营销仍是当时养元的理性选择。此时养元的“零风险经营承诺”、“星级助销工程”已经不再是愿景和口号，而是真实的渠道管理战略。提出“零风险经营承诺”的目的在于增强渠道商的信心，提高产品的铺市效率。具体内容是通过团队协助，保障货物的有效分销，降低经销商的库存压力，消除经销商“货进了，卖不动”的顾虑，同时建立严格的退换货保障机制，提出“无条件”退换货政策。如此一来，养元不但赢得了渠道商的信任，而且使经销商信心大增，对企业的忠诚度也明显提升，从而实现了厂商利益的一致性，形成了更加紧密的新型厂商关系。

提出“星级助销工程”的目的在于进一步对重点市场进行精耕细作，厂商协作，全程开展对市场的精耕。具体来说，首先，在各区域市场配备了常驻式助销团队，为单个区域谋划开发思路，并辅助经销商进行铺货、客情维护、终端生动化建设等工作。其次，企业定期对经销商进行培训，指导经销商进行人员、仓储、店面经营等内部管理，从理念和方法上提高经销商的经营水平。再次，建立企业领导定期巡访市场机制，高层亲临一线，逐地逐户地拜访经销商，为经销商答疑解惑，使“星级助销”真正落到实处。

在产品推广上，养元虽然已经走过了“缺兵没粮少弹药”的艰苦岁月，但在对终端的强化上，却从未松懈，依旧是推拉贴，依旧是 KT 板，依旧是店招和海报。即使是在养元已经扛起中央电视台大旗的今天，这些小广告依然存在。除了进一步完善、落实终端物料之外，养元开始进行推广升级活动。比如，请影视明星梅婷为“六个核桃”代言，以优化、提升品牌的形象，以及在地方电视台、公交车体、高炮上做广告。

（四）团队升级：分工的明确化和精细化

第一，随着养元的不断发展，企业的创业团队也在市场竞争的洗礼中迅速成长，逐步走向精英化和职业化。当年一起吃散伙饭的李营威、邓立峰等几个年轻人如今已经是养元高管团队核心支柱。骨干成员老板化使养元团队更加稳定、更具向心力，也促使创业团队的成员树立起更高远的事业愿景。2008 年至 2009 年，养元通过增资扩股的形式将一批优秀的经销商纳为股东，从而实现了经销商与厂家间的深度战略合作，增强了养元的渠道力量。

第二，养元的两位核心领导人——董事长姚奎章和董事总经理范召林的分工进一步明确，企业内部所有的经营事务全部交由董事总经理管理，董事长不再插手企业的内部经营事务，使得养元的所有权与经营权有了清晰、明确的划分。

第三，通过对组织架构的调整和流程再造，使养元业务团队核心成员的责权划分更加明确、清晰。总经理下设供应部、生产部、设备部、技术部、财务部、总经办，以及销售公司下辖的销售部、市场部、督导部和销售综合办。分设十大总监管理各部及履行职责部门。至此，养元基本建立了部门齐全、职责清晰、协调运营、简洁高效的现代企业组织与制度。

第四，在业务团队的构成上，过去，养元的业务团队基本以衡水籍员工为主。随着养元业务的拓展及规模的壮大，不断有来自全国各地的精英加入养元。日趋全国化的团队构成带来多元化的思维、文化之间碰撞，养元团队已具备在全国范围内开展业务的力量。此时的养元团队已经由一支“营销铁军”蜕变为一个“金牌战队”，进而推动养元这艘战舰一路长风破浪，所向披靡。

（五）管理升级：制度化、流程化、规范化和系统化

和所有的小微企业一样，养元最初的管理也是从以“激情创业”为核心的“人管人”开始的。进入事业发展的第二阶段，在企业领导的带领下，养元开始对其管理模式进行升级，“人管人”的传统模式开始让位于

规范化、流程化、系统化的“制度管人”。通过组织完善、制度建设与流程再造，养元人认真研习管理规律，因地制宜，在制度安排和顶层设计方面为企业的持续跨越提供了保障。“摸着石头过河”逐步让位于企业治理理性。

为获得更广阔的市场，养元重新梳理了部门职能。大市场部的建设、督导体系的完善、国际化采供部的设立及人力资源战略的导入，都使养元的组织架构更加合理、完善。2006 年－2009 年，养元督导部的员工由十几人迅速增加到 100 多人，每年的督导费用高达 1000 多万元。严格按照养元的市场督导制度和流程，巡防、检察、督导各市场的工作落地、政策执行、价格维护和市场秩序等，将刚性执法与韧性坚持结合起来，使养元在市场的拓展与持续维护上有了坚实的保障。

此时养元的管理机制和企业文化已逐步成型。随着部门职能的不断完善，养元形成了“部门家长制＋线上总经理制＋部门分权制衡制”的团队管理机制。与此同时，“憨严务实、严格严谨、自强不息、追求永恒”的企业文化也开始在养元的企业灵魂中生根、发芽、开花、结果。

（六）供应链整合：主导掌控，高效协同运营

随着养元市场的扩张和规模化发展，供应链的整合就上升到企业管理的战略高度，关系到养元的发展。

首先是原材料的采供。对牛奶厂商来说，掌控奶源就等于占据了战略优势，至于枸杞，消费者有鲜明的地域认知，产于宁夏的枸杞就是优质的、正宗的。核桃乳不同于牛奶、枸杞，核桃产地分布广泛，没有显著的地域标签。

当时养元有两种选择：一是与地方政府合作，建立示范基地，以与农户合作的方式，在太行山脉建立自己的核桃种植基地；二是扩大采供范围，发展国际化采供。经过战略研讨，养元选择建设国际化采供体系，成立国际化采供部，抽调一批精于谈判的优秀业务经理，开展了同美国、印度、乌克兰等多个国家和地区的采供合作。

其次，养元每年都会召开优秀供应商表彰大会，将供应商纳入到企业

的奖惩体系之中，很少有企业能够具有这样博大的胸襟。养元对供应商的筛选和要求极为严格。与此同时，对长期与之合作的优秀供应商，养元也会给予奖励，因为养元深信对质量的斤斤计较就是对企业未来的斤斤计较。正是这样的严谨和豁达促使养元建立了与战略供应商深度合作机制，促进供应链的协同高效运营。

三、引领品类，跨越发展（2010 年 –2014 年）

成为一时的黑马，进行市场突围，企业只需把自己的优势发挥到极致。但是，由黑马变成白马，实现持续发展，企业就要补齐短板。力图实现持续跨越的企业还必须通过学习、创新，超越甚至颠覆“旧我”，这样才能持续追求卓越。

2010 年，养元由新秀变为领袖，由黑马变为白马。

随着产品的升级、市场的拓展和品牌形象的提升，养元全国化的发展趋势日渐良好。面对长江以南的广阔市场，养元人内心深处的野心和斗志被激发。冀鲁豫三大战役的辉煌已经成为过去，全国化发展、向深度全国化进军成为养元的新目标。“宜将剩勇追穷寇，不可沽名学霸王。”

此时，正值中国饮料行业发展的黄金时代，中国消费者对绿色、营养、健康的植物功能饮料的需求和越来越多元化。乳制品问题频发，碳酸饮料的销售额下滑，以及方便面销售无利可图，都促使经销商重新选择产品，也促使消费者重新选择礼品。中国市场的宽度、广度及强大的需求潜力，为养元的发展提供了肥沃的土壤，使它能够实现跨越成长。

随着全国化战略实施，新的问题出现了，市场扩张与企业产能之间的矛盾日益突出，在产能扩张、品牌升级与推广及品类扩张方面缺乏引领，解决企业的集团化管理问题迫在眉睫。

（一）品类引领战略

消费者心智才是营销的终极战场。在消费者心智争夺战中，竞争的核心不是品牌，而是品类。因为消费者永远是“以品类来思考，以品牌来表达”。比如，宝马与奔驰的竞争，实质上就是窄小灵活的驾驶机器与宽大气派的乘坐机器之间的竞争；“汇源”与“鲜橙多”的竞争，实质上就是浓缩果汁与低浓度果汁之间的竞争；“露露”与“六个核桃”的竞争，实质上就是杏仁露和核桃乳之间的竞争。然而，对“六个核桃”这个品牌来说，如何才能占领消费者心智，进而成为植物蛋白饮料、益智健脑饮料品类的符号或代言呢？

通过核桃乳产品的聚焦、“六个核桃”品牌的塑造、产品价格的定位、根据地市场的深入教育、品牌梳理及重新定位等一系列做法，养元已经走出了品类战略的第一步，即进行品类占位，让“六个核桃”品牌成为消费者心智中核桃乳饮品的第一选择。此后，身为品类的代表和领导者，“六个核桃”必须具有从整个品类出发思考问题的远见，对品类的前景充满信心，承担起教育消费者和推广品类的责任，这样才能在品类发展中获得最大的收益。

这正是养元正在实施的品类战略的第二步——做大品类，通过品类的成长与扩张发展品牌。王老吉和加多宝之间的“红罐之争”引人注目，在人们对二虎相争的结局进行猜测时，谁都没有想到，两家的销售业绩同时实现大幅度增长。正是王老吉和加多宝之间的竞争让消费者更加关注凉茶品类，而品类的扩张又给这两个品牌带来实际的效益。因此，在“六个核桃”现有的宣传中，我们看到各种广告一直在不遗余力地宣传补脑健脑的相关知识，让核桃乳在消费者心智中的定位先清晰起来。作为品类的引领者，“六个核桃”的品牌在消费者心目中的印象也就日益深刻起来。

（二）品牌重新定位

从 2006 年开始，养元就从未停止过对六个核桃的价值定位、产品诉求的探索。最初，从产品品质的角度诉求“更多核桃，更多营养”，这是沿着六个核桃品牌以数量命名的思路而定的。产品上市初期，在宣传活动中，将“更多核桃，更多营养”与品牌名称结合起来，强调产品的真材实料及其营养价值。之后，我们又诉求“六个核桃，聪明的选择”，既肯定了选择六个核桃的做法，又体现了产品补脑健脑的实用功能，一语双关，这则广告语至今仍在沿用。但是究其内容，这则广告的内容还是有些含糊，不够清晰。于是，2010 年在养元准备进行“大”传播的时候，更加犀利、清晰的“经常用脑，多喝六个核桃”的广告语应运而生。

大多数人都知道，吃核桃对人的身体大有好处，而最大的好处就是能补脑益智。“经常用脑，多喝六个核桃”聚焦核桃最显著的功能，突出最有销售力的品类属性——健脑，将六个核桃重新定位为健脑饮品。此后，养元又对“经常用脑”的几个特定场景或状态——考试用脑、开会用脑、加班用脑等进行细化。其中，“考试用脑”激活了养元的高考攻略，引爆了六个核桃的高考季营销，使养元当年的业绩增长 251%，也使核桃乳饮品从此打破了植物蛋白饮料的淡旺季法规。2015 年元旦刚过，养元根据中国人特有的贺岁文化场景和年节消费特性，在羊年到来之际，推出贺岁版的喜庆红罐“三羊开泰，六六大顺”，并在老根据地市场进行限量投放，六百万箱产品被经销商一抢而空，贺岁版的六个核桃受到消费者的热捧，成为本土饮料“贺岁战略”的首创者和引领者。随着儿童成长型核桃乳、易智状元、养生核桃乳等新品的先后入市，国内外重点实验室的研究有所突破，科技品质背书使六个核桃补脑益智的价值得到有力的证明。

对正值迅速裂变期的六个核桃来说，对品牌进行重新定位，可以达到锦上添花的效果，而“六个核桃”这一名字的精准性和通俗性，也使六个核桃的品类战略更具穿透力。但是，养元孜孜不倦追求的科技攻关、技术进步和诚信经营，才是六个核桃品牌得以持续腾飞的关键所在。

（三）市场大拓展，传播大升级

2010 年，在“零风险经营承诺”和“星级助销”的基础上，养元又推出了“金商工程”，打造优质经销商俱乐部，建立企业自己的“金牌经销商”网络。通过对经销商的选拔，导入系统完善的优秀经销商培训计划，逐步帮助经销商升级为金牌经销商。“金商工程”既是养元为经销商提供的一种独享政策和服务，也为养元进一步建设金牌渠道、金牌市场提供了强有力的支撑和保障，是养元对创新性渠道战略的又一次成功探索。

具有养元特色的“大预售制”，多年来一直是众多企业学习和借鉴的营销模式。但是，大预售制的形成绝非一朝一夕。通过十年的坚持和积累，养元树立了金字口碑，和渠道伙伴建立了稳固的合作伙伴关系，这时，大预售制才开始成型。大预售制的建立不仅为养元产销体系的协调运营提供了保障，而且给企业带来了稳定的客户源和现金流。大预售制建立在养元的良好信誉之上，是养元对渠道模式的创新性探索。

伴随着区域和渠道的深拓及终端占领，养元的全国化招商布局已基本形成。如今，除西藏自治区和台湾地区外，养元的产品遍布全国各个地区。尽管在某些边远地区，养元产品的覆盖率相对较低，但是养元从未放松对老市场的持续挖掘。实现由全国化到深度全国化的转变，只是时间的问题。

在产品的传播推广上，养元已经彻底告别了小广告、小传播，开辟了大传播、深覆盖的品牌之路。2010 年，养元聘请以知性、睿智著称的主持人鲁豫做六个核桃形象代言人。同年，六个核桃打入中央电视台。如今，养元已经形成以中央电视台广告为核心，以省级卫视、中国之声、全国高炮网深度覆盖为重点，以区域市场、城市公交、户外广告及终端物料为补充的传播框架。从追求“小广告、大效果”到追求“大传播、深覆盖、大品牌”，养元人走过一条怎样艰难曲折之路？当年姚奎章厂长曾因四处奔走、求助无门、救兵无望而落泪。而今，养元战队兵锋所指，大风飞扬，壮志踌躇而又谈笑从容。姚总常挂在嘴边的两句话是，“都是兄弟们的功劳”，“我们这代人还奢谈什么生活质量”。个中滋味，只有亲身经历者才可体会。

（四）战略化竞争，系统制胜

战术可以学习模仿，战略却难以复制。企业的战略产生于企业内部，并随着企业自身的能力、资源、状况、环境的改变而不断升级。对养元来说，此时必须立足于战略竞争的关键环节，不断强化自己。要由初始时期的渠道战术驱动向系统效率优先转变，再过渡到综合实力驱动全面领先，这样，养元才不会在企业做大做强的路上迷失自我。

在企业大跨越阶段，对养元来说，最紧迫的任务就是解决产能问题。

由于企业经历了艰难的成长过程，养元更倾向于循序渐进地进行复制滚动，而不是追求冒进式的增长，这种思维方式使养元的发展更加稳定，但也制约了养元的成长。2010 年之后，养元逐步通过建设自有工厂、购置先进设备，进行了产能扩张。2011 年，养元河南漯河基地正式投入生产运营。2012 年，养元安徽滁州基地进入投资筹建阶段，2013 年，该基地正式投入生产运营。伴随着养元深度全国化战略的推进，养元生产基地的布局、建设也在紧锣密鼓地进行。即便如此，养元的产能依旧存在缺口，企业发展速度与产能的矛盾依旧存在并亟待解决。

在产能的扩张之外，养元通过建设国际化采供体系，加强与供应商的深度战略合作，实现了对上游产业链的掌控，掌握了更多的主动权和话语权。与此同时，养元还通过对渠道、媒体等核心资源的占有，建立了高效的营销价值链。对于非核心业务，养元采取了外包政策，保安外包、园林绿化外包、食堂外包……非核心业务上外包政策的实行有效降低了企业的运营成本，保障了企业后勤服务的质量。

（五）360°精益化管理

2010 年，养元将“憨厚朴实、严格严谨、激情四射、缔造传奇”的企业口号改为“憨厚务实、严格严谨、自强不息、追求永恒”。原因很简单，养元的事业轮廓已基本成型，“打江山之后要坐江山”，这就给这个曾经只有十几个员工、几百万元年销售额的企业带来更为艰巨的挑战。因此，养元将“激情四射，缔造传奇”改为“自强不息，追求永恒”，并进一步把“朴实”改为“务实”。养元的“憨严”文化（准确地说，应该是“务实自强文化”），经过精细化梳理、规范和不断升级，已经成为员工的核心价值观与行为规范，并贯彻落实到企业运营的每一个环节之中。

与此同时，养元还实现了集团化管理的跨越，包括全国化生产基地的运营管理、全国各大营销中心的集中管理及集团内部干部的思想作风管理。养元建立了以品牌管理、市场管理、产业链效率管理、企业文化管理、集团化管理及资本运营管理为轴的 360°精益高效的管理体系，为企业的持续跨越提供了管理保障。

养元的年销售额，2011 年 30 亿元；2012 年 60 亿元；2013 年 110 亿元；2014 年 150 亿元。由此，我们欣喜地看到养元的版图在扩张，实力在壮大，养元终于成为养元人所期望的样子。养元迅速崛起为在中国饮料业备受关注的行业巨人。

附：养元剪影

2001 年年底，以姚奎章、范召林为首的新一届领导班子形成。

2002 年年底，养元与智达天下开展合作，拉开营销转型的序幕。

2003 年，河北养元保健饮品有限公司销售公司成立。

2003 年下半年，养元引进“收缩聚焦，深度分销”思想，实行农村包围城市战略，奠定了养元未来发展的基调。

2003 年，养元开始大力扶持经销商，建立诚信口碑，为后来的大预售制奠定了基础。

2004 年，转型初见成效，养元年销售额达 2200 万，比 2002 年翻一番。

2005 年，推出“5·3·28”核桃饮品生产工艺，保障产品品质。

2005 年中旬，养元“保持养元营销模式先进性”教育活动开展，管理层对中小型企业的关键优势和发展路径有了全新的认识。

2005 年年底，养元成功改制，由国企全资子公司转变为民营股份制企业。“六个核桃”的商标申请注册。

2006 年，改制后的养元导入营销驱动的管理理念，建立起独特的“养元模式”。

2006 年，伟大的明星产品六个核桃系列正式面世。

2007 年，养元真正实现了产品聚焦，大幅缩减产品线。

2007 年，六个核桃邀请明星梅婷代言，主打“核桃专家”的定位。

2008 年，养元衡水基地新厂区投入生产运营。

2008 年冬，金融危机席卷全球，养元逆风拓市，快速成长。

2008 年，养元进军河南、山东市场，实现突飞猛进的发展。

2008 年，六个核桃开始进军郑州、石家庄、济南等城市市场。

2009 年，养元六个核桃占位“健脑饮品”，成为核桃乳品类第一品牌。

2009 年，养元实现 8 亿元的营业收入，成为行业亮点。

2010 年，养元邀请鲁豫作为新一代形象代言人，为六个核桃做代言。

2010 年，养元推出“经常用脑，多喝六个核桃”广告，登陆中央电视台。

2010 年末，养元联合《糖烟酒周刊》开展“金商工程”，对优秀经销商进行系统培训。

2011 年，养元河南漯河基地正式投入生产运营。

2012 年，养元安徽滁州基地投资筹建。

2013 年，养元安徽滁州基地正式投入生产运营。

2013 年，养元的年销售额达 110 亿元。江西鹰潭生产基地在筹建中。

2014 年，移动互联网时代汹涌澎湃，养元因其实现 150 亿元的销售业绩而备受瞩目。盼盼、娃哈哈、蒙牛、伊利、今麦郎等众多实力型饮料企业跟进到核桃乳领域。

2015 年，市场竞争升级，“互联网 +”引领传统产业升级，面对移动互联网时代，养元开始探索“创新驱动持续成长”战略。

第二章

Chapter 2

养元模式：从渠道驱动到系统整合

经过十余年的发展裂变，养元的营销模式和操作体系也在不断地整合、升级、完善。不同发展阶段的营销模式既有一贯性，又在不断地升级、完善、趋优。对企业来说，模式就是特定发展阶段内企业最优化、最经济化的选择，它代表着企业的基本战略取向，也是企业策略路径的具体体现。“没有最好的，只有最适合的。”模式无所谓好坏，关键是模式能否和企业的发展阶段和各阶段的具体条件相匹配。而且，随着企业的不断发展，模式也是不断演进、调优的。只要被证明是适用、有效的，就是好的模式。养元的营销战略和模式体系的发展大致可分为两个阶段：一是早期的渠道要素驱动阶段；二是后来的整合化营销驱动阶段。

一、模式来自企业的实践和学习

每一个企业的成功发展都要遵循一定的理性逻辑和经营方法论。企业的经营模式就是这种逻辑和方法的具体体现。什么是模式？模式对一个企业意味着什么？企业的模式是怎么形成的？模式是静态的还是动态的？

（一）什么是模式

简单地说，模式就是企业的方法论。任何一个企业都有自己的战略愿景和经营目标。为达成目标，企业需要结合内外部环境和自身的软、硬件条件，对具体的战略路径进行理性规划和选择，并设计一套系统的战术打法和操作范式。通过在实战中不断检验、反馈、调优，这种范式最终会固化为企业在一定阶段内的主体模式。广义上，模式体现在各种不同的领域。比如，在军事领域，中国红军的“游击战”、“运动战”就是典型的作战模式，因为它们结合内外部环境，最优化地解决了我军的革命方法问题。在商业领域，“深度分销”、“错位营销”等则是典型的营销模式，它们解决的是企业发展竞争的方法问题。

因此，我们认为模式就是企业在一定阶段内，为实现特定的发展目标，结合内外部环境、条件，通过对企业整体或局部的经营要素做出最优化匹配而形成的一整套定制化、可复制的运营体系和运作范式。

企业模式可大可小，在企业管理运营的不同层面和不同局部都有所运用。宏观上，模式可以表现为对企业内、外部价值链的整体协同方式；微观上，模式又可以体现为采供、生产、组织、人力、营销等具体环节上的要素整合。在实践中，企业最初对模式进行优化设计时，往往并不需要追求大而全，企业可以先从具体的局部层面入手。这里，重点围绕养元的营销模式进行阐述。

（二）模式是一种个性化选择

首先要指出的是，最佳模式的形成一定是基于企业的特定发展周期、特定的外部环境和内部条件，既要遵循规律，又要突出个性。大企业的经营模式也许比较成熟、先进，但往往并不适用于中、小甚至微型企业。即便是规模相当的企业，其各自采取的路径和模式也大不相同，所以离开具体的环境条件来设计或评判企业模式的做法是毫无意义的。然而，在现实生活中，很多企业在经营上确实存在这样一种倾向，即盲目崇拜大企业尤其国际化企业的先进模式，错误地认为大企业采用的经营模式都是最好的，进而机械地模仿这些先进模式，忽略了自身的资源、管理等方面的条件。结果，经过一番折腾之后，企业不进反退。适合自己的，才是最好的，这一点谁都懂，但却不是谁都能拿捏到位的。

在智达天下服务养元的过程中，我们也倡导向优秀企业学习，以保持营销理念的先进性，但我们绝不是生搬硬套地“拿来”，而是强调创造性的模仿和借鉴式学习。

例如，十余年前，我们帮助养元植入深度分销理念。就当时的植物蛋白饮品行业环境来看，我们认为实施深度分销是养元竞争突围、有效发展的最优化路径。但是，在具体的表现方式上，我们没有照搬宝洁、康师傅等企业的模式（如果当时我们真那样做了，养元也不会有今天），而是充分结合了企业的品牌基础、资源实力、团队配置等具体因素，将深度分销的理念嫁接到企业的可操控平台之上，培植出极具养元特色的深度分销体系。从初始阶段的“理念先行，重点导入”到后来的“立足效率，全面复制”，无不体现出养元深度分销体系的独特性。

定制化、个性化的解决方案才是有价值的模式设计。企业对自身要有清晰的认知，作为行业外脑的智业公司，更需要帮助企业树立这样的科学观念。那种试图以一种理论、一套模式从事企业经营的做法是不科学的，也是不负责任的。

（三）模式成型于一线探索和市场实战

对于一个企业来说，营销模式的生成和最终固化往往不是纯粹地通过自上而下的演绎、推论得来的，而是在实践互动中不断探索、试错、纠偏和优化的结果。市场营销的基本体系要在具体实践中落地，企业设计营销策略的过程就是对市场环境和内部资源进行有效匹配的过程，且营销策略的可行性最终要接受市场的检验。

营销是科学，但不是抽象的科学。仅凭纯粹的理性推论和公式计算，企业无法制定出具体的营销策略，因为消费需求是不断变化的，竞争环境是动态的，区域市场是有差异的，营销组织和团队技能是持续发展的，企业的可支配资源也是相对有限的。即使是严丝合缝的分析和推导，也难以完全适应实践的复杂性。因此，在智达天下的咨询理念里，企业要始终遵循“三分规划、七分探索”的问题解决方式。我们强调企业不要也不可能以某种理想化的模板来“规定”企业每一步的发展，而要在方向确定的前提下进行理念植入、互动探索，使理论扎根于市场实战之中，在“运动中”提炼并生成最优化的路径模式。营销咨询的特性也正在于此。

养元的特色营销模式的建立和成型，正是在基础理念已经植入企业的前提下，在一线实战中不断进行探索互动的结果。养元核心模式之一的大预售制就是在最初的会议营销和渠道压仓战等方式的基础上，不断尝试创新、逐步优化升级后固化下来的一套销售模式。在早期阶段，采用这种模式更多的是一种战术创新尝试。后来，因其实际效果良好，才逐渐被固定下来，成为企业的关键营销模式之一。而且，随着企业的不断发展，与大预售制相匹配的市场基础、客户配合度、团队操盘熟练程度等也日益成熟，而在其规划阶段这些方面实际上并不成熟。所以，企业个性化模式体系的建立，既需要理念层面的引导，又需要实际市场运营的沉淀。在某种程度上，模式不是“规划”出来的，而是“做”出来的。

（四）模式不是一成不变的

此外，企业的营销模式并不是一成不变的，而是随着企业发展阶段和环境生态的演变而不断变化的。这一点很容易理解，企业在不同的成长阶段和发展层次上，其战略目标和经营主题是不同的。企业的经营模式与品牌、网络、组织、人力、资金等方面的匹配状况在变化，外部的市场生态、竞争格局、技术环境等也在变化，因此，相应的路径选取和操作模式也必然是动态的。

养元的特色营销模式之所以相当成功，就在于养元在正确的时间做了正确的事情。在企业的起步阶段，养元几乎是身无长物，盘子小、底子薄、起点低，毫无品牌优势可言。在这种情况下，企业要确立的基本营销基调就是以渠道对抗品牌、以速度制胜规模。其营销模式的核心在于提高渠道价值链的运营效率，加强地面精耕，通过“下盘”功夫的修炼获取竞争优势和市场份额，并且强调灵活机动，以快打慢。而企业在完成了对基础规模的提升，积累了较强的资源实力之后，即步入了系统整合和体系化打法升级阶段。此时，企业的营销体系对应的是市场深度全国化、品牌与渠道双向驱动等营销命题，与之配套的操作模式也实现了升级。

以上对模式的基本理解，有助于我们正确地看待企业的成长规律和战略选择。以下将结合智达天下服务养元的具体做法，阐释养元特色营销模式的形成及关键内容，见证模式的力量。

总体来说，养元模式的成型过程可分成两大阶段：一是2009年之前的基础培育期，这一时期是养元特色营销模式的建立及其主体成型的阶段；二是2009年之后，企业的销售业绩跨越10亿元门槛后的系统发力期，这一时期是养元特色营销模式的升级和复制阶段。

二、创立成型：渠道驱动阶段

2009年之前的数年是养元饮品的发展起步和基础铺垫时期，这时企业的基础规模和资源实力持续提高。自2003年起，年销售额基本保持每年100%的增长速率，企业开始在饮料行业崭露头角，但就整体规模来看，此时的企业仍居于中小型企业之列。其主体营销模式的探索和成型，也在这个阶段完成了基本铺垫。

在起步阶段，养元面临的内外环境并不乐观，可支配资源也十分有限。一方面，品类的成熟度不高，植物蛋白饮料的消费受众和消费场合偏窄，行业领导品牌在市场上具有绝对优势，"就像我们面前的一座珠穆朗玛峰"；另一方面，企业的营业规模小，可支配资源十分有限，品牌影响力较弱且缺乏对渠道客户和消费者的号召力，营销团队规模小，销售人员技能偏低。在这种背景下，智达天下帮助企业确立了"收缩区域，重点精耕；渠道为主、品牌为辅；主导产品差异化、系列产品跟进化；以农村包围城市、错位竞争"的主体营销方针，并在其具体的战术落地过程中，探索出一系列的关键性营销模式。

（一）区域精耕：建立客户主导下的深度分销体系

与养元合作伊始，智达天下就帮助企业确立了"收缩区域、降低重心、重点精耕、滚动发展"的基本市场突围路径，建立了基于深度分销理念的基本模式体系。当时，许多企业对深度分销的观念和原理已不再陌生，一些大型企业对该原理的实际运用也表明了其重要价值。但是，许多企业，尤其是中小型企业，却很难做到将深度分销的理念或原理内化为企业具体的操作体系。这些企业或停留在口号层面，或机械地复制、照搬，这些做法均难见其效。

就养元当时的客观条件和企业能力而言，复制成熟企业的深度分销体系是不可行的。原因很简单，单点市场产出小，企业难以养活大量员工。人海战术带来的高成本和较大的管理难度，也是企业无法应对的。要想和市场领导品牌竞争、获取市场份额，在品牌拉力微乎其微的情况下，企业必须在渠道和终端环节上下功夫。因此，我们提出了“客户主导下的深度分销”模式，即把对市场进行精耕细作的理念持续灌输给经销商，向经销商团队传授市场精细化操控的知识和技能。

企业要发挥管理和培训功能，具体做法如下：

（1）网络重心下移，以县/市为单元发展一级市场，以区别于以往的大流通、大分销模式，使客户更加专注于封闭区域市场的持续耕作。

（2）根据区域销量目标和市场权重，适度调配销售人员，确定合理的市场管理半径。重点区域2～3个单元配备1名业务代表，非重点区域3～5个单元配备1名业务代表。

（3）以经销商会议的形式，定期宣导深度分销理念。动之以情，晓之以“利”，让经销商明白，做市场、做终端不仅能提高产品销量，而且能优化网络、实现企业的转型升级。

（4）企业老板和咨询专家要深入一线市场，定期帮助经销商培训业务团队，并传授终端线路拜访经验，提供生动化拜访的具体工具。

（5）组织市场突击队，帮助客户进行终端开发、产品铺货、氛围强化、重点分销，开展市场专项爆破和销售攻坚战等。

这种结合企业自身条件与能力而定制的深度分销模式，即使企业达到掌控市场、做细终端的目的，又充分发挥了企业内外部资源的最大效用。企业以最经济、最务实的方式实现了理念与操作的对接，“渠道对抗品牌”的战略得以落地。

（二）厂商协同：零风险经营和定向助销模式

与众多中小企业品牌一样，在市场起步阶段，养元首先要解决的就是提高经销商的信任度和配合度的问题。有效的厂商协同体系的建立，为企业贯彻深度分销理念，实现策略落地提供了有力保障。

围绕这一话题，通过对经销商进行深入访谈，我们认为客户对品牌的认可度低的根本原因在于客户对企业缺乏认同感，在与企业的合作上缺乏安全感。品牌不知名，我们可以通过市场宣传和服务保障打动客户；品牌的利润贡献小，我们就让客户看到市场的成长性和品牌的附加收益；客户缺乏安全感，我们就通过售后承诺打消客户的经销疑虑。经销商选择某种品牌或产品，实际上，也是在选择企业和未来。为此，我们根据养元的品牌影响和市场现状，设计了以“零风险经营＋定向协销”为主要内容的协同模式。

售前：方案先行，树立专业感。在客户开发之前，首先对区域市场做详细调查，因地制宜，确定定制化的市场启动方案，为前三波上市做具体规划。业务人员带着成型的方案与客户进行沟通。业务人员要思路清晰，说话有理有据，让意向客户感受到我们虽是一个小品牌，却是一个“靠谱”的企业，一个充满潜力的朝阳企业。通过这种专业形象的树立，增强客户对品牌的信心。

售中：分工协作，定向助销支持。以客户为市场销售主体，养元给客户全程式的指导培训和分销协助。区域业务代表根据巡访路线定期为各区域单元提供驻地服务，并掌握一手信息资料，在市场部的指导下与经销商共同协商、制订阶段性的市场操作计划；厂家定期派驻市场突击队进行集中铺市和协同分销，对终端网点进行专项加强，开展地面促销推广等；销售经理、公司高层或咨询项目组定期对经销商的业务人员进行培训，向业务人员灌输先进理念，传授先进技能，并在关键营销节点上给予经销商定向政策支持。

售后：零风险承诺，无忧经营保障。针对经销商在库存积压和即期品方面的顾虑，企业承诺全方位零风险经销，在客户按照双方制定的市场操作计划执行到位的前提下，公司负责制定渠道积压产品消化方案并协助经销商执行，即期产品可无条件退换。

在市场起步期，这种售前、售中、售后360°的服务模式，有效地增强了厂商之间协作纽带，提升了经销商对企业的认可度，为后期厂商关系的不断升级、深化奠定了坚实的基础。

（三）关键突破：会议营销＋情感营销见奇效

在以渠道驱动为核心的营销战略阶段，养元的“会议营销＋情感营销”模式也构成其营销体系中关键一环，对关键营销节点上的突破和业绩达成起重要作用。居民对植物蛋白饮料的消费有其显著特点，即消费淡季和消费旺季非常明显。在中秋、春节等礼品消费旺季，企业需要集中资源进行渠道压仓，此时的产品销售是企业全年业绩目标达成的关键所在。在植物蛋白饮料的消费淡季，企业则面对消费场合受限、动销机会少、渠道运转不良等压力。这时，企业要保持渠道畅通，增强客户黏性，为旺季的产品销售打好基础。

做大企业知道做却懒得做，小企业不会做也没能力做的事！为实现关键节点上的营销突破，养元导入了会议营销和情感营销模式。

一方面，在产品销售旺季来临前，企业要先于竞争对手出台终端压仓政策，并组织主力市场的经销商开展宣传、动员活动，向经销商详细讲解培训政策、操作步骤和要点等，确保客户充分理解、消化活动意图和执行要求。

同时，通过聘请咨询专家授课、政策集中宣讲、团队宣誓等活动鼓舞经销商的士气。通过销售竞赛评比激发客户的竞争意识和竞争斗志。与以往上传下达的沟通方式相比，这种会议模式既有利于加强客户对市场计划的理解，进而推动客户对市场计划的执行，又增强了客户的归属感和市场能动性，成为养元决胜旺季销售的有效手段之一。

另一方面，在淡季销售节点上，养元通过对经销商进行培训、举行联谊会等方式，保持与客户的连续沟通；通过向经销商传导“淡季做市场、推新品”等观念和方法，加强厂商纽带的黏性，做到市场淡季的业务不淡、服务不淡、情感不淡。企业老板和咨询专家亲自拜访重点县级市场代理商、核心分销商并对他们进行现场培训。这种做法不仅给客户带去知识，而且给客户带去一份厂家的真诚和情义，是养元情感营销的真实写照。

（四）错位营销：避实就虚，找准竞争突围点

有效的营销既要基于对顾客需求及消费特点的了解，又要以竞争为导向，找准市场突破口。在竞争层面上，起步期的养元面对的是多年盘踞销

售行业老大地位的领导企业，以及众多以低价、模仿为生存方式的跟随性企业，可谓是“前有堵截，后有追兵，天上有飞机和大炮”。在这种情况下，竞争策略、竞争模式的选择就显得尤为重要。当时的情况是，行业第一品牌凭借多年的市场积淀，知名度极高，在多数一线、二线市场有强大的号召力和雄厚的消费者基础，但同时也有市场管理粗放、市场价格穿底、渠道盈利水平低等弱点。

养元只能选择“避实就虚、以农村包围城市，攻击对手薄弱要害”的“错位竞争”。作为弱势一方，在综合资源有限的条件下，选择与竞争对手做正面对抗的阵地战是不明智的，这无异于以卵击石或飞蛾扑火。企业有效的做法是“以己之长、攻彼之短”，错开对手的强势市场和强势环节，攻击其薄弱点和致命要害，这就是错位营销的观念和原则。

在具体实施上，第一，帮助企业确立、细分市场错位战略模式，“让开大路、占领两厢”，以广大县、乡、村三、四级市场作为主攻方向，在中心城市市场只进行渗透式操作或暂时不做，具体选择，视市场情况而定。因为竞争对手在县乡级市场基本不做维护，所以养元的地面精耕优势得以充分发挥。养元还迅速培养了一批以县为单元的优势市场，找到了企业的立足点和发展根基，使有限的资源得到最有效的利用。

第二，在营销发力环节进行错位，贯彻“渠道对抗品牌”策略，通过有效定价和市场管控，确保经销商、分销商及终端的盈利水平远远高于主要竞品，充分放大渠道各环节的推力优势，在渠道商中树立“要赚钱、卖养元”的口碑，有效地抢占竞争对手的市场份额。

另外，在帮助养元命名其创意主力产品——六个核桃时，我们确定了厂价高于主要竞品价格的逆向错位定价策略，打破了小企业的产品都是低价的思维惯性。事实证明，这种错位式定价模式，不仅使养元从众多同类企业中脱颖而出，建立了独特的品牌区隔优势，而且保证了各环节的持续有效盈利，为六个核桃的持续跨越式增长奠定了坚实的基础。

三、优化升级：系统整合阶段

2009 年 – 2010 年，在前期持续耕耘的铺垫下，养元厚积薄发，顺利跨越10亿元的销售业绩门槛，其品牌的影响力、产品的市场销售基础和团队组织建设等均进入新的发展阶段。此后，养元的营销战略开始从早期的以渠道驱动为主过渡到以品牌、渠道、组织、资源等系统驱动为主的阶段。养元开始加速全国化布局扩张和对强势品牌的塑造，并逐步成为植物蛋白饮料行业的领导企业，六个核桃成功跻身国内一线饮料品牌行列。

这一阶段，养元的内外部环境均已发生质的变化。在企业内部，“六个核桃”品牌的传播攻势和顾客的心智认知空前加强，“六个核桃”成为植物蛋白饮品新的代言人。养元的战略根据地市场充分发展，城乡并进，形成扎实的市场根基并占有最大的市场份额；全国化布局战略稳步推进，长江以南市场增长势头强劲；组织模式和企业治理全面现代化，运营管理水平持续提升；企业具备了较强的资源支配能力，等等。

在企业外部，植物蛋白饮料品类升温，消费者的购买意愿强烈；礼品消费市场充分放大，与此同时，植物蛋白饮料的家庭消费和日常化购买趋势形成；在行业竞争中一枝独秀，养元的领导地位得以确立。

这一阶段的养元营销，正由单一式渠道驱动向系统要素整合驱动转变，在品牌和市场双向跃升的背景下，进入以原有模式的优化、升级和再造为主的升华阶段。

（一）从区域精耕到全国化发展

在区域营销方面，养元的发展视野开始从以河北、河南、山东三省为主的北方根据地市场拓展到全国化市场，这个过程本质上仍是区域割据、滚动复制的深度营销实施过程，但是在外延和内涵上二者都有很大的不同。一方面，实施全国化布局，要处理好速度与质量的关系。一味追求速度，易造成快而不精的局面，市场基础得不到夯实；一味强调市场聚焦精耕，又容易拖缓布局进度，进而丧失市场机会。另一方面，此时在重点市场实施的深度分销，厂家已经占据主导地位，经销商成为产品销售的中介、战略或政策的执行者，这给企业对市场的全面控制和垂直化管理提出了较大的挑战。

基于此，“深度全国化”的市场滚动发展模式如何进一步规范、升级甚至突破变得关键。

首先，坚持深度营销的基本理念和营销风格不变，强调做一块、活一块、守一块，实现高质量的扩张和有基础的销量。

其次，建立全国化的市场梯队管理体制，区分主次、先后，加速全国化市场布局，建立基本覆盖全国各省份的基础市场单元。突出重点区域板块，以苏浙皖为新的战略核心，优先对其进行精耕打造，培育江南根据地。

最后，导入市场的全面深度精耕体系，完善一线助销团队配置，提供单个市场单元的驻地式服务，以此强化对渠道终端的细致维护和标准化打造。对区域销量排名前20%的核心终端，企业要为其提供垂直掌控服务，并细化服务规范，如核心终端的“五个一”建设标准。最后，对那些现有生产基地尚不能辐射到的远程市场，要有针对性地导入“大客户制”。

深度全国化战略的实施，使养元在区域扩张中做到了统筹兼顾、协调发展，面与点、速度与质量的关系得到很好地解决。目前，养元已建立了除西藏自治区外的大陆市场基础布局架构，且苏浙皖第二根据地已基本打造成型，下一轮板块式滚动扩张即将启动。

（二）从厂商协同到金商工程

随着养元战略的全面升级，厂商协同模式的优化与再造成为企业的核心命题之一。在新的厂家主导型关系结构下，一方面，市场的深度挖潜和产品销量的提升，对经销商的终端配送和市场服务能力提出了更高的要求，需要对一些平台化、能力不足的客户进行优化整合；另一方面，在对核心经销商、分销商和终端资源的深度掌控上，企业需要引入更有效的管理模式，以配合度、忠诚度等为依据的客户评价体系已不能满足新的要求。

这一阶段，养元推出了以“金商工程”为标志的客户优化和厂商深度协同绑定模式。

首先，建立一级经销商的动态量化评估体系，从硬件、软件两方面衡量经销商综合能力的高低。具体可从市场成长性、基础配送能力、终端量化管理能力、生动化意识、计划执行落地、市场秩序遵守等方面对经销商进行评估。对评估不达标者，企业要向其提出优化改善建议并给予具体指导。经指导后仍未改进、未提升的不达标经销商，则给予淘汰处理。这种定量化的客户评估和淘汰机制，大大激发了客户的经营动力和主动进取意识，有效提升了主流客户的达标能力。同时，要求经销商做同品类专营，并为经销商配备专人专车以运作“六个核桃”品牌，保障充足的可支配资源。

其次，加强对核心经销商、分销商和终端的掌控力和深度捆绑。在经销商层面，打造“从利益共同体到事业共同体、命运共同体”的养元厂商关系成为关键。具体做法是：在协作双赢和保障盈利的基础上，强调厂商联盟和协作平台的建设，厂、商实施深度分工协作，优势互补，取得“1 + 1 >2”的组合优势，并通过允许核心经销商参股、搭建学习成长的平台等方式，促进厂商关系的升级，实现优质客户股东化、厂商平台一体化，构建起真正的厂商“命运共同体”。

在分销商和终端层面，对核心批零网点进行签约化的管理，签订“厂家—经销商—批零客户”三方的合作协议，对“20%”的重点客户实行垂直管理。使相关的政策、资源向客户倾斜，激发客户的售卖动力和长期合作意愿。

通过对渠道优质资源的捆绑掌控，进一步完善了养元的网络体系。在保持销售业绩快速增长的同时，确保市场基础的持续夯实和内在动力的可持续提升。

（三）从关键节点营销到“大预售”制

养元的“大预售”销售模式在这一阶段也逐步得到完善。所谓“大预售”，其实就是在特定销售旺季节点来临之前，客户预先将货款付给厂家，并因此享有优先发货权和一定的政策优惠。这种做法其实并不新鲜，许多行业都有，但是养元却将这种做法落实得更加极致、更加有效、更具系统性。

首先，养元的“大预售”制强调竞争导向，在对时间节点的把握上，养元通常会比其他竞争企业早一个月左右，因此，在旺季销售争夺战开始之前，养元实际上已经打了胜仗。这当然得益于企业多年建立起的较高的渠道信任度和团队操作熟练度。通常在其他厂家正在搞旺季压仓时，终端的大块资金和陈列位已经被六个核桃占去；而在其他品牌面临终端库存积压时，六个核桃已经在终端再次进货了。这种终端拦截的做法，其效果不言而喻。

其次，养元的这种“大预售”制基于渠道各环节的层层响应，经销商先针对终端和分销客户实施预售，根据预收上来的订货金额，判断市场的整体趋势，然后再向厂家上报订货量；为保持合理的库存备货，经销商通常会根据下线客户的订货金额相应追加一倍左右的货款。这样一来，企业就做到了对经销商、分销商、终端的层层压仓和资源抢占，保证了销售的良性和稳定性。

最后，养元的“大预售”制强调以市场的实际需求为导向，以渠道各环节的良性动销为基础，根据分销商、终端的日常销量及其与往年的同期对比等确定政策门槛和促销力度的等级，确保基本符合终端的实际吞吐能力，而不是为追求一时的销量盲目压仓。实际上，因为动销基础较好，政策设计得当，在“六个核桃”的销售上，通常会出现旺季一过渠道就补货的良性局面，所以，企业几乎没有不良库存。

养元的“大预售”制已经成为养元最具特色的经营模式之一，不仅有效地支撑了企业业绩的连年增长，为企业带来良性的现金流，而且体现了养元“六个核桃”强大的渠道号召力和多年精耕细作培养出的渠道黏性。“大预售”制的成型与落实彰显了企业的信誉、信心及客户对企业的信赖，这正是养元多年的经营沉淀下来的无形财富，也是其他企业无法轻易模仿的。

（四）从错位竞争到全面领先

从市场追随者到行业领导者，本阶段养元饮品的竞争模式和竞争要素已经发生了质的变化。起步期的养元处于弱势地位，选择的是错位竞争战略，强调避实就虚和差别化市场占位，如今的养元则要以领导者的视野追求品牌优势全面领先及行业良性规则的建立。

养元的优势全面领先战略模式是基于对企业内外部价值链的效率进行优化、提升而提出的。

在上游供应链环节，企业建立主要原料的全球化采购模式，并且和主要的包材供应商达成战略合作，双方毗邻建厂，实现“零距离”供应。

在内部生产环节，一方面，通过分厂基地的全国化布局，进行区域板块辐射；另一方面，通过引进先进设备、工艺，提高产能、降低成本。导入生产环节的全程精益化管理体系，在每一个环节、每一个细节上控制成本。

供应、生产环节上的种种创新和变革，使养元真正获得了战略性的成本领先优势，增强了企业的盈利能力和持续发展能力。养元人常说：“养元的利润是省出来的。”可见，对成本的严格控制为企业盈利做出很大的贡献。

而在下游渠道和市场环节，本阶段养元的核心竞争战略是提升对优质市场资源的占有能力，具体做法包括：对经销商环节的持续整合优化和多纽带捆绑，确保对优质商家资源的占有；对核心分销商和终端客户的签约管理及利益、服务、客情等方面的多重掌控；对区域市场核心传播媒体资源的占有，占领品牌形象的制高点；对卖场、传统售点的黄金陈列位的常年占有等。在市场竞争层面上，养元已经由“错位竞争”转向全面阵地防御战、进攻战。对核心资源的排他性占有，巩固了养元品牌的优势地位。

通过实施全面领先战略，养元既实现了对成本的最优化控制，又掌控了核心市场资源。这种双向集中化的竞争战略，正推动养元迈上新的发展台阶。

其实，从经营模式方面梳理养元十余年的发展历程，很多人会认为养元的发展历程中并没有太多新奇甚至惊天动地的故事，养元的许多经营模式看上去很“常规”，但在智达天下看来，这正是所有优秀企业经营的常态。伟大源自平凡，正是此理。

如果非说养元有所谓成功“秘籍”的话，那么“秘籍”就是一句话，即在正确的时间做正确的事情。把看似平凡且简单的事情做好、做到极致，并坚持做就很伟大。如果从养元模式的内在机理来看，我们就会发现能够根据环境、竞争、战略及企业资源的升级状况，不断对自身模式进行调整、优化、丰富、完善、创新才是养元成功的关键。

第三章

Chapter 3

养元效率：从营销执行到战略运营

20 世纪 80 年代，深圳有一句享誉中外的口号“时间就是金钱，效率就是生命。”从那时起，中国人才有了对效率的基本认识。

养元的市场部每天都会收到来自全国各级各类市场、核心终端的大量分类信息、实时监测数据及关于市场动态的报告。在任何一个市场，分析、汇总、判断、决策、执行，养元完成这一过程，最多不会超过五天。在养元的新品开发部门，任何新品开发的周期绝不超过七天。窥一斑而知全豹，这就是养元的效率。

如果说战略决定企业能否做正确的事，模式决定企业是否用正确的方法做事，那么执行力和执行效率则决定一个企业能否有效地把事情做好并达成最终目标。对任何企业来说，机会、时间和资源都是有限的，而市场竞争又是残酷的，所以，提高效率对企业发展至关重要。解析养元饮品的发展历程，探索养元的内在特质，我们会发现其快速成长的原动力和企业的核心竞争力并不是品牌、营销、模式等外部因素，而是其有效执行和高效落地的组织特质。这种文化基因和组织优势才是成就养元的“内功心法”。

一、效率：投入资源与达成目标的比率

一般而言，对组织效率的解释是“**企业投入的资源成本与产出之间的比值**”，也就是对企业花费一定的财力、人力、物力、时间之后所取得的最终效果进行衡量。从企业具体运营的角度来看，我们认为，所谓效率就是立足于可支配资源、既定时间达成目标的比率。企业的经营过程可以概括为决策和执行，在决策准确的前提下，企业一年 365 天的常态性工作主要就是贯彻、落实决策以达成目标。所以，决策固然重要，但决定企业成败的往往是各级员工的执行力和执行效率。

（一）执行效率决定结果的差异性

在信息高度发达的今天，企业的战略、模式、战术手段等日益透明

化，除核心科技外，企业似乎已经没什么“机密”可守。你甚至可以准确地掌握竞争对手的动态，知道他们要做什么、怎么做。尽管大家都在研究宝洁、海底捞、养元的企业经营模式，但是行业中并没有出现第二个宝洁、海底捞，也没有出现第二个养元。为什么？因为基于一个企业的特质基因而形成的“内功心法”，其他企业是无法“学”到的，决定企业成败的核心能力也是无法复制的。

事实上，今天许多行业已经呈现高度的同质化趋势，如饮料行业、白酒行业。许多企业在战略取向、营销模式、品牌塑造、产品性能、战术操作等方面呈现同质化倾向。所有企业做的事都很相似，但是有的企业可以风生水起，有的企业却只能原地踏步。为什么会有这种差别？或许是因为每个企业的资源条件不同，时运不同，但最关键的原因在于各企业贯彻落地的能力不同。人们常把企业的执行环节比喻成“黑洞”，道理也正在于此，战略规划高瞻远瞩，组织动员群情激奋，可是一经过那个神秘的执行黑洞，结果却令人大失所望。所以有人说：“宁可要三流的战略、一流的执行，也不要一流的战略、三流的执行。”

植物蛋白行业是一个典型的低门槛、低技术行业。无论是在起步阶段，还是在领先阶段，养元都和其他同行面对的是相同的市场环境和市场机遇，甚至在策略模式上，也都采用了大同小异的“常规”打法。而养元之所以成为养元，除了一直在做“正确的事情”之外，更重要的是十年来坚持“把事情做正确”，“更高效地把事情做正确”。

这些做法，看似简单，实则不然。就拿养元一直实施的深度分销模式来说，无非是“铺货铺货再铺货，拜访拜访再拜访，服务服务再服务”。可是养元的团队能把海报贴到行政村的售点，单这一点，许多企业就做不到；养元能做到两天对重点终端进行一次拜访，这一点，许多企业也做不到。这就是执行的力量，这就是高效的结果，一点都不神秘，但却决定了企业的成败。

说到执行力，大家也都耳熟能详，相关的理论著作更可谓汗牛充栋，但是知道和做到毕竟是两个不同的概念。“该做的都做了，为什么销量还是上不去呢？”当企业为此感到困惑时，不妨从战略执行的细节上反思一下，这样就会明白政策执行的效率决定结果的好坏！

（二）营销是个知易行难的工作

我们把目光重新聚集到营销上。营销是什么？营销是创造和交换价值的管理过程，需要有对市场的敏锐洞察、理性的策略和富有创意的手段，更需要年复一年、日复一日的常态执行。策略拿不准，模式不对路，产品力不强，企业可以借鉴、可以模仿、可以借助外脑、可以试错纠偏。可是反过来，即使有一流的产品、一流的策略、一流的模式，企业就一定能成功吗？显然不一定。因为这些“营”的过程仅仅是个开端，“销”的过程才是决定一个企业内在“功力”的关键。营销做到最后其实是在做管理、做执行、做细节，这些才是企业核心能力的体现。

所以我们说营销是一项知易行难的工作。知易，是因为在营销手法上没有所谓高精尖的“独门秘籍”；行难，则是因为良好结果的达成，需要一个艰苦的、平淡的、持之以恒的实施、超越、创优的过程。营销发展到今天，其决胜的力量已不在于策略、顶端，而在于践行的速度、质量和持久性。

例如，为什么加多宝在输掉原有品牌的商标权诉讼之后，仍能“保持凉茶品类第一”的地位？除了企业应对及时、策略得当之外，最重要的原因恐怕还是其具有强大的地面操作能力。正因为如此，一夜之间，企业就让消费者看到了终端的“加多宝”新面孔，也让消费者在社区、景点或餐厅感受到其鲜活的品牌氛围。然而，我们看到许多企业所谓的战略或模式大都只停留在口头上、纸面上、会议上，对战略或模式的贯彻落实工作就大打折扣了。讲道理、讲理论很容易，执行、落地工作着实不易。

在养元流行这样一句话：“伟大是‘熬’出来的。”这句话看似朴拙，却正是养元成功的真实写照。养元的营销，不仅在“知”的层面上做到了与时俱进、不断优化，更在“行”的层面上做到了坚持实践。养元的模式体现在基层执行上，可以简单地概括为“一张图、一条线、三张表、六确定、八步骤”。看上去和其他企业的模式大同小异，可就是这样一套简单的“规定动作”，养元的团队重复了十年！当许多同行企业还在卖裸价、圈客户的时候，养元已经在这么做。当众多效仿者模仿、套用其营销模式的时候，养元还在这么做。所以这个“熬”字的背后，是初心的无悔，是对路径的坚定，是对落实工作的执着，因此，“伟大”只是水到渠成的事。

（三）养元效率的两个层面

养元的高效运营集中体现在两个层面：一是营销管理环节的强力执行和贯彻速率；二是企业整体战略运营层面上的高度集约和快速响应。

在初期的发展起步和市场突围阶段，营销是养元经营活动的核心环节，是工作的重中之重，也是养元精神、养元文化的源头。在经营的起步期，企业的综合资源十分有限，“放眼看去，尽是短板”。

在这样的条件下，养元高层清楚地意识到想要生存，想要有所作为，只能发挥人的力量，把可控制、可塑造的队伍培养成自己的“长板”。别忘了，养元曾经是衡水老白干酿酒集团的子公司。

这家国有大型企业“广纳人才”的人力资源战略为养元的发展奠定了坚实的基础。国有企业多年的市场历练和规范管理，既提高了养元创业团队的职业素质，又为其注入了基础潜力。在企业团队组建之初，虽然人员有限，但养元一直坚持高起点、高标准的管理风格，注重营造简单、严格、高效、激情的团队氛围，培养低调做人、高调做事的行事风格。后来，这批创业团队成员身上所特有的质素和习惯经传承和放大逐渐成为养元的整体组织基因，养元文化的雏形就此形成。

在养元快速成长、不断壮大的过程中，企业平台不断做大，团队规模不断扩充。作为行业领导者的养元，其运营效率的保障进一步上升到企业整体治理和产业链系统管理上，因为企业的最终竞争会体现在整体价值链的系统竞争上。养元优势的长期保持，也要基于整体价值链环节的领先和全方位价值经营要素的优化。这种高效价值链管理包括但不限于营销环节，而是延伸到上游采供链，内部研究、生产、销售组织流程链，下游渠道链的系统整合优化环节。这种战略运营效率的持续提升，进一步夯实并提高了养元的核心竞争力，为养元引领行业发展、实现持续跨越增长积淀了坚实的动力和后劲。

二、养元效率：执行力缔造传奇

自智达天下为养元提供咨询服务起，在一系列的提案、沟通和培训中出现最多的字眼除策略、模式等之外，就是锻造营销“铁军”、强化刚性执行等。在以营销为重点的企业突围阶段，执行速率成为养元高速发展的主要动因之一。而且，随着企业的发展壮大，这种高效执行的素养和习惯已逐渐从以激情驱动上升到以制度驱动，并最终固化为企业的文化特质。

（一）激情驱动下的执行

在养元老厂区的办公楼外有一条醒目的标语——“激情四射、缔造传奇”。这是企业每次召开营销大会时所有员工要大声喊出的公司司训。创业初期，养元的营销团队总共只有十余人，这些人在姚总、范总等高层的带领下开始运作市场。没有复杂的流程，没有烦琐的制度，这个时期的养元和众多中小企业一样，本质上还处在“人管人”的阶段。但是，和很多企业不同的是，此时的养元已经把团队建设放在了一个更高的层面，以高标准、严要求为准则，有意识地培植团队的基准行为。

这种高标准、严要求具体体现在以下三点。

1. 追求简单

简单文化是养元的核心特质之一。具体做法是：一是倡导将制度、流程化繁为简，不搞形式主义。在组织初创阶段，人员少，管理半径小，内部规则要一目了然，舍弃不必要的制度文本。二是倡导简单的团队成员关系，杜绝任何企业政治；提倡高调做事、低调做人；工作上，上下同心，共同担当；生活上，平等相待，和谐相处。这种简单文化的注入是保障企业组织高效运转、减小内耗的前提。

2. 培养员工的事业心

企业的规模可以小，人员可以少，但企业核心成员一定要有强烈的事业心。在当时的养元内部，我们一直贯彻执行“从做事开始做事业，以做事业的心态做事”，把本职岗位的每一件日常事务和对客户的每一次拜访都看成“大事”，做足一百分是基本要求。其实，养元的每一次进步的取得，无非是养元人将一件件小事做到位。当时，智达天下咨询组和企业对接时有一个惯例，即每一次的沟通决议必须落实到纸面，明确内容、标准、责任人和完成时限。当然这种事业心的培养要基于团队的共同愿景和价值观，当时的养元没有过多冠冕堂皇的口号，但是，团队成员却有把事情做成的决心。这对仍处于创业期的养元来说，这是无比珍贵的财富。

3. 调动激情

在“人管人”的阶段，企业必须充分调动团队成员的斗志和工作热情，在缺乏制度、规则约束的情况下，人的主观能动性就决定了工作的效率。一方面，企业领导人要有意识地调动员工的激情，以身作则，以饱满的热情、勤勉的态度工作。另一方面，企业要通过采取一系列方式调动员工的工作激情。在养元内部，定期的销售竞赛已经成为惯例。每次重大市场活动必然会跟进内部的评比竞赛，员工可以在销量、网点开发、生动化方面进行竞赛，然后企业根据考评结果奖优罚劣，并实行末位淘汰制。这些做法为企业团队营造了一种“比、学、赶、帮、超”的良性竞争氛围，极大地激发了个体成员的斗志和进取意识。

在这种以激情驱动执行力阶段，企业不能空喊口号，只做表面文章。此时，企业领导人的引导作用至关重要。对小型企业来说，能否成功调动员工的激情，关键在于企业领导能否激发群情、主动植入、率先垂范。可以说，企业家的意志和行事风格决定了初创期的企业文化。

（二）制度驱动下的执行

激情驱动只在组织初创期适用，随着企业的发展和团队规模的扩大，管理层级增多，管理半径加大，企业领导人不可能事必躬亲，于是，制度建设和流程管理就成为驱动执行的核心。

随着养元业绩的增长和市场的扩大，其营销团队也从最初的十余人逐步扩充到50人、100人、300人……目前，养元的营销团队有员工6600多名。随着团队规模的扩大，企业管理和相应的制度也在不断地变革、升级。其中，核心治理模式包括三点。

1. 充分的授权体系

强化对执行高层和关键职能部门的充分授权，实行“部门家长制”和“线上总经理制”，每个部门拥有高度的自治权和决策权，责权利对等。

具体来说，一是强化“大市场部”的建设，加强市场部“营”的职能，负责营销计划的制订、下达及市场推广动作的企划安排等；二是销售部承担“销”的职能，负责市场策略的具体执行和达成业绩指标，并进一步下沉市场管理重心，建立大区营销中心，保障各主力市场板块的独立、灵活操作；三是督导部承担检核职能，对营销策略和市场政策的具体落地情况进行实地核查，并根据核查结果落实奖惩政策；四是财务部门承担核销职能，负责检核各项费用的使用情况。这种分权模式的核心在于使组织管理扁平化、决策高效化、执行顺畅化，激发各层级员工的活力，使养元成功步入制度化、规范化、标准化管理阶段。

2. 合理分工，权力制衡

与充分授权和部门自治相匹配的是组织的分工和权力的制衡。养元的企业治理模式既将经营权充分下放，从而确保了组织效率，又体现了严格的职能分工，各部门相互制约，从而避免权力的失控和腐败的滋生。总的来说，养元的几大主体部门对应的正是计划、执行、检核、奖惩这样一个管理链条。四大核心环节构成一个运转闭环，每个环节的职能部门在行使权力的同时，又要接受相关部门的监督，进而形成“四权分立”的科学治理模式。

3. 强有力的督导体系

养元在发展初期就格外重视督导部门的独立性和督导职能的发挥，“没有检核奖惩，就没有执行”，强力督导是养元营销模式得以有效落地的关键因素之一。养元督导流程规范如图3－1所示。

检查督导作业四工具：
车辆、相机、DV、手册。

业务流程：

- □到达指定市场
- □随机抽查流通渠道市场（最低走访80家有公司产品的终端店）陈列好公司产品
- □走访商超
- □走访餐饮渠道
- □填写督导报告

各渠道检查事项

产品的铺货率，找到80家经销公司产品的终端店，或找到100家有植物蛋白饮料产品销售的店。

每个网点检查12项内容，陈列数量、陈列品种、陈列位置、产品价格、生动化、业务拜访频次、客户服务卡、终端物料数量、终端物料位置、对一级商的评价、同类产品销售情况、对公司的建议。

1、在走访流通渠道时必须找到80家销售“六个核桃”的网点，如果所查市场找不到80家，必须找到100家销售同类产品的网点并记录下所走访街道。

2、检查时要对网点的陈列和服务卡（服务卡如果没有贴墙上，要向店老板询问有没有，如果有，拿出来拍照，如果拿不出来视为没有）进行照相。

3、发现价格体系不合格的要详细记录店名、地址、售价

4、对不合格的网点一定详细记清楚（陈列数量不够多少件、陈列被压、陈列被挡、陈列不规范）并且都必须有照片。

5、对二级商反映客情不好、服务不及时、送货不及时的要详细记录店名、电话、地址。

图 3－1　养元督导流程规范

（三）文化驱动下的执行

在制度的规范和约束下，久而久之，组织行为便成为一种自觉的、职业化的习惯性行为。企业团队的职业习惯和行为风格经过进一步的梳理、总结、沉淀，就成为这个企业的执行文化。养元通过对制度设计的变革与优化，保障了团队执行力的持续提升。这种机制规范逐步使团队成员的行为由被动变为主动、由主动变为习惯，文化驱动下的执行也得以体现。

虽然养元十年来一直保持着超常规、跨越式的增长，但其企业精神和核心价值观却一脉相承，因为企业的基因和特质早在企业创业期就被植入到企业文化之中，这就是养元文化的本源，也是早期创业团队尤其是高层领导行为风格的延续。

养元的核心企业文化被概括为“憨厚务实、严格严谨、自强不息，追求永恒”。“憨严”文化准确地体现了企业组织的内在特征。“憨”，即诚信包容，恪守责任，不投机取巧，不违背企业伦理；“严”，即纪律严明、行事严谨，注重细节，敢于较真。这两种看似矛盾实则互补的行为风格，恰好是企业理想的组织氛围。“憨严是基石，务实做对事；自强是关键，永恒是愿景和使命”，养元人如是说。

对“憨严”文化的具体描述：

□ 对人憨厚朴实，对事对己严格严谨，体现了养元人高调做事、低调

做人的一贯风格。

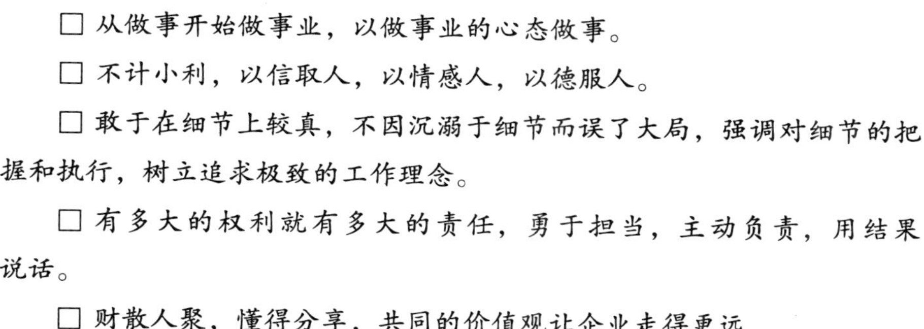

☐ 从做事开始做事业，以做事业的心态做事。

☐ 不计小利，以信取人，以情感人，以德服人。

☐ 敢于在细节上较真，不因沉溺于细节而误了大局，强调对细节的把握和执行，树立追求极致的工作理念。

☐ 有多大的权利就有多大的责任，勇于担当，主动负责，用结果说话。

☐ 财散人聚，懂得分享，共同的价值观让企业走得更远。

与核心成员带动下的激情驱动和规则体系约束下的制度驱动相比，文化驱动带来的执行力和企业效率更具持久性和生命力，因为它已经通过外在的效仿、制约、规范、服从内化为每个成员个体自觉遵循的共同价值观，形成一种“潜意识”的、内在的行为习惯。这种习惯会基于组织规模的扩大得以延续，并始终根植于组织的精神内核，这正是“文化管人”的一种体现，也是养元追求永续经营的重要支撑。

三、养元效率：战略运营催动可持续发展

随着企业的规模化发展和集团化运营，除了营销环节的高效执行塑造外，养元对执行效率的打造已逐步上升到整体战略运营的层面。在战略运营上，养元追求的已不仅仅是职能落地上的执行效率优势，而是立足各关键环节的结构性再造，最终树立自身的全价值链、全生态圈的竞争优势。为此，养元进行了一系列卓有成效的创新性努力，获得了在全面成本上的领先地位，实现了对核心市场资源的占有，从而迈入了一个新的发展阶段。

（一）上游供应链整合

饮料行业是一个典型的成本敏感型行业，企业要想获取全面成本优势，除了进行规模化采购生产之外，还必须与上游供应企业建立紧密而可靠的协作关系。养元的做法是拓展与上游供应商合作的宽度和深度，建立

与核心供应商的深度战略合作机制。

在主要原料核桃仁的采供上，养元采取的方式是拓展供应链的宽度。因为核桃的种植区域广而分散，不同国家、不同地区间的价格差异显著，所以养元建立了国际化采购体系，在更大范围内即时掌握原材料的价格，进行集约式采购，在保障原材料品质的前提下，有效地控制了原料成本。在包材、罐体的采供上，养元采取的方式是拓展供应链的深度，与若干优质铁罐供应商建立战略合作关系。一方面，吸引供应商参股，创造性地使供应商股东化，与供应商结成利益共同体。另一方面，与供应商同步毗邻建厂，在几大核心灌装生产基地实现包材与工厂间的零距离运送，将材料的采购运输成本转化为企业的毛利润。

在原材料质量的管理上，养元坚持严禁不合格原料进厂。曾有一家供应商，因其原材料的破损率略高于合同约定的比例，养元当即拒收这批原材料。此外，养元每年会定期召开优秀供应商表彰大会，对严格履行采购协议的供应商给予重大奖励，这一做法在行业中可谓是首开先河，这也是养元“憨严”文化的生动体现。

（二）内部价值链整合

在企业内部运营环节，养元建立了“360 度高效管理”体系，对研发、生产、营销、服务等主体流程逐一进行梳理，做到全环节、全职能运行最优化，并强化各职能中心的有效沟通联动机制，使其保持高效运转。

例如，在研发环节，积极与国内外专业机构合作，并与市场一线的反馈对接，确立最优方案，配合国家主管部门起草行业标准，以优化行业规则等；在生产环节，引入全程精益化管理体系，优化现场流程管理，做到生产、仓储、运输等方面的智能化有机对接，大幅提高了企业的生产效率，降低了生产成本；在营销环节，则采取分权治理、相互制衡的运行方式，策划、执行、督导、考核四大职能部门分工协作等。

（三）下游渠道链整合

对下游渠道链的整合主要体现在对核心渠道商进行深度捆绑，使核心经销商股东化、核心分销客户和终端客户垂直签约化，通过品牌、利益、客情、资本等纽带深度强化对渠道环节的控制力。

通过导入区域市场深度协销、“大预售”制等模式，养元渠道链条上的物流、资金流、信息流得以高效流转。在良性动销的培育下，渠道不良库存大大减少。“大预售”模式的成熟使企业现金流的运转始终保持理想状态，对一线驻地协销队伍的终端服务及全国数十万家签约终端的紧密掌控，使市场信息得以及时上传，实现了营销总部对市场的动态化监控。

此外，市场督导体系的持续运转，即使企业能够及时、有效应对市场串货、砸价等不良现象，又使其核心产品“六个核桃”的价盘保持稳定，市场秩序始终保持在可控状态。

养元的成功发展得益于企业内部的高效管理与强力执行。养元管理效率的内在生成机制给众多企业管理者很多启发。

第四章

Chapter 4

养元格局：从厂商共赢到生态协同

人们常说态度决定高度，格局决定结局，意思是企业做事的态度决定其所能达到的高度，企业所具备的格局决定其最终的事业结局。中国近代著名的军事家、政治家曾国藩曾说：“谋大事者首重格局。”所谓企业格局就是企业的心胸和眼界。有大格局是一种智慧、一种境界、一种深度、一种品性、一种姿态，是企业大巧若拙、大象无形、厚德载物的一种体现。人们说只会盯着树皮里的虫子的鸟儿不可能飞到白云之上，只有眼里和心中装满了山河天地的雄鹰才能自由自在地在天地之间翱翔！

所谓“大胜靠德，长胜合道”。其中的“德”指的是一个人的德行、修为、胸襟、境界、格局。

和当今很多明星企业家相比，养元人显得很憨、很拙、很傻、很痴，有点像许三多。养元的成功归根结底是养元人的成功，养元人为什么会成功？因为养元人对待其合作伙伴很谦逊、很包容、有担当且具有博大的心胸和高远的眼界。养元有大的格局、有担当，这才成就了今天养元与其他所有企业协同互融、共生共荣、共创共享的多赢局面。

就养元发展的不同阶段来看，其与合作伙伴之间的关系也有一个不断拓展、优化、深化与升级的过程，在这一点上，很多企业是相同的。不同的是养元在创业初期就已经具备的大企业的心胸和眼界，这多少与其核心创业团队在集团大企业平台上的历练有关。养元人看重的不是一时的蝇头小利、近期利益或个人得失，而是其与合作伙伴之间的深度合作与协同发展。养元人考虑的是如何能够让养元的合作伙伴们跟随养元的脚步不断成长，如何能够实现养元与合作伙伴的共同梦想，以及如何与合作伙伴一起成就一番大事业。

这里我们从厂商合作关系的角度，考察养元在实现厂商共赢和建设、优化企业生态圈的过程中体现出的事业格局。

一、艰难起步：敢于承诺，敢于担当

厂商关系的和谐稳定决定了企业的发展与稳定，厂商关系的建设和不断优化则是企业经营中的核心问题之一。李白诗曰："众鸟高飞尽，孤云独去闲。相看两不厌，唯有敬亭山。"这首诗表达了诗人孤寂的心情。对诗人来说，只与敬亭山"相看两不厌"。然而，能够让厂家和经销商在事关各自利益的长期合作中达到"相看两不厌"的境界绝非易事！除利益纽带外，企业还要在信誉、客情、担当上提高经销商对企业的信任，给予经销商一个可以实现进步的未来和一个稳定发展的市场，最终建立厂商双方"相看两不厌，双赢是关键，和谐共发展"的良好合作关系。

2002 年，养元处于一穷二白的艰难起步阶段，没有可供炫耀的资本，没有名门传承的"高贵血统"，没有名满江湖的显赫战绩。"客户凭什么跟我们合作?""我们能够给客户带来什么?"养元人不断地思考这些问题。与养元合作伊始，合作商在养元创业团队身上能感受到他们的内在激情和对成功的渴望，他们憨厚朴实的言语承诺体现出他们对事业追求和脚踏实地的工作态度。当时企业的规模虽小，但养元人从不目光短浅、投机取巧、寻找捷径，而是追求以战略眼光去看待企业的运营与发展。他们着眼于养元的长远发展，他们看重的是未来的发展前景与战略目标。正如姚总当年所说："我们的企业现在还很小，但这不代表养元人的心胸、胆识和气魄也很小，更不代表养元的责任感、愿景、未来也很小。"姚总不是一个演说家，甚至很多时候算是一个比较木讷的人，这番话一定是他真实的心声。

企业虽小，但却敢于承诺、敢于担当、认真践行，那么这个企业就值得敬佩。只有敢于担当的企业才能得到合作伙伴及消费者的认可和支持，只有得到大家的支持和信任，企业才能走得更远。养元在成立初期就已经具备了这种持续发展的良好基因。

（一）新战略思维下的厂商共赢

在起步阶段，养元的首要工作是在核心市场的招商布局。在农村包围城市战略的指导下，养元确定在战略区域以县级为单位进行招商布局。企业邀请县里信誉良好、能够配合养元市场运作策略且具有与养元产品相匹配的网络的经销商加盟，通过对重点县级市场的精耕细作实现对县级区域市场的突围。

衡水老白干集团的背书作用为养元的招商及产品销售提供了有力的说辞。养元可以利用衡水老白干品牌背书及区域影响力来彰显企业的实力，进而提升企业的资信力。但是，仅有这些条件就能够吸引优秀经销商加盟吗？毕竟衡水老白干是衡水老白干，养元核桃乳是养元核桃乳，在顾客心中，两者的品牌地位悬殊较大。

很多经销商对养元这类小微企业缺乏信心。他们担心没有知名度、没有强大的企业实力作支撑的产品难以打开市场，担心自己的货款会“打水漂”，因此，对于是否代理养元产品有很多的顾虑。没有足够的资金做广告，不能以广告宣传提升产品的知名度，进而拉动招商和消费，养元只能理性地选择以渠道驱动为核心的推力型营销模式。

为了打消经销商代理养元产品的疑虑，增加渠道商的信心，提高产品的铺市效率，养元提出“零风险经营”承诺，即经销商代理养元的产品是没有风险的。通过团队协助，保障货物的有效分销，降低经销商的库存压力，消除经销商“货进了卖不动”的顾虑。此外，养元还建立了严格的退换货保障机制，提出“无条件”退换货的真诚承诺。

“你先赢，我后赢”，“你赚钱，我发展”。通过上述种种做法，养元赢得了渠道商的信任和良好口碑，使经销商信心大增，养元经销商对企业也很忠诚，进而实现了厂商利益的一致性，形成了以“战略双赢”为目的的新型厂商合作关系。

一诺十年，从未改变。为了实现这个承诺，养元付出了很大的代价。但是，这个承诺体现了养元人的精神和责任，以及养元人对市场、未来坚定不移的执着信念。养元人本着对经销商负责的态度，给经销商选择养元的机会，不仅为一路跟随养元的经销商朋友带来了财富，而且赢得了众多经销商朋友的尊敬和信任，培养了一批与养元一起成长的经销商铁军，为养元以后的跨越发展奠定了良好的基础。

为进一步开展对重点市场的精耕细作，养元提出了“星级助销服务工程”，厂商捆绑，开展市场精耕。很多大企业对星级助销服务并不陌生，但实施这一工程对养元这个一穷二白的小企业来说充满了挑战。养元敢于承诺提供星级助销服务，并认真履行承诺，这体现了养元的胆识和对未来的信心。

养元的星级助销服务主要体现在以下几个方面：

首先，在各区域市场配备了驻地助销团队，定制式地为此区域提出市场运作思路和具体操作方案，在铺货、客情维护、终端生动化建设及促销活动的开展等市场工作上全力辅助经销商，协助经销商快速打开市场。

其次，企业定期组织经销商，对其进行专题性培训。培训内容包括对经销商的市场运作工作进行辅导，指导经销商如何进行人员、仓储、店面经营等内部管理，从理念和方法上提高经销商的经营水平。

最后，建立了企业领导定期巡访市场机制，高层领导亲临一线，拜访经销商，为经销商答疑解惑，使“星级助销服务”落到实处。养元通过导入星级助销服务，不仅开启了养元市场精耕的新篇章，而且帮助经销商树立了运作市场的信心并使其理解到星级助销的深刻含义。

（二）利润保障：让经销商挣到钱

就厂商合作来说，利益是其基本纽带和保障。养元人明白要想留住经销商，信用是根基，情感是润滑剂，利润是关键。而当时养元的核桃露、核桃杏仁露、核桃花生露等几款植物蛋白饮品尚处于品类导入阶段，以礼品消费市场为主，淡旺季明显，销量有限，这样很难让经销商赚到钱。因此，有必要生产适度丰富的跟随性产品，这样既可满足经销商淡季销售产品的需求，增加经销商的利润来源，保持市场的活跃度，又为企业增加了销售业绩，贡献了盈利点。果之恋果汁饮料、养元苹果醋、衡水老白干包销产品等都是在此情况下被开发出来的。艰难的市场磨炼使养元人明白坚持下去才有机会，“暂时的产品加法是为了换取企业生存的战略空间。”或者很多在生死边缘挣扎的小微企业也和养元一样，其员工怀揣着美好的战略愿景，但是他们首先必须为战略愿景的实现创造必要的前提。稳定而不断优化的渠道关系是实现企业愿景最为重要的战略前提。

养元人艰难起步，务实经营，卧薪尝胆，让广大经销商们看到一个敢担当、讲诚信、有未来的优秀企业“破茧成蝶”的生动过程，感受到其与其他企业不同的气质、风范和气度。养元规模虽小，但却胸怀博远；养元虽然资源匮乏，却敢于承担；养元信守承诺、勇于承担责任。这种态度和胸襟在企业发展初期就已经开始发芽、绽放，可以说，正是这种态度和胸襟成就了养元的不凡。

二、迅速成长：厂商共进，和谐发展

2005 年底到 2006 年初，养元完成改制。六个核桃正式面市，如一缕明媚的阳光，对追随养元多年的广大经销商来说，它照亮了自身的发展未来。企业信任、品牌信心、创业激情，这些在本土市场生态中极为稀缺的珍贵质素开始在养元中焕发出蓬勃活力。为保障六个核桃经销商队伍的质量，养元设立了严格的招商标准，通过对原有企业经销商及新经销商的严格筛选，养元完成了河北市场的招商布局工作。随着河北市场的发展壮大，市场区域逐步扩展到河南、山东，最终形成了冀鲁豫三省的根据地市场。在此基础上，养元逐步对全国市场进行渗透。

我们知道，企业的发展离不开伟大产品的成功，而六个核桃就是成就养元辉煌事业的那个伟大产品。一方面，企业营销系统的全面推进及经销商的全力配合成就了六个核桃的成功；另一方面，六个核桃的诞生让企业与经销商看到了明媚阳光下的新力量、新希望，激发了他们奋勇前进的动力。从某种程度上说，养元和经销商也因为六个核桃的成功而获得新生。

聚焦六个核桃，不仅明确了企业市场运作的核心，坚定了企业打造“核桃专家”的决心，而且为养元的经销商团队带去了希望和信心。企业对六个核桃的集中打造，让经销商明白养元不仅拥有了一款高利润、被消费者认可的好产品，而且拥有一个潜力巨大的市场，这使经销商们更加坚定地跟随养元，做养元最忠实的盟友。

督导制度的建立是市场长治久安的核心保障。有句话说得很好：稳定才能和谐，和谐才能发展。市场稳定，才能保障企业与渠道商之间的和谐。各方和谐相处，才能促进企业的发展。

养元高密度、小区域、高占有的市场格局，使市场管控难度变大、要求变高，稍有疏忽，就会出现区域之间相互窜货、终端之间相互砸价等扰乱市场的行为，而这些行为对市场的稳定与发展极其不利，很有可能“辛辛苦苦好多年，一夜回到解放前”，养元深知其中的利害。

2007年前后，养元成立了督导部，督导部独立于销售部之外而直属总经理管辖，以此强调督导部的重要性。督导部负责对市场秩序、政策落实、终端形象、媒体资源等进行检查监督，企业规定督导部必须对其检查过的市场进行奖惩：奖励那些做得好的地区，惩罚那些做得差、违规违纪的地区。督导部拍摄的照片就是进行奖罚的依据。如果督导部没有对其检查过的市场进行奖惩，那么被处罚就是督导部。

企业的基本判断是我们的市场还没有做到最好，我们要的是可持续发展的未来。正是养元的严格文化铸就了养元营销团队及经销商团队的自律精神，保证了其运作市场的规范性，促进了他们的共同成长。养元深知只有企业提供强有力的保障，才能维持市场的稳定性和企业发展根基的牢固性，才能保障企业及广大经销商的利益，才有资格谈全国化、品牌化。

如果把养元人格化，那么养元一定是一位情商很高又专注务实的智者，他目标感很强，能够在变幻万千的市场环境中找到前进的方向，能够非常理智地辨别是非曲直，能够坚持做正确的事情，即便要为之付出很大的代价，他也在所不惜。养元的督导部正是养元为了实现持续发展而设立的重点部门，督导部的设立对养元的稳定发展有着十分重要的作用。

“金商工程”促进厂商协同发展。在企业发展的过程中，企业需要真诚、能与之共担风险、共享未来的经销商伙伴。经销商的市场思路、运作市场的能力、对未来发展的认识及发展速度等都决定着企业的发展。然而，对于企业来说，寻找这些合作伙伴是一件非常艰巨的工作。

2009年开始，在企业快速发展，急需构建坚实的经销商团队的情况下，养元开始打造自己的“金牌经销商”网络，通过对已有经销商的选拔、提升，以及在新的市场区域进行招商等方式在各区域寻找符合条件的优秀经销商，以支撑“金商工程”。所谓“金商工程”就是养元经销商俱乐部会员的高级形式，它既是养元为经销商提供的一种独享政策和服务，又是企业对经销商的实力表示认可的一种方式。“金商工程”为养元的进一步发展提供了强有力的支撑和保障，是养元对创新性渠道策略的成功探索。

养元“金商工程”的使命是建立一个稳固、系统、完整、高效、可控的渠道网络。支撑网络节点的每一个金牌销售队伍努力实现公司的营销目标，持续推动养元的发展，为企业下一步的飞跃打下坚实的渠道基础。因此，“金商工程”的打造意义重大，主要体现为：为养元打下牢固的渠道基础；有利于养元准确地掌握市场变化并对市场进行有效的控制；保持企业可持续发展的青春活力；为企业实现下一个质的飞跃打下良好的基础；以金牌经销商的影响力和示范效应带动“养元品牌”的成长；有效提升现有经销商的运营能力；挖掘现有经销商的市场潜力等。

在金商工程的打造过程中，养元对经销商的筛选是非常严格的，在产品的销售规模、销售增长率、为运送产品配备的车辆和人员及对养元市场运作的配合度、经销商经营的其他品牌、经销商的违纪行为等方面都有严格的标准和要求，符合要求的经销商才能进入“养元金商工程”。

养元投入大量的资源以支持金牌经销商，例如，企业会为金牌经销商配备更多的人员、物料和车辆等，并且在销售政策上也适当地向金牌经销商倾斜，优先为金牌经销商提供有利的机会；养元与《糖烟酒周刊》合作，创建养元金商商学院，企业聘请资深营销、管理专家为经销商提供免费的业务培训，以拓宽经销商的视野，提升经销商的企业管理能力、市场运作能力。当然，金牌经销商资格的获取并不是一劳永逸的。金牌经销商要参加阶段性考核，如果考核没通过，企业就会取消其金牌经销商的资格，因此，经销商金牌团队的先进性是需要长期保持的。

养元通过打造金商工程，不仅能够提高经销商团队的积极性，而且能激发团队之间竞争意识。通过对经销商的定期培训，提高经销商团队的素质和能力，使养元核心经销商团队的成长跟上企业的发展的步伐，与养元共享发展成果。

2006 年至 2009 年是养元制度变革、战略突围的关键阶段，养元裂变的核心在于企业与经销商的合作不断升华，企业时刻关注经销商团队的利益和成长，保证养元的核心经销商团队能够跟上企业的发展步伐，与企业共同成长、共享辉煌。

三、跨越发展：协同共赢，共生共荣

自2010年起，养元进入跨越式发展的新阶段，并逐步由原有的京津冀市场迈向全国市场，从全国市场的全面布局向深度全国化拓展。短短四年，企业的年度销售额从不足10亿元提升至百亿元。随着市场的飞速发展，养元也逐步完成了对产业链资源的全面整合，实现了产供销系统的全面协同。

（一）经销商参股：打造命运共同体

在快消品行业，经销商参股企业的现象并不少见。吸纳经销商参股也是企业捆绑核心经销商的一种方式。采取这种做法或许会让企业付出一定的代价，但也会让经销商因成为企业的股东而感到无比自豪，强烈的归属感会使他们自觉把自己当作企业的人，把企业的发展与个人的利益联系起来。经销商参股有利于增强经销商对企业的信心和忠诚度，激发他们前进的动力，使其对市场运作更加上心。

2010年前后，养元进行了增资扩股、股权改造。在这个过程中，养元没有忘记那些与养元同发展、共命运的经销商伙伴，养元深知正是这些经销商伙伴多年的支持和努力成就了今天的养元。因此，养元在股权改造的过程吸纳了多名跟随养元多年的优秀经销商成为企业的股东，通过参股的方式与核心经销商深度捆绑在一起，让养元的事业成为大家的事业，让那些跟随养元多年的经销商朋友与养元一同承担风险的同时，与养元共享发展果实。

尽管并不是所有与养元合作的经销商都能成为养元的股东，但是每一个与养元合作的经销商都有成为养元股东的机会。经销商参股的标准是非常高的，养元会对经销商的多项指标进行考察，如加盟养元经销团队的时间、市场销售规模、市场贡献率、经销商个人的品质、有无市场违纪行为、对养元的配合程度及忠诚度。经销商只有通过严格的审查，才有可能成为养元的股东。

经销商参股企业是养元战略发展的需要，体现了养元的战略格局和企业的分享文化。养元人拥有广阔的心胸和不凡的气度，与合作伙伴共享养元的发展成果，对跟随养元多年的经销商给予回报，这充分彰显了养元的大格局，也是养元憨厚朴实的企业文化的真实写照。

（二）供应链整合：战略供应商保障跨越发展

对小企业来说，企业大部分精力都集中在产品销售和市场开拓上，“销售驱动”和“营销驱动”始终是中小企业发展的核心动力。那些不明此理、好高骛远、自负要嗲的企业大多会始终挣扎在生死的边缘，艰难地维持着企业的生存。随着企业的发展和壮大，困扰企业的问题不再仅仅是市场的拓展速度，还有市场突飞猛进的发展带来的原材料供应问题。特别是在产品销售旺季，产品的市场需求巨大，如果企业没有充足的产品供应，市场就会出现产品需求缺口，企业的市场销售额也会大大减少。

和其他企业一样，养元也要面对原材料供应的问题。在六个核桃的销售旺季来临之时，停在养元厂区门口等待拉货的车辆犹如一条长龙。养元飞速提升的销售业绩令人欣喜，与此同时，养元也不免让人担心，担心其产品供应能否跟得上市场的发展，满足市场的需求。养元步入快速发展的轨道后，产、供、销之间的协调就更加重要。产品包材及核桃仁的供应都要有企业的战略规划和长效机制的保障，这样，养元才能确保其产品供应满足市场的需求。

首先，养元在原材料的采供上，加强与核心原材料专供商的合作。所谓专供商就是只服务于养元企业的供应商。例如，制罐厂会在养元工厂的周边建厂，这样既能够保障养元的产品供应量，又不必同其他厂家争夺生产线和时间段。当然，养元一定要在其规模迅速扩大，产品的市场需求急剧增加的前提下，才能向其原材料供应商提出在企业厂区周边建厂的要求。

其次，养元关注自主性、国际化的采供体系的建设。养元的核桃仁采购在国际化交易市场中进行，养元在全球化市场交易中采购高品质的核桃仁，保证核桃原料的高品质、价格优势及充足的供应量。与此同时，在国内主产区，养元的采购经理们逐步在各地区建立了原材料采购和初加工网络，进而实施深度、自主的采购作业。“每一年、每一天，我们的采购经理们都活跃在产区的第一线。”每每说到这，范总的心中满是骄傲。

最后，养元定期召开优秀供应商表彰大会，促进与厂商的合作。供应商通过送礼、找关系等方式打开企业大门的现象在市场中比比皆是，但是这一套做法在养元是完全行不通的。养元不需要供应商送礼、拉关系，只要求供应商按时供应优质的原材料以满足企业的需求。养元完全不同于其他企业，养元非但禁止供应商送礼、拉关系，而且还会定期召开优秀供应商表彰大会，表彰并奖励那些为养元的发展做出突出贡献的优秀供应商。优秀供应商表彰大会的召开，有助于提升供应商的归属感及供应商对养元的忠诚度。

养元通过采取一系列的措施保障高品质原材料的供应，并通过供应商表彰大会的召开促进养元与经销商的和谐发展。当所有人都在担心养元会在原材料及产品的供应上遇到困难时，养元原材料、产品的供应和销售已实现了和谐发展。

（三）生态协同：确保共生共荣，可持续发展

企业生态系统说到底是指企业与生态环境之间相互作用、相互影响的系统。和所有生物一样，任何企业或单个组织都无法长期独立生存。每个企业都直接或间接地依赖其他企业、组织或社会机构而存在，并与之形成一个有规律的组合，即共同体。对共同体中的每一个企业个体来说，生存在其周围的其他企业个体或组织连同社会经济环境就构成了企业生存的外部环境，企业个体通过物质、信息的交换，构成一个相互作用、相互依赖、共同发展的整体。

从企业生态学的角度来说，每个企业都处在一个企业与企业、企业与外界环境的相互作用下形成的企业生态系统中，各企业要保持竞争与协同的统一。一方面，企业组织在竞争中进步，在竞争中寻找生存空间；另一方面，企业组织之间、企业组织与环境之间存在相互依赖的关系。企业组

织面临的一个重要问题就是处理好与其他企业组织间的协同竞争关系，重视企业组织之间的协调、合作关系。

这是一个摆在包括养元在内的所有企业面前的新课题。养元人正在思考中探索，在探索中前行。

1. 深度产供销系统的协调

经过多年的努力，养元完成了对原材料供应、产品生产及市场销售产业链的全面整合，无论是在核桃仁的采供、罐体的供应、生产线的协调运营上，还是在产品的市场销售上，养元都实现了协调发展。养元产供销系统的协调是养元不断发展的强有力的保障。

2. 引领品类发展，激活品类“核能”

“和竞争对手一起做大做强品类，从这个意义上讲，我们和对手的关系是竞合关系。”这是范总经常挂在嘴边上的一句话。作为核桃蛋白饮料甚至是植物蛋白饮料行业的领导者，养元的责任和义务正在于推动品类的不断壮大与发展。在市场运作过程中，养元从来不会扰乱品类的秩序，更不会以不正当的手段打压对手，养元把品类的稳定发展当作自己的责任。养元尊重竞争对手，对竞争对手的每一个创新项目都充满敬畏之心，始终保持虚心向竞争对手学习的姿态；养元从来不会因为自己的强大而骄傲自满，也不会因为强大而欺凌弱小，而是希望与竞争对手一起把植物蛋白及核桃蛋白品类做大；养元从不吝啬与同行分享自己的成功经验，养元希望同行们能从本企业的发展中吸取经验。这些都体现了养元人做大品类的责任感及其所具备的大格局。

3. “员工利益第一，股东利益第二”

企业的发展离不开每一位员工的恪尽职守、兢兢业业，也离不开海纳百川、广纳英才政策的实行。“养元大股东们已经从养元获得很大的回报，这还不够，我们要让养元的所有员工实现共同富裕，且让养元的员工为在养元工作而骄傲。”如今，养元不仅把所有员工的利益放在第一位，而且为后来加盟养元的高级经理人制订了期权、股权激励计划，让他们来得高兴、做得舒心、做得长久。为此，养元的高管、大股东们还将这样一条规定写进了“企业宪章”——“养元的高管子女永远不能进入养元，养元永远是养元人的养元”！

4. 回报社会，做“质量卫士”、“减排标兵”、“绿色企业”、“责任公民”

十年如一梦，一路走来，养元人披荆斩棘，群策群力。如今的养元更加懂得珍惜并尊重员工，正所谓“梅花香自苦寒来”才有傲骨，涅槃重生更懂珍惜。养元人从不作秀，也从不矫情。质量意识不仅写在生产车间、办公大楼的宣传栏中，更深深铭刻在每一个人的心中。企业认真规划，导入全程精益化管理，在每一个细节方面追求降耗增效、节能减排。养元人认真履行纳税义务，做到“每一分钱都要挣得干干净净”。如今，养元已经成衡水税收的第一大户，滁州工厂开工第一年，就为当地政府纳税近三亿元。“没什么可宣扬的，这是养元人应该承担的社会责任。”在所有的荣誉面前，养元人始终保持憨厚、朴实、低调、诚恳的姿态。

由高速发展、协同发展到可持续发展，养元人从来没有对任何高深的理论膜拜顶礼，只是坚持做应该做的事。中国有太多的“明星企业”、“明星企业家”，但很少有养元这样憨严务实、自强不息的求大业者。养元人有一种大视野、大境界，这也是员工、国家、社会之福祉。有了这种大格局，小企业终究会成为行业巨头。保持这种大格局，企业才能持续发展，才能基业长青。

第五章

Chapter 5

六个核桃：从品类创新到系统制胜

在养元崛起的过程中，2005 年是第一道分水岭。这一年，养元在深入探索和研究核桃乳生产技术、工艺流程的基础上推出了“5·3·28”工艺，为核桃乳的生产提供了品质保障。通过组织中层以上干部开展“如何保持养元营销模式的先进性”讨论，进一步明确了中小型企业保持快速发展和实现竞争突围的关键优势与核心路径。更为重要的是，经过近一年的准备，养元以99%的支持率于同年年底完成改制，从全资国有体制转变为民营股份制。体制变革极大地激发了养元所有高管和员工的信心和积极性，为企业的持续跨越发展铺平了道路。也是在这一年，后来广为大家熟知的核桃乳领袖品牌“六个核桃”诞生了，尽管，2006 年，六个核桃才真正作为养元的主推产品进入市场。

一、六个核桃：品牌命名的奥秘

不得不说，六个核桃的诞生是一个伟大的事件（2005 年，养元申请注册的商标还有“八个核桃”，该品牌产品一度作为核桃乳的高端产品面世，后来在进一步聚焦品牌的过程中被雪藏）。六个核桃的成功不但带领养元步入持续突破、跨越式发展的轨道，而且在两个维度上引领了全国众多核桃露（乳）及相关饮料生产企业的品牌命名思维，一是品牌命名的数字化风尚，一是直接将“核桃”作为关键词镶嵌到品牌名称之中。直到今天，众多模仿者似乎还没有找到其他品牌命名的法宝。

在六个核桃这一品牌诞生之前，“养元”一直是养元的核心品牌，被广泛地运用在核桃乳、苹果醋、果之恋等品类的产品上。“养元”品牌的命名方式基本代表了当时中国本土多数品牌的命名套路——追求善良、美好、积极的品牌寓意。“养元”，顾名思义，在传统文化的语境中具有养本固元之意，“养元”之名也与企业初期保健饮品的经营相吻合。企业是否也想在“养本固元”的认知维度上建立品牌印象呢？或许，许多创业者都有这样的想法。

但是，随着养元的发展，特别是养元核桃乳在县级市场的推广，一些问题出现了。不少经销商和顾客反映“养元”这个名字不好记，“养元”品牌的寓意不好理解，“养元”和核桃乳品类之间的联系不紧密，联想不直接。这些问题的存在为企业设置了品牌沟通障碍，极大地增加了品牌的传播成本，长此以往，必然会影响产品的销售业绩和品类的市场成长。“能不能取一个通俗易懂、简单易记的品牌名称?”范召林先生将这一问题摆在了智达天下的面前，希望智达天下给出一个满意的答案。

如今，关于“六个核桃”品牌诞生故事有很多版本。有人说是企业老板喝多了，自己起的，和咨询公司没关系，也有人说是几个老板“吹牛”吹出来的。还有一个更夸张的说法：2005 年的一个夜晚，张老师在睡梦中走进了一片核桃林，面前出现了六颗枝繁叶茂的核桃树，核桃树果实累累。忽然，一位笑容可掬的老者出现在他的面前，将六个核桃放在他手上，神秘老人飘然而去。张老师从梦中醒来后，激动地跳下床，写下了“六个核桃”四字……这个故事蛮有传奇色彩的，作者一定是个写话本的人才。每次想起这个故事，总觉得惊恐，幸亏我遇上的不是妖精。这个故事的编纂者纯粹胡编乱造。

事实上，“六个核桃”品牌是这样诞生的：在一个普通的餐厅，几个人处于身心放松状态，边喝边聊，受眼前信息的偶然刺激，他们在迁移联想中获得灵感，进而进入情绪亢奋的状态，此后还有一个品牌名称测试过程。这完全是一个教科书般的品牌创意过程。

当然，即使是一个聪明并苦苦寻觅的策划人，也并不见得就能得到一个独一无二的品牌创意。六个核桃的品牌创意的确具备一个好的品牌名称所必需的质素——简单明了、通俗易懂、独特新颖、易记易诵、关联品类，而且，给顾客一个关于品质的很好的联想与暗示。所谓“名不正则言不顺”，好产品一定要有个好名字，好名字容易被消费者认知。从消费者心智的品类占位角度来说，产品品牌的命名一定要有品类关联性、品质联想性和高点占位的可能性。在现代营销上，赢得消费者的心智资源是十分重要的，否则，企业就会在品牌定位的梳理上失去根基和终极指向。但是，品牌命名无疑是品牌定位过程中极为重要的一环，“因为从长远来看，品牌不过就是一个名字”。

企业以具体数字直截了当地建立品牌的高点势能，取得良好的效果。可见，以数字命名产品品牌不失为一个品牌命名的好办法。但是，一种品牌产品的销售量能从零上升至一百多亿个，肯定不是只依赖于一个好名字、一则好广告那么简单。一个品牌的成功必然包含在不同战略发展阶段，企业在战略竞争卡位、系统营销规划到营销动作落地等方面所做的大量艰苦卓绝的工作。

“六个核桃”品牌成功之后，很多企业争相以数字命名其产品品牌，但是，这种东施效颦的做法并没有为企业带来良好的成效。原因很简单，当六个核桃已经迅速成为品类第一，甚至是核桃乳、补脑健脑类饮料的代名词时，其他企业推出“大个核桃”、“六颗核桃”、“七个核桃”、“九个核桃”甚至“九个核桃加三枣”等品牌，且不说这些企业存在侵权行为，至少顾客会认为这些类似的品牌都是拙劣的“山寨”货，这样一来，这些企业自然很难通过这类品牌提高其产品销量。至今仍有企业要求我们“给出一个六个核桃那样的品牌命名”，对此，智达天下的策划人员只能无奈苦笑。要知道“条条道路通罗马”，而不是“自古华山一条路”。

二、重新定价：定义核桃乳品类价值

2006 年，六个核桃正式面世，植物蛋白饮料市场上的一场颠覆性革命正式开始。

在“六个核桃”品牌诞生之前，养元面对的关键问题是如何提高企业的销售业绩。当时，养元跟进型、借力型的短期战术性产品的销量在产品总销量中占很大的比例。根据植物蛋白饮料的领导品牌杏仁露在北方市场的销售根基、品牌认知与价格定位，养元采取的是跟随性定位。当时的养元核桃露的市场零售价定位在每箱 55 元以下，这样做的主要目的当然是搭杏仁露品牌的市场销售便车，当时的养元还没有与之分庭抗礼的实力。养元这样做无疑降低了核桃乳作为独特的植物蛋白饮料细分品类的价值。或者说，此时核桃乳作为一个独立的植物蛋白品类，即使消费者对其品类地位、品类价值有所认知，认为核桃、核桃乳的价值高于杏仁和杏仁露的价值，企业也没有能力通过打品类战、营销战进行实质上的品类占领。

所以，不仅消费者对一个新兴品类及其价值的认识需要一个过程，企业实施迅速有效的品类占位也要有一个有计划、有步骤的落地工程，而这个落地工程的实施体现出企业的主要资源与企业能力之间的协调程度。这个过程既是企业学习知识和探索市场的过程，又是企业将资源、经验、知识、技能的积累转变为内生性动力的过程，也是企业不断提升信心的过程。

养元缺少实力派的竞争对手，而核桃乳市场尚未出现领导品牌，这些为养元提供了千载难逢的机会。事实上，这个机会是为所有企业共有的，露露、大寨及其他早期行动的企业都面临这样的机遇，但是，只有养元一骑绝尘。所以说，企业所赖以实施竞争战略的关键资源是企业内部长期发展的结晶，这种关键资源很难通过资源整合在市场上公开获得。

2006 年左右，通过体制变革、资源积累、知识和能力的提升，养元已基本具备了在局部市场打一场“聚焦突围”进攻战的实力了，正所谓“万事俱备，只欠东风”。“六个核桃”品牌就是这场“聚焦突围战”的关键武器。

养元的范总常说：“定价定天下。”那么养元敢不敢打破杏仁露这一领导品牌多年来僵化的定价体系和价格天花板呢？通过反复研讨，“做核桃蛋白饮品的领导品牌，突破价格天花板，建立具备竞争攻击性和渠道吸引力的价格体系”就成为智达天下和养元人共同的目标。

当时，尽管我们的思想很质朴，但我们的选择很果敢，这种果敢源自企业市场业绩的快速增长给员工带来的巨大信心。普通型核桃乳产品的市场定价要比杏仁露的市场定价高五元左右，高端核桃乳产品的价格直接逼近“红牛”等功能性饮料的价格带。

这种价格定位不仅使六个核桃的利益链体系设计具有攻击性和吸引力，而且与品牌命名、工艺品质背书一起，初步为六个核桃确立了高于杏仁露品牌的品类地位和品类价值。六个核桃是什么？能够给你带来什么？六个核桃是一种纯正的、好喝的、营养价值高的核桃乳。或者说，六个核桃就是最正宗、最纯正的核桃乳，六个核桃就是核桃乳。就像可口可乐就是真正的可乐，真正的可乐就是可口可乐一样。

根据消费者逢年过节，走亲访友时要购买礼品的消费动机，养元推出

“六个核桃，聪明的选择”的广告语，这句话一语双关，既表明顾客选择六个核桃是明智之举，又表明了核桃乳有补脑健脑的功效。六个核桃在旺销产品、品类代言、创新品牌之间建立了一条快捷的“绿色通道”，也为企业树起了一道竞争对手难以逾越的“防火墙”。

养元曾为了搭乘杏仁露的快车，将“核桃乳”之名改为“核桃露”（至今，很多竞争品牌还在沿用“核桃露”之名），现在，养元围绕着品牌的核心定位重新将品牌名称改为核桃乳，因为在人们的经验感知和自然联想里，露和乳有着品质上的差异，一般而言，露更为稀释，乳比较浓稠，浓稠的饮品自然更货真价实一些。乳一般是指人和动物的乳汁，用这个字指代核桃的浆液，既亲切，又富于创意。后来，国内的奶粉、牛奶生产厂家纷纷因食品安全问题陷入发展困境，与此同时，六个核桃却在市场上大卖，这也与六个核桃富于创意的命名和丰富的营养价值密切相关。

六个核桃的命名、工艺、定价、明星代言、视觉传达、以礼品为突破点的关键节点营销所体现出的品类战略只是初步战略。这既和企业发展各战略阶段的关键资源水平相关，也和企业的知识积累及国内营销思想的发展相关。初步战略的贯彻实施无疑为企业的发展奠定了重要基础，使养元每年的销售额成倍增加。2009 年，养元进一步聚焦“经常用脑，多喝六个核桃”的定位诉求，目标直指益智健脑类泛功能饮料的心智占位。这是一个由根到茎、到开花到结果的自然成长或战略升级过程。在智达天下看来，梳理养元成长裂变的历程时永远不能忽略企业已经完成的战略聚焦与升级。从核心根据地市场的建设到区域滚动割据所形成的营销模式与系统战术，特别是企业内生性的资源积累、知识和能力的提升，正是这些决定了企业成长节奏、发展方向与发展模式。

“在正确的时间做正确的事情。”养元是一家特别清楚在不同的发展阶段有不同的内心需求的企业。这一点不但和养元从濒临倒闭到重拾信心再到快速发展的特殊发展历程有关，还和企业拥有一个以姚奎章董事长、范召林总经理为首的难以复制的高管团队有关。这一高管团队既憨厚朴实、又严格严谨；既激情四射、又脚踏实地；既敢于担当、又虚怀若谷、海纳百川。在养元发展的关键时期，有多家不同领域的专业机构为之提供咨询服务，形成所谓的养元咨询服务顾问群。养元人常说：“养元的利润是

'省'出来的，养元的市场是较真较出来的，养元的事业是大家抬起来的。"作为咨询顾问机构，智达天下能与养元这样的客户长期合作，真幸运。

三、战略聚焦：从"核桃专家"到品类引领

"困境生存做加法，聚焦突围做减法"，这是养元人从中国式营销实战中总结出来的经营智慧。

自养元成立那天开始，专业化的核桃乳产品研发、加工生产上的定位几乎是冥冥中注定的，很难说是企业自觉的品类战略选择。从这个意义上说，养元是幸运的，因为它拥有一个很多企业孜孜以求而不得的创新品类产品，而且面对更为难得的市场机遇。

但是，上帝对每个人都是公平的，初期的养元同样存在着众多小微企业难以克服的短板与劣势，在产品、品牌、技术、资金、市场、团队、管理方面都很落后。困境中的多年求索培养出养元人对核桃、核桃乳产品的深厚感情和把品牌做大做强的决心。

要实现企业的专业化定位，企业还有很长一段曲折艰难的路要走。对养元人来说，这是一种极大的挑战，也是一种难得的历练。没有人能够随随便便成功，企业也是如此。面对相似机遇和目标，不同企业会做出完全不同的策略选择和路径安排。无论是大企业的伺机出动、强势占位，还是小微企业的积累实力、分步实施，都是企业战略思考下的智慧抉择。这种抉择或许有对错之分，但对一个濒临破产的小微企业来说没有对错之分，只有成败之别，因为企业的现实处境已不允许其失败甚至犯错。

从咨询服务的角度来说，一些机构往往津津乐道于自己的服务为大中型企业的发展与成功锦上添花，却无意或不屑于为身处困境的小微企业"雪中送炭"。与满足大中型企业治疗性、保健性需求的战略解决方案相比，满足小微企业救命性需求的发展战略更能体现出咨询顾问机构的真功夫。

战略创新、品类创新固然重要，但正所谓"领先半步是先驱，领先一步成先烈"，往往这才是中小企业经营发展的现实。中小企业成败的关键

在于企业创新背后的关键资源的配称能力，以及企业对新品类市场的建设和品类成长规律的把握。中国市场上存在很多企业速生速死的现象，这也从另一个角度说明了这个问题。所以，对在困境中求生的中小型企业来说，对发展的尺度、节奏、技巧的把握才是其决胜市场的法宝。企业遵循规律、敬畏规律，才能推动企业的发展，这是一条不变的真理。

在养元重新起步的过程中，企业根据农村包围城市的错位化竞争战略和"销售为主，品牌为辅"的核心营销指针，实施产品开发"两条线"（即"战略产品差异化，战术产品跟进化"），推进"两条腿"（"战略市场重点精耕，战术市场榨油取汁"）策略路径的设计和动作落地。这种做法无疑是正确的，是养元在"生存为第一要义"的残酷现实下做出的选择。它的战略意义在于推动养元实现了对发展机遇、销售市场的抢先占位，并为企业积累了基础性的、与企业发展相匹配的资源、知识和实力。这一点也是值得身患"营销近视症"和"市场远视症"的众多中小型企业学习和反思的。

在养元的发展视野中，生存与未来、现实与理想就这样在激情创业、务实创新的实干层面上实现了完美结合。"认真做对事"和"为什么要做这事"、今天要做的事和明天要做的事并不冲突，这也是养元人在企业的成长中始终坚持的做事态度。2006 年，"六个核桃"品牌诞生并直接带动企业突破一亿元的销售瓶颈，养元人开始在产品品类、产品结构上"做减法"，几乎砍掉所有的跟进性战术产品线。企业的主导品项不超过五个，将企业的所有营销资源聚焦于优势主导产品核桃乳上，配合六个核桃纯正、好喝的核桃乳品类诉求，推出"养元饮品，核桃专家"的企业聚焦定位背书。经过在饮料市场一线的多年探索，养元人认识到只有专业、专心、专注，才能为企业、品牌建立更强大的营销势能、心智影响力与穿透力，至此，企业的发展方向更加清晰。

从区域聚焦打造样板市场到渠道聚焦建设样板渠道，再到品类聚焦主推核桃乳品类突围，抢占"核桃专家"的品类高点，养元在战略聚焦突围上已经越来越果断，越来越自信。由于企业有效地避免了植物蛋白饮料的低价位竞争，企业的销售业绩一直保持持续提升的良好态势，企业始终保持远高于行业平均水平的净利率，为企业的战略升级提供了有力的保障。

2009年，养元的进一步聚焦源自从“核桃专家”向品类领袖的跨越。“核桃专家”这一竞争定位简单、清晰、直接，关键是消费者的购买行为本质上是受需求动机的驱动，消费者以品类思维来思考，选择品牌来表达。消费者对企业的认知往往遵循“旺销产品－代表品类－品类品牌－企业品牌”的规律。

至于养元的战略明星产品——六个核桃，自2007年请影视明星梅婷作为代言人，推出“纯正好喝的核桃乳”及“核桃乳就是六个核桃”的广告诉求开始，就有这样一个倾向：一方面，公司推出的“六个核桃，就是好喝”的广告诉求偏离了初始定位，且蕴含着将产品风味化的风险，“好喝”只是一个单纯感性的、口感上的诉求。因此，在这一点上，养元不能与以杏仁为原料的露露、以椰汁为原料的椰树建立风味口感区隔，也不能占领顾客的心智；另一方面，企业如何做到结合顾客心智中已有的对核桃优势的认知，在“动机－状态－核心价值”占位方面聚焦于一点，进而引领整个核桃乳品类的发展方向，这是养元的战略盲点。所以，实现六个核桃由“核桃专家”、核桃乳领导品牌向益智健脑类饮料的品类领袖的跨越就成为养元的关键战略决策。这一战略决策直接开启此后几年的市场争夺战和心智卡位战。

四、重点精耕：样板市场的示范效能

我国有2000多个县域（不包括市辖区）市场，覆盖疆域辽阔，占国土面积的93%，GDP占全国GDP总量的50%，人口众多，占全国总人口的90%，这些市场的需求潜力巨大。受地理位置、资源条件、历史人文、交通通讯条件、经济基础和发展水平等因素的影响，各地县级市场在整体上呈现复杂、多元、不均衡等特征。

曾经，在很长的时间内，由于各类企业对县级市场的战略认知、分销覆盖、市场管控能力有限，企业不但缺乏对中国市场宽广度、纵深度及县级市场的整体考虑，而且很难在县级市场进行精准、有效的营销拓展。

一方面，作为四级市场的县级市场在竞争的层次、水平、量级上和一线、二线城市的市场有很大的差距，对企业来说，县级市场的薄弱点和空白点很多，企业的机会也较多。

另一方面，县级市场的信息不透明、分销渠道不完善、知名产品的市场覆盖率低，消费者在有限的空间里进行被动消费。这些因素使县级市场（特别是乡镇以下层级的市场）成为假冒产品的集散地、倾销场，而消费者正常、合理的消费需求得不到满足。所以，潜力巨大、竞争薄弱的县级市场为本土企业、弱势品牌进行差异化、错位化竞争，以农村包围城市的战略提供了广阔的舞台，县级市场也因此成为企业深度占有市场，实现其可持续成长的战略重心，国产家电、国产汽车、房产家居、大众酒水、宝洁产品、娃哈哈、今麦郎等都占有一定的县级市场。

与众多先行企业一样，当年养元重新实施市场战略布局时，以衡水为中心，面向河北及周边的县级市场进行布局，实施“农村包围城市”的市场割据战略，养元迅速并成功完成对 100 多个县级市场的招商布局。在此基础上，养元摒弃过去一味“跑马占圈”、进行稀薄覆盖的简单化、粗放式的营销模式，在重点县级市场实施区域精耕、深度分销、资源聚焦，进而形成企业的相对竞争优势，打造企业得以安身立命的根据地市场。

这种初期的模式探索、战术演练和业绩的提升，为养元的大区域滚动割据战略提供了营销模式和战术系统上的保障。

在深度分销过程中，养元坚持贯彻标准化营销动作系统，以“渠道、广告、促销、服务四联动”为核心思想，导入极具养元特色的贴地推广战术系统。正是这种“面朝黄土背朝天，塌下心去干细活”的战略落地执行，加上养元人特有的感情营销和信誉营销，使养元一步步走出困境，并逐步形成县级市场的亮点系列——样板市场、样板乡镇、样板渠道、样板终端。2005 年年底，100 多个县级市场中，年销售额达 80 万元以上的样板市场有 40 余家。此外，养元还有数千家旺销的核心终端。

深度分销的理论模型和战术体系不是中国人提出的，早在 20 世纪 30 年代，日本的丰田公司就开始探索并实施这一理论，20 世纪 90 年代，中国的营销传播人（如包政先生）将深度分销理论引入大陆。从 20 世纪 90 年代中后期到新世纪初，多数本土企业对深度分销理论的认知还很有限，一些跨国企业、合资企业如宝洁、康师傅、可口可乐率先在大陆市场成功导入深度分销战略。此后，面对中国市场转型带来的挑战，本土一些优秀企业也开始学习并导入区域精耕、深度分销模式和战术体系。

简单地说，这是一套通过聚焦资源、精耕细作、冲击区域市场销量第一实施区域滚动复制的精细化营销体系，旨在于通过渠道精耕、终端掌控，提高营销价值链的整体效率，实现企业对市场的深度掌控。如今，深度分销模式已基本成为快消品企业的典型营销战略。

河北市场县级根据地的成功开辟，为养元的市场、模式、队伍奠定了核心底盘。2009 年，“冀鲁豫三大战役”连连告捷，河北市场的年销售额达 4.2 亿元，河南市场的年销售额达 2.4 亿元，山东市场的年销售额达 1.5 亿元，河北、河南、山东三个省级根据地市场已初步成型。养元以 8 亿元的营销额、跨越式的发展速度、崭新的品牌形象及强大的品类攻势成为植物蛋白饮料领域的一匹黑马。

今天，六个核桃以在重点县级市场平均每人每年消费 50 元的业绩，以及年整体销售 150 亿元的规模，成为名副其实的“江北第一罐”。在深度全国化的战略推进中，苏、浙、皖、赣、鄂、川等区域根据地陆续成型，县域深拓、市域精耕、关键节点营销、远程大客户制、大预售制多点开花，“地球人已经不能限制养元的成长了！”对样板市场、样板渠道、核心终端、样板时机的深度占有与掌控仍是养元式营销的关键。

五、铁军建设：战略执行效率的坚强保障

对各级各类企业来说，建立一支职业化的营销团队往往是最艰巨的工作，养元把建设职业化的营销团队作为其可持续发展战略的重中之重。因此，仍处于起步阶段的养元就提出了十六字的团队建设方针——思想过关、作风过硬、纪律严明、战之能胜。

营销铁军既包括企业内部的业务队伍，也包括养元的经销商队伍。有优秀的业务团队，就会有优秀的经销商队伍，而有多么优秀的经销商队伍也就决定了我们的事业能做多大，我们能走多远。养元人还认识到本土企业，特别是落后的小微企业在打造团队高效执行力的过程中，往往要经历一个由强制执行到优化执行，由固化执行到自动执行的建设过程。当然，养元从这样的过程中一路走过来的。

在养元事业的奠基期，养元以适应深度营销的能力和效率为核心，开始对业务团队的执行力及经销商的配合度进行提升。高管人员以身作则，率先垂范。养元注重发挥核心骨干员工的创业精神和人格魅力对所有团队成员的影响，强调企业家的精神对企业成长、团队建设的驱动作用，导入严格甚至有些残酷的竞争上岗制、业绩考核制和末位淘汰制，奖优罚劣、淘汰后进，抵制任何助长企业政治的行为。

和其他积极上进的中小企业一样，养元人起点低、底子薄，但是，养元人勤奋好学。在以后的很多年中，养元如同一个认真好学、追求上进的三好学生，细心而又专注地学习、借鉴优秀企业的管理经验、企业文化，比如，学习联想的亲情文化和严格文化、海尔的“三 E 管理”、可口可乐的终端陈列规范及康师傅的渠道精耕。在学习中，养元注重对优秀管理经验或企业文化的吸收、咀嚼和消化，且根据养元的实际情况适当地做出调整。在与智达天下的深度合作中，养元从一开始就导入并建立了企业的培训体系（特别是内部培训体系）。后来，养元进一步完善了这一培训体系，使之成为养元内生性成长的强大动力。

在企业的聚焦突围期，企业厂方的业务主管增加到 100 多人，全国化本土业务代表有数百人，大区域内的经销商有 500 多人。养元进一步围绕组织变革、制度流程的优化、岗位分工的细化和执行文化建设，使企业的团队管理、组织效率及人力资源战略得到进一步的升级；养元实施企业所有权和经营权分离，总经理全面负责企业的经营管理；在专业咨询机构的助推下，养元导入了部门分权制衡体制、线上总经理负责制、部门家长制和员工职业生涯规划；养元以股权激励和斥资入股的方式，进一步促进团队骨干的精英化、老板化及优秀经销商的股东化；推动职业化营销团队的规模、组织、作风和技能建设，以“衡水化为魂，全国化为魄”，使市场营销由板块化向全国化推进；形成以“憨厚务实，严格严谨，自强不息，追求永恒”为精髓的且极具养元特色的企业文化；以绩效考核员工、以制度管理员工、以文化和愿景留住员工的养元模式开始受到业内企业的广泛关注。

如今，养元拥有衡水籍业务骨干近 600 人，全国化业务人员 6000 余人，全国优秀经销商数千人，养元团队密切配合着养元深度全国化战略的实施和推进。人员多了，分散广了，事业大了，管理技术和手段也先进了，但是，团队的创业激情、职业信誉、朴实实干的作风、严格的纪律性、较高的执行效率能否保持并获得提升？就像张瑞敏先生所说的："做企业永远要战战兢兢，如履薄冰。"范召林总经理始终有强烈的危机感。"高层要团结，中层要稳定，基层要适度流动"，这是养元人从自身的发展历程中总结出来的经验。范总在选派、淘汰、考察干部时，尤其注重对干部作风和纪律的考察。无论什么时候，干部都是事业兴衰成败的关键。养元人认为财散人可聚，拥有共同价值观的伙伴才能走得更远。今天的养元团队在市场上乘风破浪，企业业绩每年都有很大的提升。尽管如此，或许养元真正的对手才刚刚登场，这个对手就是养元自己。

六、市场治理：督导体系的"刚"与"韧"

俗话说："打江山难，坐江山更难。"阅过无数的企业失败案例，面对各类企业的胜败沉浮、更迭交替，笔者深深地感到处于中国市场转型期的企业治理市场的艰难。加多宝、六个核桃这类以单品突围实现全国化发展的品牌，其市场治理的难度源自以下几个方面：

（1）低重心、宽带型渠道本身的成员密度。

（2）各区域市场密集相邻，货物流向、市场边界交叉渗透。

（3）饮料产品价盘的脆弱性。

（4）不同渠道层级、业态之间的横向与纵向冲突。

（5）旺季促销活动引发的价盘和秩序紊乱。

（6）不同区域市场发展的非均衡性。

（7）经销商窜货、砸价等不良行为。

（8）竞争对手的市场争夺或恶意竞争。

……

因此，在企业的成长过程中，单纯地"以协销促进分销，以服务掌控市场"是不够的，督导部门的设立、督导团队的建设、督导制度的配套和督导执法的落地等对市场的健康发展尤为重要，这也是养元六个核桃在市场治理上取胜的关键环节。

经过十余年的发展，养元的市场督导部从当初的几个人发展到近200人。督导部专员每天穿行于全国各类市场，巡防大街小巷销售六个核桃的终端，密切关注六个核桃的市场动态，检查、监督政策的执行落地情况。

按照要求，督导员不得接受经销商或业务人员的宴请和礼物，不得无故与督导对象见面。根据公司要求，督导员每走访一个市场，都要对其进行适当的奖惩，如果没对市场进行奖罚，那么督导专员就要接受公司的处罚。当然，公司不会拿走处罚业务员或经销商所得的罚金，而是将其放在相关市场，用于奖励优秀的业务员和经销商。

具体的督导内容、检查标准和处罚或奖励条例清晰明了，督导流程简洁规范，执法细则可操作、可执行，一切奖罚公正、公平、公开。督导是手段，不是目的。企业设立督导部的目的是以查代建，加强市场治理，促进市场的良性发展。为此，养元投入的费用从最初的每年几百万元增加到现今的近2000万元。我们相信，对很多企业来说，做市场督导并不难，难的是像养元这样十年如一日地开展刚性与韧性相结合的市场督导，并使其成为养元市场核心竞争力的有效保障。

十几年来，养元能够坚持做市场督导，原因如下：

（1）企业体制激发并培养了督导专员敢较真、敢负责、敢得罪人的责任心。

（2）优胜劣汰、严格严谨、追求卓越的事业心、价值观及良好的行为准则。

（3）督导制度、内容、流程、细则清晰明了，可操作性强。

（4）督导处理结果的公正、公开、透明。

（5）企业多年来对经销商和业务人员的理念教育。

（6）企业多年来对市场督导的资源支持，传达出企业的坚定决心。

（7）导入督导专员问责机制。

……

某国企酒业公司派员工到养元学习养元的督导体系。“你们学不来！”范总直截了当地说。企业的体制、文化、制度、问责机制残缺不全，企业政治根深蒂固，市场治理缺乏驱动力。在这种情况下，该企业学不来养元的市场督导，尽管市场督导并不复杂。

今天，养元六个核桃在引领品类发展、推进深度全国化的战略历程中，不断实现跨越式的发展，并在营销链条、上游产业链掌控、全程精益化管理、战略竞争价值网强化、核心营销资源深度占有、360°高效管理、全面成本领先等综合实力的竞争中实现了系统制胜。“小胜靠智，大胜靠德，长胜合道”，六个核桃也不例外。

中 篇

养元密码：规律与特质

第六章

Chapter 6

养元透视：环境之变与企业生存

世界从来都不是平静的，社会在变，经济在变，市场在变，人也在变。任何环境生态的变化都可能会对企业的生存与发展造成影响，机会与挑战总是相伴而生的。重新审视因政治、经济环境变革而遭遇寒冬的白酒行业，我们会明白很多企业在深度调整期不得不以探索创新谋求转型、破局、重构。变革之路固然充满艰辛，但是能够“笑到最后”的企业一定是那些能够很快适应环境变化的企业。站在时间轴上回望，我们看到一个又一个时代卷起浪潮，咆哮而过，许多行业都曾在时代巨浪的冲刷中被洗牌、重构。一些企业趁势而起，走上巅峰，一些企业迷失方向，沉入谷底。这两种不同的命运体现了环境之变与企业生存的关系。

一、环境之变与企业生存的关系

菲利普·科特勒在《营销管理》一书中指出：“在快速多变的当今世界，营销决策制定既是一门艺术，也是一门科学。全方位营销者意识到了不断变化的营销环境会持续地展现新的机遇和威胁，而且他们也理解持续地监控和预测环境变化对企业适应环境是非常重要的。”

企业的生存环境是指影响企业管理决策和生产经营活动的各现实因素的集合，既包括企业外部的政治环境、经济环境、人口环境、社会环境、文化环境、技术环境及相关的产业环境、市场环境、传播环境，又包括企业内部的资源条件、能力水平及企业文化等，由这些相互依存、相互制约、不断变化的因素组成的系统就是企业环境。

企业环境具有多变性、复杂性、交互性等特征，其中任何一个因素的改变都可能会影响企业的生存。不利的发展趋势是对企业提出的挑战，在缺乏预防性营销活动的情况下，这种不利趋势很可能会危及公司的销售和利润。相反，有利的发展趋势会给企业带来大量的机会。值得注意的是，环境机会并不总能成为企业的机遇，关键是外在环境是否与企业的愿景、目标、资源及能力相匹配，企业可以通过识别有利的发展趋势，根据自身的资源状况做出反应，进而获利。

任何企业都是在特定的环境生态演变中得以生存并不断演化的“物种”。企业通常无力改变各种复杂的环境变化，只能不断地洞察、判断环境的变化，进而调整自己，更好地适应新的环境，正所谓“物竞天择，适者生存”。回顾改革开放以来三十余年的当代企业史，无论是海尔、联想、娃哈哈、伊利、华为等成功企业，还是三株、秦池、旭日升、太阳神、实达等失败企业，对这些企业来说，面对政策环境、技术环境、人口环境、产业环境和市场环境的变化，其战略选择与决策都是决定企业成败的关键。

就养元各阶段的发展来看，其产品质量、技术、品牌、网络、管理、资金等企业内生性资源的优势固然重要，但是企业的发展主要得益于企业对环境变化的洞察、把握和适应。养元诞生之初，力量薄弱，濒临破产，深陷生存困境，何谈战略与模式。但是，以中国加入世界贸易组织（简称WTO）为标志，中国经济开始了长达十余年的发展黄金期。利用本土市场发展的非均衡性和县域农村市场竞争薄弱的优势，养元从零起步，快速布局，迅速拓展，像娃哈哈、华龙方便面等本土企业一样，创造出“农村包围城市”的市场割据传奇。

当今时代是高度透明化的移动互联网时代、空间快速弥合的高速高铁时代，也是“新型城镇化”快速推进的城乡一体化新时代。面对新时代、新境遇、新常态，养元要不断地调整自己、提升自己，逐步升级企业的管理战略和营销战略，只有这样，才能实现可持续发展。

二、养元起步阶段的环境透视

新千年伊始，中国的宏观经济进入战略机遇期。对中国来说，加入WTO是第二次改革开放，表明了中国这个古老的东方国家深化改革、扩大开放、积极融入世界的决心。对很多企业来说，中国加入WTO是中国由市场开放阶段过渡到规则或制度开放阶段的关键节点，它为中国企业描绘出一个“天高任鸟飞，海阔凭鱼跃”的繁荣前景。

2002年之后，中国经济保持高速增长，庞大的投资驱动、人口红利释放在生产、消费及储蓄等方面为经济增长增加了活力。居民收入稳步提升，消费者的消费能力和消费意识空前提高，饮料市场空前繁荣。在宏观环境的诸要素中，有一点对养元的发展有重要意义，即2005年以产权变革为主要手段的“国退民进”。养元作为国有企业衡水老白干集团旗下全资子公司，在恰当的时间节点上顺利从体制的藩篱中跳脱出来，成功改制为产权清晰的民营股份制企业，为后来的大跨越提供了一个全新的起点。

此外，饮料行业的蓬勃发展也为很多中小企业提供了重要的起步契机。尽管前路艰难，但养元还是从中看到了希望。

2003年年初，在智达天下给养元的企业战略提案中，我们这样描述当时的行业格局：“从绝对市场空间看，饮料需求的总量持续增长。目前，我国人均消费水平较低，需求总量处于持续增长期，为国产饮料企业提供了一个广阔的增量空间。与此同时，饮料的需求品类不断增加，需求结构不断变化，新型饮料品类得以迅速发展。尽管碳酸饮料、瓶装水已处于市场成熟期，而天然果汁饮料、茶饮料、液态奶却仍然处于市场导入期或市场成长期。

“从相对市场空间看，虽然不同饮料产品之间具有一定的替代性，但消费者的口感偏好日益多元化，使用场景日趋多样化，不同饮料品类之间难以绝对替代。饮料市场的‘九九归一’是不可能的。这使得饮料企业的市场空间更趋多元化。

“回顾2002年中国饮料市场的风云，碳酸饮料市场的‘两乐’霸业依旧，茶饮料市场的‘三国演义’持续上演，液态奶市场洗牌在即，水市场仍然是娃哈哈、乐百氏、农夫山等品牌与众多的本土品牌相互竞争，果汁饮料市场于2002年狂飙突起。

“一些新兴的复合型果汁饮料如生菜汁、西洋菜汁、蔬菜汁，以及近来在国外兴起的含维生素、矿物质、低聚糖等成分的‘时髦饮’，正在营造着健康饮料的新概念。产品互为补充、口味多种多样、包装形式多样化已成为饮料发展的一种趋势。”

根据上述行业的发展趋势，我们当时对植物蛋白饮料市场做出如下判断：植物蛋白饮料在整个饮料市场中所占的份额低，产业规模在130万吨左右，折合人民币60亿元。饮料行业的领导企业暂时对核桃饮品不够重视，市场竞争程度相对较低。露露、椰树等品牌具有较高的知名度，市场占有率大，仍是饮料市场的主导品牌。核桃露市场正处于市场导入阶段，我们面对的主要任务是引导、刺激消费者对核桃露这一品类的基本需求，从而与露露等品牌争夺市场。

说到2003年，有一件事不得不提，那就是“非典”在中国大江南北肆虐。这场蔓延全国的“非典”疫情改变了很多消费者的消费观。经历几个月的隔离、预防或治疗的痛苦之后，人们的健康意识空前增强，“营养健康”诉求作为行业的流行大势再一次得到印证和强化。

正是出于对饮料行业环境的整体审视，养元坚信核桃乳有良好的发展前景。2002年到2005年，果汁饮料、茶饮料、功能饮料、含乳饮料先后风靡中国，占据市场。养元并没有选择跟随其他企业，而是拒绝潮流的诱惑，坚持以核桃乳战略核心产品的地位，在植物蛋白领域的角落韬光养晦、积累势能。起步阶段的坚持无疑是寂寞的、艰难的，但正是这一阶段的积累使养元有机会从市场夹缝中崛起，等那些行业巨头回过神来，养元的核桃乳已是植物蛋白饮料品类中的参天大树，其地位不可撼动。

相对大环境，“小”环境与企业发展的关系更加紧密，如市场环境、渠道环境以及企业的内部环境。

依托国家经济的高速发展及巨大的人口红利，新千年之后，我国居民的消费能力大大提升，消费意识大大增强，消费者对多样化、绿色、营养、健康的需求更加强烈。但经济发展的同时，贫富差距拉大，城市市场和城镇农村市场呈现出迥然不同的发展风貌。

2002年左右，在城市市场，大型卖场、连锁超市等现代市场渠道已经成为主流，城市居民消费水平高，消费观念先进，追求生活品质，熟知各种品牌并对品牌有要求。

而与此同时，城镇农村市场依旧是传统流通渠道的主场，消费者的品牌意识淡薄，厂家和商家依然是主要的驱动因素，战术制胜依旧有效。受交通、通信、物流等发展程度的限制，城镇农村市场相对闭塞，产品在小市场盘活的概率高，产品的终端活跃度依然是关键。

从传播环境来看，尽管2002年互联网已经在中国兴起，但是家庭电脑的普及率仍然较低，报纸、杂志、广播、电视四大媒体依旧保持其主流媒体的地位。媒体普及率高，居民对广告的信任度高，这是四大主流媒体的优势所在。因此，在区域市场内，广告和活动宣传的收效良好，终端氛围极其活跃度对消费者的购买行为影响显著。

城乡市场之间的显著差异，为我们后来制定“农村包围城市”的市场布局战略提供了重要依据。当时的养元企业，其产品品牌不出名，品类尚需教育。尽管当时城市饮料消费市场的土地还很肥沃，但是，新品牌从扎根到生长，每一步都需要企业付出巨大的成本，而这种成本是养元无力承担的。而反观城镇农村市场，我们会发现尽管城镇农村市场秩序混乱、品牌纷繁芜杂，但所谓“乱世出英雄”，农村市场疆域广阔、空间巨大、潜力无限、竞争薄弱，不失为小品牌生根发芽的沃土。

外部环境为企业生长提供了必要的阳光、土壤、水分，而自身的体质、习性、信心、生命力等才是影响企业生长轨迹的核心要素。当宏观经济环境、行业环境、市场环境、渠道环境以及传播环境发生变化时，养元就要根据自身的资源条件做出正确的路径选择。

在起步阶段，养元所依赖的资源来自两个方面。一是衡水老白干的品牌背书。尽管衡水老白干集团无法给予养元更多资金和战略支持，但所谓“背靠大树好乘凉”，有在区域范围内影响巨大的国有企业集团的领导，这对一个年产值仅有几百万元的地方小厂而言，是非常有利的。也正因为国有企业集团的区域影响力，养元最初确定的“以衡水为中心，以周边300公里为半径”的核心市场版图才有依据。二是人才资源。养元在起步阶段就汇聚了一批一毕业就进入衡水老白干集团且拥有一线操盘经验、对企业感情深厚的经理人，这些人跟随养元起步、成长、日趋强大，成为企业的中流砥柱。直至今天，范总常常骄傲地说：“养元的成功归根结底是养元人的成功。”由此可见，“人”作为企业的头号财富资源，为养元的发展贡献了无穷的力量。

回想养元的起步阶段，养元人更愿意将这一阶段称为内功修炼阶段。在这一阶段，一方面，养元充分汲取企业生态环境中的有利养分，瞄准市场缝隙，不断撬动，扩大企业的生存空间；另一方面，养元拒绝外在环境的各种诱惑，潜心于技术创新及团队修炼。一取一舍，有坚持，有放弃。面对复杂的环境，养元的做法体现了大道至简的哲理。

三、当下饮料企业的环境透视

变化每天都在发生，特别是在一个风云激荡、狂飙突进的大时代，变化无处不在、无时不在。十年的时间不算漫长，但却足以让中国发生翻天覆地的变化。身处于其中的人们每天按既定的生活习惯来去匆匆，但人们或许就会在某个不经意瞬间发现，不仅那个积贫积弱的时代早已远去，而且如今的中国已是快速发展、快速裂变、快速融入世界的现代中国。“地球村”时代的一切令人眼花缭乱。高速、高铁时代来了，移动互联网时代来了，“新型城镇化”时代来了，电商时代来了，一个“大众消费”与“圈层消费”相互交织的时代来了，一个需求多样化、选择个性化、品类多样化的时代来了。中国的经济也正以势不可挡之势进入“新常态”。

2008 年，金融危机在全球范围内爆发，各个国家进入一个漫长的经济萧条期。欧美发达国家的市场严重萎缩，新型经济体快速崛起，经济全球化、竞争国际化趋势日益明显，这使中国在世界经济格局中的地位发生了重大变化。2011 年，中国的 GDP 总值跃居世界第二，中国成为仅次于美国的世界第二大经济体。而十年前，中国的 GDP 总值首次突破 10 万亿元大关，在世界排名第六。2011 年，人均国内生产总值从 2002 年的 1000 美元增至 5414 美元，贫困人口的数量下降到 1. 2 亿。中国成为“世界第二”的意义并不在于实现了经济总量和人均 GDP 的大幅增长，而在于成功地使一个古老的大国恢复自信。对企业而言，全球化意味着更多的机会和选择，也意味着要和国际企业同台竞技。

与金融危机一同席卷全球的还有一场技术风暴。过去十年，互联网极大地改变了世界，正如托马斯·弗里德曼在《世界是平的》一书中所说：“科技和通信领域如闪电般迅速地进步，使全世界的人们可以空前地彼此接近。”新技术浪潮加速了经济全球化的进程，也使营销世界的传统思维与模式遭到巨大冲击。尤其是在近几年，电商的崛起、社会化媒体的盛行、大数据的研究与应用、移动互联时代的开启，这都表明一场由技术革命引发的营销革命已拉开帷幕。王石先生说：“淘汰你的不是互联网，而是你不接受互联网。”世界潮流迫使传统企业勇于在全新的世界里不断探索、试错，勇于展开对商业模式的颠覆与变革。

除全球化趋势和互联网的普及之外，还有一股重要的力量在改变着中国，这股力量就是新型城镇化建设。2002 年至 2011 年，我国的城镇化率以平均每年 1.35 个百分点的速度提高，城镇人口平均每年增加 2096 万人。2011 年，我国城镇人口比重达 51.27%，与 2002 年相比，上升了 12.18 个百分点。城镇化带来的结果是城乡之间的信息、交通、物流鸿沟正在被填平，城乡收入差距逐渐缩小，城镇农村市场消费者的消费观念及购买力都得到显著提升。也就是说，养元在起步阶段所依赖生存的相对封闭的区域市场壁垒正在消失。如今，企业再效仿养元“农村包围城市”，建立区域优势的做法，恐怕很难取得成功。2010 年，养元的战略重心已经由建立革命根据地转向全国化的宏伟蓝图。

透过宏观经济环境的变迁，我们看到了养元的全国化扩张只是顺势而为，也看到养元坚持修炼以应对竞争的危机意识，同时我们也应当看到面对席卷而来的科技浪潮，养元与很多传统企业一样，既迷茫，又有紧迫感。而在宏观经济的大幕拉来之后，近十年，饮料行业也经历着日新月异的变化。

很多人将 2008 年中国奶业企业的集体困顿看作撬动养元崛起的杠杆。在本土市场食品安全事件频发，消费者安全意识迅速提升，消费者维护自我权益的意识日益强化的背景下，动物蛋白出事了，植物蛋白流行了。“十年寒窗无人晓，一朝成名天下知”，养元的崛起绝非偶然，不是某单一的外在因素促成的。对每个企业来说，每天都会面对不同的机遇和挑战，但是，胜出者永远是那些未雨绸缪、有大格局的企业。

首先，养元崛起的这十余年正是中国饮料行业体量和品类大爆发的十年，这十年间，饮料行业的规模持续变大，大品类之下的创新小品类层出不穷，消费者对于饮料的想象空间不断得到拓展。曾经是饮料代名词的汽水很少被提及，碳酸饮料的销量也随着消费者消费观念的转变明显下滑；茶饮料和果汁饮料近年来“风头”不减，种类越来越丰富，诉求日趋时尚化、健康化；原材料以花生、杏仁、核桃为主的植物蛋白饮料在 2008 年之后异军突起；加多宝这类具有一定功能诉求的泛功能类饮料成为趋势。

作为植物蛋白饮料的领军企业，养元于 2010 年推出品类战略，在很大程度上主导了品类的扩张。同时，借泛功能类饮料兴起的“东风”，养元适时地提出“补脑健脑”的功能诉求，不仅使品牌定位更加明确，而且凭借高考攻略成功将常规饮料的淡旺季现象弱化，掀起夏季销售高潮。

其次，在行业环境的诸要素中，食品安全问题是每一个食品饮料企业都无法避开的问题。2008 年的三聚氰胺事件使消费者更加关注食品安全，近几年，国家加强对食品饮料行业的管理和监督，饮料行业的秩序有所好转。尽管如此，我们依然无法在短期内重塑消费者对食品安全的信任。如今的趋势是消费者越来越倾向于选择品牌好、知名度高的产品，拥护那些将消费者的利益放在首位的企业。这让我们再次回想当年范召林砸产品的故事，养元人的责任感是与生俱来，养元对产品品质的要求极为严格。养元人的高度责任感是企业的基石，也是企业的财富。

在宏观环境和行业环境的大背景下，市场、渠道和竞争环境的变化也显而易见。如前文所述，各大品类此消彼长，其根源是消费者及其消费观念的变化。十年间，社会资讯、物流、交通、通讯的高度发达，消费者的选择日趋多样化，消费行为日趋个性化，不同的消费群落在品类、品牌及产品的选择上差异明显；随着居民收入水平的提高和消费观念的升级，消费者对饮料价位的承受力持续增大，对新鲜事物的接受力也不断提高；消费者拥有更多了解企业及其产品的渠道，追求绿色、营养、健康的饮料或泛功能饮料；消费者关心食品安全问题，并为此感到焦虑，他们希望通过与有诚信、有担当的企业合作，消除这种焦虑并实现自身价值。消费者的变化是商业世界变化的轴心，关注消费者就是关注企业的未来。

市场越来越开放，区域市场面临着全国化品牌的正面厮杀，品类之间的竞争越来越激烈，对核心渠道资源的占有，成为大品牌较量的关键点。城市市场现代商业渠道越发常态化，而随着城镇化的发展，城镇农村市场的现代渠道也逐步兴起，进而缩小传统流通渠道的生存空间。各种特通渠道日益细化，拥有身份个性的“私人定制”方兴未艾。

在渠道环境中，电商迅速崛起。从最初的边缘渠道、补充渠道到主流渠道，电商崛起的速度之快令人吃惊。电商的出现最大程度上填补了城乡之间的鸿沟，无论是身处一线城市，还是偏远村镇，只要有交通、物流的支持，消费者就能买到需要的商品。电子商务的发展有效地填平了城乡间的鸿沟，使城乡消费者在购买选择上实现了真正的平等。食品、饮料产品是典型的快消品，因此，消费者选择购买食品、饮料产品的便利性动机不容忽视。目前的 B2C 类电商平台还很难满足用户的便利性需求，但是 O2O 类电商平台已迅速建立，且此类电商平台将来极有可能会对传统线下实体店造成巨大的冲击。真正的“搅局者”可能并不是现有的业内成员，大量“门外野蛮人”的横向杀出，正在扮演着“终结者”的角色。

由技术革命引发的环境变革并未就此结束。社会化媒体让我们见识到一个全新的传播环境，最不受掌控的碎片化时间突然成为新媒体发育的温床。企业与消费者、消费者与消费者依靠各种社会化媒体进行越来越密切的沟通。对企业来说，这既是机遇，又充满了危险。传统媒体的影响力和公信力严重弱化，旧的广告形式也随着消费者注意力和兴趣点的改变而改变，移动互联网的崛起已是大势所趋。互联网虚幻的表象被各种屏幕背后的数据一一击破，大数据的序幕就此拉开。趋势的车轮越转越快，机遇的声音越来越弱。每个企业都要基于“互联网 +”的时代命题和企业自身的情况做出选择，养元不能例外。

今天，养元在深度全国化的路上仍然保持跨越式的成长，养元崛起已经成为中国饮料业的“传奇”。但是对养元人来说，从来没有传奇，正如范召林所言：“我们只是在正确的时间做了一些正确的事，并坚持做好每件事。企业的大计是大胜靠德，长胜合道。”放眼未来，营销的世界一定属于那些秉持道德、敬畏规律、敢于承担责任、尊重消费者、并能准确把握环境趋势的企业。未来，企业仍会面对各种机遇和挑战，企业如何持续创新？如何追求持续卓越？我们期待憨厚务实、严格严谨、自强不息、追求永恒的养元人给出自己的答案。

第七章

Chapter 7

养元态度：学习创新与探索精进

壳牌石油公司原企业规划部主任阿瑞·德格斯曾说：“21世纪的企业将是学习型的企业，企业唯一持久的竞争优势就是有能力比你的竞争对手学习得更快。”

这是一个信息爆炸的时代，人类近30年来的信息生产量已经超过了过去5000年的信息量的总和。资讯的发达带来了新思想、新观念的极速形成、传播和迭代，也极大地推动了各行业、各领域的革新。个人或企业储备知识的“半衰期”越来越短，曾被认为正确无误的经验和认知，很可能在一夜之间失去效力。终身学习、全员学习、全程学习的观念为大多数企业所认同和接受。

养元人认为知行合一是一种能力，一种态度，一种习惯。企业要不断趋优，使学习力成为养元核心竞争力的关键要素。

企业组织也是一个有机的生命体，要经过初生、成长、成熟的过程，这个过程实际上也是一个能力不断积累、突破、再生、完善的过程。外部的生态环境在变，内部的经营要素也在变，在这种情况下，企业组织要想永葆生命力，就必须具备这种自我发育和能力再生的素质。那些为人们熟知的卓越企业往往都以较强的学习、创新能力见长，美国的微软和中国的联想都是“学习型组织”的典范。

十年后，我们反观养元饮品的发展轨迹，探寻这一超级样本的成功密码时，除了梳理出各种可见的体系、程式、方法外，我们更乐意深入到企业的品格、本质和先天基因，洞察那些隐藏于内的特质，而且我们相信，越是内在的因素，越具有根本性和决定性。这其中极为重要和关键的一个方面，就是养元人所具有的学习意识和学习能力，这种强烈的学习意识和较强的学习能力让他们在每个时期总能成为理想中的自己！

在养元持续成长的过程中，企业体量快速增长，行业地位在不断提升，从追随者到挑战者，再到领导者；市场战略和战术体系不断升级；企业的经营内容和经营重心不断转换，从管事到管人，再到企业的顶层设计，新课题和新挑战不断涌现。这就要求企业具备一种与时俱进的视野，适时调整自我，重新对企业进行定位，持续、自发地进行自我改造和自我修炼。企业团队的所有成员要在企业领导的带领下积极学习、勇于创新、提升自我，养元的各级领导及所有员工在愿景、思想、行动上保持一致，这种组织化的学习能力恰恰是许多企业所不具备的。

养元的学习与成长既不是对企业已有模式和经验的重复，也不是对标杆企业的盲目迷信和刻意模仿，更不是跟风式的赶时髦，而是一种建立在清晰、客观的自我认知基础上实现自我纠偏、自我提升的独特能力。这种能力渗入到企业组织的每个单元、每个个体，就形成一种深入组织血液的、为养元人所共有的工作态度和行为习惯，而这种工作态度和行为习惯才是企业实现速度成长的根本原因。

一、朴素求真的“好学生”

养元的成长历程就是一个不断学习、持续精进的过程，养元的成功也是其谦虚勤勉、求真务实、不断提升自我的自然结果。

（一）虚怀若谷，兼收并蓄

如果你去过养元，如果你接触过养元的员工，相信你一定会有这样的印象：养元人身上流露出一种气质，即淳朴、谦逊、真诚、务实、自信，不夸夸其谈、不妄自尊大，给人以踏实感、信赖感。养元人对自己的行业和事业充满敬畏之心，他们尊重包括竞争对手在内的每一位同行，他们由衷地赞美并虚心地学习他人的优点和长处。过去是这样，现在也是这样。或许，这才是养元人真正的厉害之处。

从行业底层、市场边缘中走出来的养元，一开始就具有求知若渴、奋发图强的企业品格。养元犹如一个无背景、无资源的寒门学子，为求上进，平日里勤于苦读，奋发图强。和千千万万在生存线上挣扎的小微企业一样，起步期的养元底子薄、根基浅，求生的本能和发展的欲望迫使企业寻找生存与发展之路。

生存的压力和对成功的渴望是养元主动学习、力求上进的主要动力。

产品缺乏竞争力，养元就向行业“老大哥”学习其产品研发管理，向白酒、保健品企业学习其产品定位方法；营销模式不清晰，养元就向宝洁、可口可乐学习其深度分销理论，向娃哈哈学习其“农村包围城市”的市场布局；团队基础差，养元就带领员工从营销基础知识学起，号召团队成员向标杆企业、竞争对手学习；企业的管理体系不完善，养元就学习联想的亲情文化和严格文化，学习海尔的全员营销战略。经历过生存危机的企业往往对自身及外在环境有一种清醒、客观的认识，能摆正自己的位置，放平心态，永葆学习、进取之心。对包括养元在内的任何企业来说，这都是一笔宝贵的精神财富。经历了跨越式的发展，养元成为备受瞩目的标杆企业。但是，此时的养元仍然保持着虚怀若谷、海纳百川、博采众长、兼收并蓄的开阔心胸。由此可见，养元已经具备了一个伟大企业的卓越品质。

如今，养元已经成为饮料业乃至中国企业界的一个现象级案例，养元的故事也为各行各业所津津乐道。对此，养元人，尤其是企业领导者，总是谦虚地说：“养元身上还有很多不足”、“××企业做得更好”、“我们只是在对的时间做了一些对的事”。作为与养元合作十几年的智业机构，我们真切地感受到养元的谦虚不是做作、不是虚套，而是一种虚怀若谷的气度。在企业发展的过程中，养元始终坚持让专业人士做专业的事。自己不懂或自己做不来的事，就聘用专家来做。所以，曾经有多家智业机构同时为养元做不同领域的咨询，养元博采众家之长的虔诚姿态和大侠风范令人佩服。

（二）突破自我，持续修炼

养元的发展及成功，可以简单地概括为一句话，即“在正确的时间做正确的事，并且把事情做正确”。这句耳熟能详的总结，看似平淡无奇，却很难做到。“企业的成功要过几道坎”、“××企业遇到了发展瓶颈”等说法，就是指企业要在不同的发展阶段和关键节点上实现突破和跃升，跨过一道“坎”，企业就能迎来新的发展期，否则，企业就会徘徊不前，不进反退。无论是在快消品行业，还是在其他行业，此类案例不在少数。在养元的发展历程中，这样的“坎”，养元不止跨过一个，而且几乎每次都是“轻松”跨过。企业连续十余年保持快速发展的良好态势，在经营规模过百亿的基础上，仍然保持着50%以上的增长速度，这个“传奇”的背后是企业面对不同境遇时的一次次突破，是企业持续的、自觉的修炼提升。

从早期的市场追随者，到后来的市场挑战者，再到今天的市场领导者，养元的行业地位和竞争姿态在不断地变化。养元的发展伴随着市场半径的不断扩大，组织团队的不断充实，品牌影响的不断提升，以及竞争能力的不断增强。企业发展的同时，新问题、新挑战接踵而至。企业如何解决大区域作战带来的市场治理问题？如何不断地进行组织改造以保持高效的执行力？如何规划企业的顶层设计？如何实现品牌升级和品牌创新？如何使行业保持健康有序的发展和良性竞争？所有的这些问题都是养元要着力解决的。这些问题没有现成的答案，养元也没有可供参考的案例。因此，养元能做的就是清醒、客观地审视自我，明确自己在不同境遇下应当扮演的角色，找出问题的重心，然后找出解决问题的方法，进而在实践探索中获得成长。这种持续修炼、不断突破自我的特质是一种更高级的学习能力，优秀企业往往都具备这种自我进化的能力。

在某种意义上，企业的经营和发展就是一个企业自我修炼的过程，体现企业的学习能力。一个学生，从小学到中学，从中学到大学，要能够在每个阶段拥有应有的技能和素质。只是企业的发展并没有制式课程可依循，也没有标准的答案可供参考，只能通过不断地摸索、试错、改善和创新，实现自身的发展。如果说养元是一个优秀的企业，那么它首先得是一个“自学、好学、善学”的学习标兵，始终保持学习的激情，不断地塑造自我、超越自我，在探索中成长、壮大。

（三）态度也是一种能力

神奇教练米卢蒂诺维奇曾经说过：“态度决定一切。”深入洞察一个企业的成败得失，我们会发现企业的成败与企业的基本价值观和企业员工的工作态度密切相关。养元的良性成长和不断精进得益于企业所具有的优良品质，我们也可以将这种品质视作企业的优良基因，这种基因在养元的组织行为方式和做事态度上有着最贴切、最充分的表现。

1. 事业心，企图心，冠军的心

养元团队总是散发出一种令人振奋的朝气和热情，从一开始，养元人似乎已经认定自己在做一件伟大的事。十几年过去了，企业宣传墙上“激情四射、缔造传奇”的标语依旧铭记在养元人的心里，这句标语也是养元人精神面貌的生动写照。或许是困顿中的长久挣扎激起了养元人更强烈的事业心，或许是养元人对成功的渴望太过灼热，养元团队始终散发着一种蓬勃向上的“正能量”。养元人以做事业的心态做事，永争第一，这正是养元成功的根本前提。

2. 谦虚务实，空杯心态

取得一时的成功很容易，保持恒久的进取却很难。和人一样，企业在取得某种成功时，难免会被虚荣心所蒙蔽，妄自尊大、虚夸不实，我们见过太多这样的案例。养元的优秀品质之一就是无论在哪个节点上，都能对自己做出清醒而客观的审视，适时地清空自己，保持对事业的虔诚和敬畏之心。这种空杯心态和谦虚务实的秉性，使他们能在每一个发展阶段坚持做正确的事。当然，养元也曾出现过骄傲情绪和浮躁之风，为此，企业还专门搞了一场轰轰烈烈的“整风运动”，告诫全体养元人不忘初心，戒骄戒躁，务必保持艰苦奋斗的创业激情。

3. 居安思危，保持忧患意识

养元人具有很强的危机意识。海尔的张瑞敏先生曾用“战战兢兢、如履薄冰”形容做企业的心态，后来，这八个字成为养元团队的信条之一。生存期的危机意识是自发的，因为企业每天的生存本就危机重重。在企业解决了“温饱问题“，进入发展的快车道，进而成为领先者的发展过程中，企业能始终做到“安而不忘危，存而不忘亡”是很不容易的。对从生死线上走来的养元来说，这种忧患意识是深入血液的，因为经历过创业的艰难，企业才会更加珍视今天所取得的成功，才会谨慎地走好每一步。“生于忧患，死于安乐”、“质量是生命线”、“市场服务无小事”等是养元人的行为准则，也是养元企业文化的重要组成部分。

谈及养元的核心竞争力，我们或许会想到管理、执行、文化。但是，从根本上来说，养元的核心竞争力是养元人的“正确态度”。态度决定一切，态度本身就体现一种素养和能力。态度好，学习好，业绩好，这就是

“三好学生”养元。

二、揭秘养元的“学习经”

早些年，“打造学习型组织”曾一度被国内企业奉为圭臬。那时的企业家们常把“学习”、“修炼”等词语挂在嘴边，企业的各种培训、全员学习活动轰轰烈烈地展开。客观地说，不少人只是把组织学习当成一件任务、一种形式，甚至是一种精致包装的给员工“洗脑”的方式。一些企业家以为让员工看几盘录像、听几堂课、读几本书，企业团队就是“学习型组织”了，当然，事实并非如此。

养元很少提出“打造学习型组织”之类冠冕堂皇的口号，养元人的学习是自发的。笔者并没有刻意吹捧的意思，养元的确是一个善于塑造自我、完善自我的优秀企业。养元的组织内部有一本威力巨大的“学习经”。

（一）让学习成为一种本能

对一个企业来说，学习能力本应是一项基本能力，组织在不断壮大、经营在不断拓展、环境在不断变化，这时，一旦团队的知识储备满足不了企业的发展需求，企业就会被竞争对手打败，被市场淘汰。所以，学习应该成为企业员工的本能需求，成为员工的工作常态。和财务管理、人力管理等一样，知识管理也是企业经营管理的一部分。事实上，每个企业每时每刻都处在一种不自觉的学习状态之中。只是，有些企业是主动学习，有些企业则是被动学习；有些企业是系统而深入地学习，有些企业的学习只流于形式。

养元的学习动力源自企业起步期在夹缝中求生的艰难经历，也源自企业在发展过程中面对的各种竞争压力，更源自对企业美好未来的热切渴望。独特的发展经历，使养元人能够迅速应对各种挑战。学习之于养元团队，并不是各种口号、行政指令或培训，而是一种本能的需要。强烈的成长欲望、实现目标的渴求和信念才是企业成为学习型组织的根本前提。只有在学习成为组织的一种自觉行为时，企业员工才能进行有效的学习。

企业的学习必须是整个组织团队的集体行为，而不是一两个领导人的个体行为。养元的学习是一种全员性的、团队性的学习，养元的员工，上到董事长、总经理，下到业务经理、普通员工，都积极地参与到学习活动中来。多年来，养元一直保持着“比、学、赶、帮、超”的良好学习氛围。全员学习，在竞争中学习，员工相互影响、相互促进，这种组织文化一旦形成，便会在层级间、部门间、个体间发酵、膨胀，进而感染每一位养元人。客观地说，养元团队不一定是单兵作战能力最强的团队，但它一定是一支善于学习、积极上进的强大铁军。

此外，终身学习的观念已深深地扎根于每一位养元人的心中。终身学习不是一句口号，而是一种共识。随着企业的快速发展，企业在营销、生产、供应、人力资源等方面不断遇到新命题、新挑战，这就需要每个组织成员不停地提升自己。所以，养元团队和个人的学习是长期的，在长期的工作磨炼中，养元人具有较强的危机意识，自觉把平日里的学习、实践与个人的职业规划联系在一起。

（二）养元的“三层次”学习法

养元的“学习经”威力强大，究其原因，除前文提及的团队的认知和觉悟外，行之有效的学习方法、学习机制的确立也是重要原因。这种学习机制在个人学习、组织学习、组织间学习三个层面上都有所体现。

第一层次：个体的自发学习。

个体员工是企业组织的基本细胞，企业的行为最终体现为个体的行为，企业的习惯归根结底也是每个员工的个人习惯。我们说养元是个“三好学生”，首先就是因为其团队个人善于学习并乐于学习，这是最具体、最基础的体现。

养元注重提高员工的学习意识和进取意识，在这方面，企业领导以身作则，发挥带头表率作用。以董事长姚奎章和总经理范召林为首的养元领导班子称得上是一群极富企业家精神的商界翘楚。在他们身上，你既能感受到领导者的视野、智慧及对事业的热爱、对目标的坚定，又能感受到一种虚怀若谷、谦逊平实、包容开明的人格魅力，他们本身就具备善于学习、勇于创新的职业素养。

下面讲一个让笔者印象深刻的小故事，你也许会从中真切地感受到养元人的工作态度和学习精神。

起步期的养元，其团队基础还比较薄弱，团队成员的基本业务素质和技能还有待提高。这时，企业与外脑机构合作，对员工进行培训，号召员工全员学习、自发学习。当时，养元的一位核心领导给自己定下一份“强制学习”计划，每天不论业务多繁忙，也不论有多少应酬、多晚结束工作，这位领导回家后都要在权威营销网站上至少阅读3篇专业文章，而且强制性地要求自己不下载文章，而是边看边消化。最难能可贵的是，这个计划一坚持就是好几年。这位领导的事例只是对养元精神的一个佐证，却足以让人感到震撼。试想，如果一个企业的领导和员工都具备这样的精神和意志，它的团队又怎会不成长、不强大！

第二层次：组织内的学习。

个人的自发学习体现了养元人的观念和意识，组织化的系统学习则是团队持续进步的关键保障。养元饮品内部有一套制度化的培训体系，养元针对不同层次的团队成员建立了一套完整的训练模式。

一是有计划的外部培训。多年来，养元一直保持着与智业机构的紧密合作，作为养元的贴身外脑，智达天下见证了养元团队的每一步成长。从最基础的“营销ABC”开始，到实战运作、市场管理、高效执行，养元紧贴实际，步步进阶，在此期间，笔者已经记不清开展了多少次培训。此外，养元还与国内顶尖的高等院校合作，对企业关键岗位员工进行系统的职业化培养，提升他们的综合技能，进而提升团队的整体素质。

二是建立强有力的内训体系。随着团队规模的不断扩大，企业的优良传统需要继承，成型的经验和模式需要传递，市场的操作管理需要优化、提升。这时，企业就要构建一个知识的储备、共享、复制体系，形成企业固有的内训机制。养元组织员工自主学习，采取一种化整为零、协同分工的模式，将团队实训的重心放在中间经理层，根据骨干经理人员自身的专业特长和工作经验，明确一到两个擅长的领域，并在此领域进行深入研究，努力成为该领域的“知识掌门人”。就营销系统来说，养元要求区域经理以上的各级管理人员自行开设一到二门内训课程，对不同层次员工进行培训。与外部培训相比，内部培训更实用、更接地气，也更有效。

三是适时开展主题强化学习。除了常态化的内外部培训学习，养元还不定期地开展一些主题学习活动。养元通常会针对某一阶段内较为突出的市场或管理问题，尤其是对企业发展构成干扰和制约的共性问题，适时地从心态、观念、方法上提升员工的整体素质。几年前，在六个核桃取得阶段性的成功，其市场影响力大幅提高的情况下，养元的销售团队内部也一度出现自满、懈怠等情绪。企业为此开展了一场持续数月的，以“保持养元的营销先进性”为主题的全员学习运动。在智达天下的协作下，养元从保持企业思想、模式、管理的先进性出发，围绕统一观念、优化模式、掌握方法、强化管理等内容，使团队成员接受了一次深刻而生动的“再教育”。多年来，养元经常开展此类教育活动。此类活动的开展有利于鼓舞员工的士气，提高员工的工作水平。

第三层次：组织间的学习。

俗话说：“他山之石，可以攻玉。”一个善于学习的企业必然要有开放的视野和博大的胸怀，海纳百川，兼收并蓄，既要积累企业自身的发展经验，又要善于向其他企业学习。

成长初期的养元一无市场，二无资源，三无团队，放眼望去，行业内外的优秀企业犹如一座座高山耸立在养元面前，养元只能仰视，无法超越。但是，养元就是养元，虽然弱小，却从不卑怯。从一开始养元人的目光就没有离开过那些卓越的佼佼者，就像饥饿的人遇到了面包，他们从优秀企业身上汲取营养以壮大自己。

当众多二三线饮料品牌都在全国市场跑马圈地、打游击战的时候，养元却积极地向宝洁、康师傅等优秀企业学习如何进行市场精耕、如何立足于有限区域实现最大产出；当大批企业集中于中心城市大打阵地战的时候，养元却受娃哈哈的启示，开始走“农村包围城市”的市场拓展之路；当大量中小企业沉迷于模仿、跟随其他企业时，养元却向行业领导者学习如何实现产品的差异化。

学习始于模仿、借鉴，学习效果的好坏取决于学习者的眼光及参照的标杆。团队创建之初，养元也面临组织不健全、管理混乱、制度落实不严格、执行力差等难题。这时企业开始主动学习、借鉴海尔的“OEC管理模式”，从岗位基本职能开始，从最简单的日常小事入手，极力倡导日清日毕、日清日高的工作作风，即要求员工当天的工作当天做完，每天比前一天提高一点，把小事当大事做，再简单的事情也要重复做、坚持做。养元扎实的市场精耕能力和较强的团队执行力正是在这一过程中培养出来的。此外，养元从当时的联想身上学到了严格文化与亲情文化有机融合的企业治理哲学，而这种企业治理哲学与今天养元的“憨严”文化是一脉相承的。

从本能化的学习习惯养成，到层次化的学习机制建立，你能看到，养元之所以能称得上学习型企业，是有实实在在的功夫和成熟的体系在里面的。要想念好企业发展和市场拓展这本经，“学习经”自是一项不得不修炼的真经。

三、探索创新与持续精进

学习不等于照搬照抄，也不等于刻板复制，否则，只能是画虎不成反类犬。养元的学习既不是对书本理论的生搬硬套，也不是对其他企业的盲目模仿，而是在借鉴、启发中，吸收优秀的文化、宝贵的经验，使其为我所用。在这一学习、借鉴的过程中，企业既要学会创造性地学习、在学习中创新，又要善于在自身的实践中不断探索、持续精进。

（一）创造性地学习

世界上没有两片完全相同的树叶，也不可能有两个完全相同的企业。事实上，企业所探寻的答案，书本给不了，培训机构给不了，其学习模仿的标杆企业也给不了。通常意义上的学习，其本质在于启示，在于引导。所以，企业只有立足自身、立足当下，通过自身的实践、探索、创造，才能找到真正的答案。所以说创造性的学习才是高级的、有意义的学习。这就像“体”和“用”的关系，企业的主体发展和现实条件是那个根本的

“体”，而外部的知识获取和行为模仿只是“用”。

养元不仅是一个善于学习的“三好学生”，而且是一个善于融会贯通的创新者。反观养元的发展历程，你会发现它每个阶段的良性发展和跨越式成长都得益于企业团队的创新活动。从早期的“错位式竞争”、“零风险经营”、“360°助销体系”，到后来的产品差异化的打造、品牌的个性化升级，再到“益智健脑”的品类占位、“高考季”攻略的实施、“大预售制”的确立、“贺岁装”的面市，养元的市场营销始终具有鲜明的创新色彩，而且这种创新体现在企业运营链条的各个环节上，从上游供应链到下游销售终端，从企业组织治理到厂商深度捆绑，养元总能准确地把握每个节点上的外部环境和自身的发展状况，进而创造性地解决每个发展阶段的关键命题。

养元的创新能力与学习能力相辅相成。养元人既能以开阔的视野和博大的胸怀博采众长，又能将其他企业的成功经验嫁接到自身的经营上，从而形成养元特色。从“大预售”模式上，你或许能看到娃哈哈等饮料企业的影子；从养元的憨文化中，你或许会看到联想的痕迹；从深度分销理论上，你或许又能看出宝洁、可口可乐的理念；你甚至可以从养元的营销和管理中感觉到白酒、家电行业的经营意味。然而，养元终归还是养元，其线索分明的跨越式发展之路，正是企业在不断地学习、创新中开辟出来的。

（二）在持续精进的路上

企业经营是一场没有终点的自我修炼，企业的发展进步是一个不断审视自我、提升自我、超越自我的过程，要想基业长青，企业必须持续精进。今天的养元已经突破了百亿规模，并获得了应有的关注和掌声，对养元来说，这不是终点，而是一个新的起点，更远大的抱负正在养元人的心中酝酿，养元人坚信自己正走在修炼精进的路上。

优秀的企业所应该具备的优秀品质之一就是在每一个成长阶段都能成为那个应该成为的自己，也就是企业要具备与时俱进的能力，能适时地完成角色转换，实现自我进提升。纵观养元的发展脉络，我们既能看到养元对其优良品格的一贯坚守和传承，也能看到企业在前进过程中的步步蜕变和突破跃升，这种持续的精进体现在企业经营管理的方方面面。

（1）从以战术见长到实现战略领先。在企业的发展积累期，企业的中心任务就是扩大业绩规模，提高市场占有率，靠做大体量来规避生存风险。养元这个时期的经营核心是在营销上不断创新，确立一系列的市场战术和营销模式，并充分发挥其关键驱动作用。从某种意义上来说，这一发展阶段是战术决定战略的阶段。实现了快速增长和规模化扩张之后，企业一定要着眼于战略、着眼于顶层设计。这个时期养元通过对品牌战略、营销战略、产业链管理、组织治理、文化战略等方面的优化升级，明确了企业的未来愿景和发展路径，使企业再次进入发展的快车道，进入一种可控、可管理的成长状态，战略上的领先成为这一时期养元发展的关键驱动因素。

（2）从区域为王到全国深耕。养元的市场发展战略是典型的“区域精耕＋滚动复制”模式，其区域开发也一直保持着有节制地稳步推进，确保开发一块、成功一块。这个时期的营销战更多的是一场封闭战场上的巷战，企业基于固定的市场单元，着重抓局部，抓核心。近几年，养元的区域布局几乎已经覆盖国内所有省份，养元营销战略的核心是实现“深度全国化”。面对更庞大的市场和不断扩充的销售团队，养元就像是在打一场开阔疆域的纵深战。这就需要企业对品牌建设、营销模式、厂商协同、市场管理、团队保障等方面进行升级，同时，企业要具备更高的市场驾驭能力。这样，养元就完成了从量变到质变的“惊险一跃”。

（3）从追随者到领导者。企业规模的扩张带来的是企业竞争地位的变化，多年来，养元一直在植物蛋白饮料行业中扮演追随者和挑战者的角色。在别人身后前进时，你能看到已经成型的足迹，知道哪里是平坦大路，哪里是绝路或陷阱，这就是企业标杆效应。而一旦成为领导者，你面前就只有未经开垦的旷野，既充满了无尽的可能，又隐藏着种种未知的险滩，这是对企业心胸、品格、智慧、信心的考验。六个核桃成为植物蛋白饮料的领导者之后，养元以更加包容、更加负责的态度，主动承担起拓展细分市场、继续做大蛋糕的客观使命，带头对行业规则和竞争秩序进行规范。从默默无闻的“后生小弟”到敢于担当的“带头大哥”，养元在角色转换中实现了一次又一次的华丽转身，完成了一次又一次的蜕变和精进。

养元的领导们常说："做企业就是做人。"如果我们把养元比作一个人，那么他一定是个朴实本色、温良勤勉的谦谦君子。有涵养，有风度，荣辱不惊，谦和大度，这种与生俱来的优良品格造就了养元今天的成功，也必将成就其更加美好的明天。

第八章

Chapter 8

养元胸怀：超越自我与追求卓越

在当代中国的企业发展史上，红极一时而又归于沉寂的企业不胜枚举。从这些企业的惨烈失败中，我们感到多数企业家都有一个追求卓越、使企业基业长青的梦想，但是，由于各种原因，他们的企业只能无可避免地走向没落。梦想很丰满，现实很骨感。人们常说“没有成功的企业，只有时代的企业”、“创新是企业的生命”。在今天的工业革命4.0时代、移动互联网时代、互动型市场时代，海尔、联想、苏宁、阿里巴巴这些卓越的中国标杆企业都不得不迎接挑战、超越自我、创新求存。

这样，问题就来了。在追求持续卓越和基业长青的艰难历程中，什么是企业该一贯坚持的？企业在哪些方面要做到与时俱进？持续卓越的核心是什么？在整个发展过程中，从初期的艰难求生到后来的系统创新，从“从做事开始做事业，以做事业的心态做事”到“大胜靠德，长胜合道”，养元犹如一个务实的理想主义者，一个怀揣“冠军之心”的行动主义者，一个不忘初心、自强不息的超级样本。养元人忌讳空谈胸怀境界，以务实超越旧我，以自强追求卓越，这些正是养元精神的核心内容。

一、企业胸怀是“磨炼”出来的

智达天下咨询团队第一次来养元时，在工作间隙，我问姚总：“姚总，养元每年做到多少，您才觉得有点意思了？”姚总略加思索后说：“说做多大、多强难免空谈，年销售额怎么也得达七八千万元吧！”这实际上是一次内心测试，没想到姚总给出如此务实的回答。

在那些以销售利润达几千万、几亿元甚至几百亿元为目标的企业家看来，姚总似乎太没雄心壮志了。但是，我深深地记住并理解了这句话。每年没有七八千万元的销售额，企业又怎能摆脱年年亏损的局面，这一看来浅近的目标对当时的养元来说已经是很高的目标。事实表明，姚总心中一直有更宏大的愿景和目标，他只不过是选择了一个极为务实的表达而已。多年后，当养元的业绩实现跨越增长的时候，“姚总，今年做了多少？”这句话已成为一句笑谈。“大胜靠德、长胜合道，伟大是熬出来的。”脚踏实地、不骄不躁、以平常心面对事业上的挫折和成功，只有这样，我们才能取得事业上的成功。

笔者为什么要提这件事呢？因为在谈论企业的发展裂变规律时，人们常说“胸怀决定格局”或“心有多大，舞台就有多大”。但是，道理容易懂，事情却很难做。我们认为企业的发展和企业家的成长都不是一蹴而就的。

我们从不怀疑企业传承、背景等在企业发展中发挥的积极作用，也从不否认企业家的禀赋、气质、性格等先天因素对企业家成长的促进作用，但是，养元从当年的那个小微企业成长为今天饮料行业的新一代巨人，从最初那个低调务实、激情创业的无名企业到今天这个坦荡高远、恪守责任、追求自强且具有博大胸怀的企业，这些巨大转变就不是单一的“基因论”能完全解释清楚的。

从进化和竞争的时间维度看，企业也是一个不断进化的物种，成功的企业不仅具有择优汰劣的进化机制，而且要能够在逆境、磨难及各种诱惑的考验下坚守自我、提升自我。马云说：“男人的胸怀是委屈撑大的。”而企业家和企业的胸怀是磨难磨炼出来的。正所谓：“故天将降大任于斯人也，必先苦其心志，劳其筋骨，饿其体肤，空乏其身，行拂乱其所为，所以动心忍性，曾益其所不能。”这种逆境、磨难和各种诱惑的考验与磨砺往往是一个企业走出困境，实现跨越成长的宝贵财富。没有五行山下五百年的磨难与反思，没有取经路上的“九九八十一难”，孙悟空很难成为斗战胜佛。当然，并不是说没有经历挫折的企业或企业家们就难以成长、壮大。只是对那些追求理想、激情创业的企业家来说，能够在逆境、挫折和磨难中快速成长，“动心忍性，曾益其所不能”，是何等幸运的一件事。

回顾养元的艰难创业历程，从六个核桃品牌不为人所知到企业获得一百五十亿元的销售业绩，从“天下大事必谋于细”到“憨厚务实，严格严谨”，从“激情创业，缔造传奇”到“自强不息，追求永恒”，从当年范召林总经理一怒之下砸掉所有不合格产品到“诚信经营”，我们看到养元像其他所有优秀企业一样，在探索中以“坚守”和“趋优”的逻辑来审视自己、激励自己、壮大自己。所以说，企业在“磨炼”中始终保持一颗初心，所谓初心就是企业追求的核心愿景、使命与价值观。企业要在“磨炼”中不断地拓展自我、超越自我。

企业家的胸怀是企业的基石和魂魄。企业的胸怀、境界、格局和文化气质的形成往往与企业家的胸襟、气魄、思想密不可分，企业家的胸怀是形成企业胸怀、气魄、境界、文化气质的基石和魂魄。在养元，以姚奎章董事长为代表的企业领导具有憨厚务实、宽厚容人、吃亏让人、以德报怨、坦荡做人的博大心胸，以范召林总经理为代表企业领导具有认真学习、勤于探索、坚持准则、追求卓越的职业操守，此外，养元的职业经理人和企业家团队有融小我与企业、勤业、敬业、精业的职业素质，所有的这些结合起来才逐步形成了我们今天看到的超越自我、海纳百川、创新求变、持续卓越的养元胸怀。

“大胸怀者得天下”，企业的终极竞争是企业或企业家胸怀的竞争。汉高祖刘邦有一段名言：“夫运筹帷幄之中，决胜千里之外，吾不如子房；镇国家，抚百姓，给饷馈，不绝粮道，吾不如萧何；连百万之众，战必胜，攻必取，吾不如韩信。三者皆人杰，吾能用之，此吾所以取天下者也。”这段话强调了知人善任的大胸怀对事业发展的重要作用。

21 世纪的现代企业竞争早已从以机会制胜、要素制胜、战术制胜发展到以系统制胜、战略制胜和生态圈制胜的新阶段，从个人英雄主义时代进入以团队制胜时代。以什么样的价值观、态度和胸怀经营企业内、外部各种关联者（企业内部的股东、员工，企业外部的供应商、经销商、消费者、政府机构、金融机构、竞争对手等）之间的关系，归根结底都是对企业的胸襟、境界、格局、气魄、胆识、担当力的考验。

在企业运营中，一方面，企业要坚持原则、践行制度、追求高效；另一方面，企业领导者要有容人之心，用人之量。面对激烈的市场竞争，企业既要以竞争制胜，又要恪守底线，进行有序竞争，追求竞合。面对参与到企业生态圈之中的各方利益主体，企业要以合作、共创、共赢、共享为核心原则，创新合作模式，拓宽合作平台。“没有完美的个人，只有完美的团队。”

所谓“适者生存”，抛开大的环境变化不谈，我们认为只有不断地优化适宜的企业生态圈，企业才有可能获得生存和发展。显然，那些靠投机取巧、坑蒙拐骗获取利润的企业是很难做到这些的。

小胸怀者可能小成、巧成，大胸怀者才能大成、恒成。

二、对待自己：严于律己，日省日新

在打造企业团队的执行力方面，“上行下效，率先垂范”曾经是国内多数快消品企业的一个简单起点，养元也不例外。养元早在2003年实施重点县级市场深度分销的过程中就认识到，建设一支养元自己的营销铁军是深度分销模式有效及快速落地的基本保障。而在建设营销铁军的过程中，领导应该具备怎样的品质？领导应该具备怎样的工作态度和工作作风？领导应该具备怎样的学习能力和职业化素养？这些问题关系到企业的军心、氛围、士气，影响企业职业化团队的建设。因此，养元的创业领导团队达成共识：要想干成一流的事业，企业就必须建设一流的团队；要想建设一流的团队，企业领导就必须要严以律己，在学习和实践中不断提升自己。

养元的营销培训体系最初是在外脑的帮助下建立的，以外脑培训为主，企业内部培训为辅。随着企业的发展和一大批优秀经理人的快速成长，养元的销售公司专门设有销售培训部，区域经理级别及以上的管理人员每人至少开设两门精品培训课程，员工的培训和学习早已经成为养元常规的管理内容。养元建立了以企业内部培训为主，专家培训为辅的系统培训体系。我们常说：“成功是一种习惯，学习力就是竞争力。”养元人不张扬、不造作，十几年如一日，踏踏实实地做事。詹姆斯·C·柯林斯在《基业长青》这本书中谈到“高瞻远瞩”的公司时，特别指出“自家培养的经理人”对企业成长的重要作用。在企业快速成长的过程中，不是说所有的经理人都要着力培养，但是企业一定要重点培养本地经理人，这也是养元的一个成功做法。

养元人严于律己的品质不仅体现在工作方面，而且体现在做人、做事的方方面面，这种品质已经上升为养元人共同的价值观和行为规范——“憨严文化”。下至车间普通工人，上至董事长，养元人普遍具有严于律己的优良品质。如普通员工结婚，企业规定员工随礼50元，经理随礼100元，而且限定参加婚礼的人数。经理层级员工家有喜事，参加人数不超过十人。董事长家有喜事，员工不得随礼，否则按规定处理。董事长可以在企业食堂请大家吃个便饭，但一定是董事长自己买单。正是因为养元人始终坚持简单做人、认真做事、严于律己、率先垂范、对事不对人、制度面前人人平等的核心准则，企业内部才形成了严格严谨而又简单专注的工作氛围。

三、对待团队：海纳百川，严以治军

“人才是最核心的商业模式。”目前，仅养元的营销团队就有六千六百人，其中衡水籍业务骨干员工达六百余人，全国各地的本土化业务人员有六千余人。很多员工来自国内其他优秀的快消品企业，员工的职业经历各异，履职心态复杂，价值观需要整合。没有胸襟开阔、极富人格魅力的领导和严以治军的理念、原则、标准和机制，再庞大的军团也有可能成为一盘散沙，军心涣散，缺乏战斗力。在国内各类企业中，这样的例子难道还少吗？

海纳百川、广招贤才当然是事业发展的需要，但也会增加企业治理团队的难度。养元严酷的竞争上岗制和末位淘汰制为业界所熟知，有效的授权与严格的监督也是现代企业治理的常用手段。在实践探索中，养元形成了自己的人才价值观和管理观。

（1）财散人可聚，有共同的价值观，我们才能走得更远。

（2）任人唯贤，举贤不避亲。

（3）高层要团结，中层要稳定，基层适度流动。

（4）以自主培养经理人为魂，以全国化招贤、用人为魄。

（5）以部门家长制解决员工的传帮带和职业生涯规划问题。

（6）以总经理负责制合理授权、分权制衡，考核劳动效率。

（7）以“憨严文化”为核心，整合全体员工的价值观和行为规范。

（8）通过监察、审计、督导，在经理人的作风纪律建设上要常抓不懈。

（9）以制度为准绳，人人平等，做到有“法”必依，违“法”必究。

（10）优秀的经理带出优秀的员工，优秀的企业培养优秀的员工。

（11）严禁宣传个人，在制度面前，企业领导要以身作则、率先垂范。

在养元内部，这些观念和制度早已深入人心，深入产业链的各个环节。养元从上到下就像一部结构简单而又高效运转的机器，每个部门各司其职，每位员工恪尽职守，专注做事，追求质量与效率。养元人工作起来“很累”，因为他们敬业、专注、务实。养元人工作起来又很快乐，因为他们的工作成绩不断提升，企业的发展速度不断加快，因为企业有一种简单文化、平等文化。养元人不是不讲人情、不近人情，只是养元人知道让每一个员工在企业的平台上找到自己的归属，取得骄人的成绩，实现有价值的人生是企业对员工最大的关怀。随着企业的发展，养元明确提出“员工利益第一，股东利益第二”的思想，制定了优秀经理人的期权和股权激励方案，这些都为养元的员工实现理想提供了广阔的平台。“让更多人在养元的事业平台上实现人生的价值与理想。”这是姚奎章董事长常挂在嘴边的一句话，也是姚总追求的大胸怀、大格局、大成功。

四、对待伙伴：同道同行，共创共享

如前文所述，悉心经营企业与供应商、经销商及核心终端商之间的深度战略合作伙伴关系是养元多年来的战略重心之一。在养元十余年的成长裂变过程中，以共赢为目的的新型厂商合作关系不断升级。

在起步奠基阶段，养元明确厂商战略合作伙伴关系的战略目标，推出以“零风险经营承诺”和“星级助销服务工程”为主干的信用营销和服务营销，倾力启动在核心市场的招商布局，打消经销商的心理障碍与顾虑；导入助销服务体系，帮助经销商实施分销、铺货、终端陈列、建立客情和推动终端动销；营销专家深入市场一线对经销商进行专项培训，梳理并统合代理商和终端商的运作思路与战术手段，进一步深化企业与经销商之间的战略合作伙伴关系。

在聚焦突围阶段，养元与《糖烟酒周刊》等专业平台合作，系统地打造“金商工程”，从经销商转型、终端管理、内部管理、市场管控、执行力建设、信息化管理等方面，全面带动经销商的转型升级，巩固和深化厂商战略合作关系。通过导入刚性与韧性相结合的市场督导制度，奖优罚劣，引导经销商形成正确的营销理念，走健康、可持续的发展道路。

在跨越腾飞阶段，养元以股权改造为契机，对优秀经销商实施以股权激励为核心的深度资本合作机制，吸引优秀经销商持资入股，真正成为养元事业的合伙人。与原材料、制罐企业合作中也是这样，比如养元与佳美制罐企业的合作，双方的合作至少已有十五年的历史了。养元人说："最美不过初恋，最铁不过发小。"在养元陷入困境时，佳美企业坚持不抛弃、不放弃。随着养元的快速发展，佳美企业也步入快速发展的轨道。近些年，在养元实施由全国化到深度全国化的战略推进过程中，双方建立了深度紧密的合作关系，养元的工厂建到哪里，加美制罐就跟到哪里。作为共创、共享的战略合作伙伴，中包公司（包括佳美企业、华冠企业等）每年承担着养元近一半以上的包装供应。

与此同时，养元也有严格甚至"残酷"的经销商、供应商的奖惩、淘汰制度。从过去到今天，很多经销商因为不能接受养元的管理、惩罚而被淘汰。这不是感情问题，也不是利益冲突，而是养元人一贯坚持的"同道者同行"的准则。在今天的生态圈竞争时代，如何在坚持核心准则的前提下，通过强化奖优汰劣机制打造有利于企业发展的生态圈，这是一个追求卓越的企业要格外重视的战略问题。竞争是残酷的，在企业的宏大愿景与核心价值观面前，企业决不能模棱两可。

五、对待对手：有序竞争，追求竞合

在2014年以前的核桃蛋白饮料市场，与其说养元面对竞争对手，倒不如说众多小兄弟"跟着老大闯江湖"。因为养元六个核桃这个品类位居第一，实现了一百亿元以上的销售额，占据了90%的市场份额，而排在第二的企业其销售额通常只在一亿到五亿元之间，市场区域不大，市场根据地不牢，品牌影响有限，品牌诉求同质化严重，多数产品还处在跟随模仿阶段。曾经有人撰文提出"×招打败六个核桃"，这种局限于营销要素和战术层面的"几招几式"只是个噱头。对此，养元人是从来不会用语言回应的，正所谓"出水才见两腿泥"，行动和结果可以说明一切。

在养元发展的十余年间，面对竞争对手，养元人始终认为真正的对手是自己，坚持做自己该做的事，把该做的事情做好。只有不断地战胜自我、超越自我，做到人无我有，人有我优，创新求变，企业才能立于不败之地。所以，养元在市场上从来不打价格战、促销战、广告战，不打资源消耗战，而是做到以下几点：

第一，养元带领同行企业起草、修订并提高《植物蛋白饮料核桃露（乳）》国家标准，推动核桃乳国家标准的升级，整顿市场秩序，净化市场环境。

第二，引领品类健康发展，细心呵护品类形象、品类价值。任何同行兄弟企业的产品出现问题，比如被有关部门检测出成分、质量不达标，养元会第一时间耐心地指导这些同行企业，帮助他们拿出可行的解决方案。同行们由衷地钦佩养元人坦荡、开放的胸襟，以及主动呵护品类健康发展的承担精神。

第三，配合工商、质检等有关部门的工作，对市场上恶意仿冒、制劣贩假的行为进行严厉打击。

第四，近两年，企业的国家级研发中心与国内外的科研机构、重点实验室合作，开展关于核桃补脑健脑功能的实验研究，取得了突破性的科研成果，为核桃乳的补脑健脑功能提供了强有力的科技、品质、信用背书。

由于植物蛋白饮品，尤其是以六个核桃为代表的核桃乳品类，能为企业带来较好的利润回报，近些年，核桃乳市场甚是繁荣，2014 年也是核桃乳市场格外热闹的一年。盼盼、娃哈哈、伊利、蒙牛、今麦郎等国内食品饮料行业的巨头纷纷杀进核桃乳品类市场，推出自己的核桃乳产品，如娃哈哈的“都是核桃”、盼盼的“核桃汇”、伊利的核桃乳、蒙牛的“植朴磨坊”、今麦郎的“金色核桃”。一时间，“六个核桃的末日到了吗”、“六个核桃能经受得住这场大考验吗”等问题扑面而来，养元人则认为该来的迟早会来。

知名食品饮料企业进军核桃乳市场，既充分表明了核桃乳品类具有巨大的吸引力，也有利于进一步提升核桃乳品类的活跃度。正如王老吉和加多宝之间的争战，神仙打仗，小鬼出局是市场竞争的常态。

众多企业有意或盲目地进入核桃乳品类市场，有的企业是为了满足渠道需求，有的企业是为了实现短期保增长的目的，有的企业则纯粹是在战略思维较为混乱的情况下做出了盲从举动。

每一个品牌的产生都是品类进化、细分、引领、占位的结果。不同的品牌在顾客的心智中代表了不同的品类。如果企业不考虑品牌在顾客心智中的独特定位，盲目地进行品类延伸，其结果不但不会对原有的品类领导者构成威胁，反而会极大地稀释或透支企业原有的品牌资源，这是品牌管理的常识。只是绝大多数人能够面对自己的成绩，却驾驭不了自己的欲望。

从生死濒危的小企业到行业领导企业，一路走来，可谓步步惊心，但养元每一步都走得很踏实。如果连这样一种情况都难以应对，养元岂不是太脆弱了。哪些企业进入核桃乳市场并不重要，重要的是企业选择做什么和怎样把事情做好。只有那些能够战胜自我、超越自我的企业，才有可能成为伟大的企业。

六、对待社会：创造价值，担当责任

所有追求持续卓越、保持基业长青的企业都把承担社会责任、创造价值以回报社会作为企业战略的核心内容，这也正是詹姆斯·C·柯林斯所说的“利润之上的追求”。反观国内经营失败的企业，我们会发现这些企业也不乏“产业报国”、“感恩社会”、“顾客至上”等宣传口号，但往往在野心、欲望的驱使下，卷入疯狂逐利的滔天巨浪之中，最后，不但破坏了社会安定、居民健康、环境生态，还使企业面临巨大的危局。“三氯氰胺事件”所涉及的乳制品企业的命运就是最好的例证。虚伪和贪婪是这类企业骨子里的“不治之症”。反观养元的言行，我们会看到：

（一）不多占政府一分土地

到目前为止，养元已经拥有衡水基地、漯河基地、滁州基地、鹰潭基地、简阳基地等多家大型生产基地。在实施全国化战略的过程中，为了吸引养元这类明星企业，各地政府可以说使出了浑身解数，甚至推出工厂建设零地价的优惠政策。很多食品饮料企业在建厂的过程中尽可能地圈地、占地，将政府的土地据为己有。养元从不多占政府的土地，只要保障工厂建设用地即可。范召林总经理一直强调："我们不是房地产开发企业，建一个工厂能用多少地？土地是不可再生资源，能少占用就少占用。我们要考虑的是如何提高土地的使用效率，如何为地方政府贡献更多的税收。"这番朴实的话体现了一个企业家难得的担当精神和责任感。衡水市市长曾亲自带领市委、市人大、市政府、市政协四套班子及工商、税务、银行、国土资源等部门的领导进厂办公，为企业解决难题、提供各类帮助。范总说："真的没有问题，市里对我们一直很好，我们只有努力做好企业才能回报社会。"

（二）不挣一分黑心钱

养元严格履行纳税义务，企业的财务制度也非常严格。无论是企业要缴纳的企业所得税，还是股东要缴纳的个人所得税，养元都会认真核对并上交。负责税务联查的一位领导曾经深有感触地说："真没见过养元这样的企业。"姚总和范总始终认为税务无小事，纳税是责任。"养元永远只挣阳光下的利润。这不仅是一个事关企业运营安全的重要问题，而且是一个关于企业是否敢于承担社会责任、自觉回报社会的大问题。"或许，在一些企业家看来，养元这么做就是在犯傻，但是这种"傻子"精神的背后恰恰是养元人的大境界、大智慧。

（三）不让一罐不合格产品出厂

小米的雷军曾说："创造顾客的口碑，只靠提供让客户满意的产品是不够的，企业必须超乎顾客的期待。"做一罐饮料要想超乎顾客的期待恐怕是有些困难的，"做好一罐饮料也要有点工匠精神，这也是很多人讲的极致思维。什么叫极致呢？就是精益求精，精益化研发生产，就是要把自己逼疯。"多年来，养元人一直是这样做的。这不就是互联网思维在传统产业里最朴素的表达吗？今天，随着消费者的日常消费场景、消费动机的变化，养元的产品研发生产战略也日趋多样化，磷脂加强型、儿童成长型、养生型、易智状元、贺岁版核桃乳相继推出。养元坚持"不使用一粒发霉的核桃仁”、“不浪费一克罐铁材料”、“不让一罐残次的产品出现在顾客面前”、“对于消费者的投诉，企业必须在第一时间予以回复”……所有的这些做法都基于一种认识，即营销的本质就是创造卓越价值，经营用户关系。“用户——粉丝——铁杆粉用户”关系的管理，在传统产业中同样是至关重要的。成为顾客的忠实合作伙伴是企业追求持续卓越的根本保证。

养元人讷于言而敏于行，热心公益，感恩回报，但很少宣传自己。养元资助聋哑人、关注贫困地区教育、捐资助学、助力考生、支持竞技体育与智力体育，创造就业，实业报国。养元人知道是时代、社会、民族的沃土培养了养元，养元人始终有心怀天下、产业报国的大爱情怀。

七、对待未来：坚守初心，自强不息

这是一个风云激荡的年代，机遇和挑战层出不穷；这也是一个残酷迭代的年代，可怕的不是“还没长大就老了”，而是“还没登场就出局了”。由此来看，养元是何等的幸运。十几年来，企业在姚董和范总的带领下把握一切可能的机会，从步履维艰到长风破浪，不断实现跨越式成长。养元人一路学习、求索、自我升华，犹如一个求知若渴的学生，从小学、中学、大学到成为一个优秀的学者、大师，虽然没有很好的起点，但是拥有一颗纯净的初心，一颗缔造传奇的“冠军的心”；虽然没有傲人的天资，但是就像一个从穷困潦倒的境遇中倔强站起来的孩子，勤奋、务实、努力、自强不息。如果说每个企业的成长都有其内在逻辑，那么我们把养元的成长逻辑归纳为坚守和趋优。

坚守什么？为什么要坚守？企业胸怀与境界的根本是对企业经营与发展之“道”的认知和认同。所谓“道”就是企业的愿景和使命，它解决的是企业为何存在这一问题。企业的愿景和使命有大有小，有远有近，有真有伪，有恶有善。保持基业长青的伟大企业通常都有“胆大包天”的愿景和使命。中小型企业的愿景和使命有一个不断清晰、完善、升华的过程，养元也是如此。起步阶段，养元的“从做事开始做事业，以做事业的心态做事”和“激情四射，缔造传奇”是对企业愿景和使命的最初描述。对一个挣扎在生死边缘的企业来说，与其奢谈空洞的企业愿景与使命，不如脚踏实地稳步前进。难得的是“缔造事业传奇”已经成为企业团队的整体认知，这种认知体现了养元创业团队坦荡、开放、激情进取的胸襟格局。这使养元与那些深陷泥沼却故步自封、抱残守缺、怨天尤人、不思进取的企业区别开来。值得注意的是，在养元实现大跨越、大裂变的过程中，养元并没有摒弃这份初心与梦想，而是反复强调，不断升腾，使之成为“打造卓越民族品牌”和“致力智慧和幸福人生”企业愿景的基石。

有了这样的企业愿景和使命的驱动，企业还要在探索中找到事业的基石。也就是说，企业选择什么样的价值观以实现企业的愿景，这种价值观就是企业的基石。养元的憨严文化和务实、自强的企业精神正是对其价值观的集中表达。一般来说，企业的价值观不分好坏对错，能够结合企业的实际、不违背家国文化、被员工接受、成为共识和行为准则的企业价值观就是有效的。养元核心价值观的形成既有赖于养元领导、创业团队的优良品质、气质等内生性因素，也有赖于在其成长历程中对其他优秀文化的学习与借鉴，比如，养元吸收了中国传统文化中的“厚德”与“自强”文化。企业文化是企业的命脉，是构成企业软实力的核心内容，也是形成企业核心竞争力和凝聚力的关键因素。养元的憨严文化不是一种口号文化、宣传文化，而是企业坚守的核心价值观，是一种执行文化，是每一个养元人必须遵循的行为文化。现在，这种文化的战略驱动力正在爆发。

坚守初心不改，效率路径趋优，这是养元人的辩证法。所谓“趋优”逻辑是指企业在战略路径、管理模式、系统效率、运营机制、营销战术等方面不断地学习、探索、创新以促进企业组织的自我优化、迭代、超越。这一逻辑蕴含了养元实现裂变式成长的重大战略根基和驱动力。

在趋优逻辑中，从“养元”到六个核桃，其品牌和产品不断创新、不断升华；在销售渠道上，养元从单一流通渠道的“礼品销售”走向低重心、复合型、宽带化和管理型的营销网络渠道；在产品推广上，养元从地面推广、小广告走向大品牌、大传播、全媒体。在趋优逻辑中，基于战术的成功和自主实践探索，“礼品营销”、“厂商共赢”、“健脑诉求”、“高考季营销”、“大预售制”成为战略、“360 度精益化管理”及“贺岁版”成为企业的战略。养元人好学而不迷信照搬，勤思更勤躬行，善积小悟而成大觉。所谓战略源于战术，战术决定战略，很多人是从教科书中学到这一理论，而养元人则是以自己的头脑和双脚一步步地走出这个战略。这样的模式、路径、机制更加稳健、务实、有效、接地气，值得国内很多中小企业学习、借鉴。

在“大众创业，万众创新”的时代，如果每个企业都缺乏沉静的初心，没有践行中的“趋优”战略，我们的时代可能会成为一个全民沸腾、人人浮躁的时代。企业家忙于找窍门、寻捷径，嗜赌成性、盲目迷信。那些所谓的国学大师、励志大师、成功学大师们在江湖上装神弄鬼，为企业家、创业者“指点迷津”、“传道授业”，喝酒、磕头、拜把子，这使我们不得不为企业的生存与发展担心。或许那些企业在生存与发展的困境中挣扎得太久了，或许那些怀揣梦想的创业者们太想成功了，以至于没有时间和心情规划企业的成长路径，结合企业自身的情况选择一条合适的发展道路。

要想实现“趋优”，企业一定要有恒心、诚心、耐心、细心、平常心，要下傻功夫、笨功夫、慢功夫和细功夫。“把认为该做的事情做好，剩下的就交给时间吧。”养元人如是说。养元人牢牢地把握住每一次机会，不断磨炼自己、超越自己，坚持不放弃、不抛弃、自强不息，这才有了今天倍受行业瞩目和尊重的养元。大道至简，万变归宗。如果说养元成功崛起有什么秘籍的话，那就是抓住中国实施“大国崛起”战略的时代契机，以“致力智慧和幸福人生”为使命，以“打造卓越民族品牌”为愿景，自强不息，创造价值，回报社会和消费者。

第九章

Chapter 9

养元灵魂：憨严文化与智慧哲学

研究宝洁、丰田、华为等卓越企业，我们会发现优秀企业的企业文化有一些共性。这种共性可能是企业与生俱来的，但主要是企业在其发展的过程中不断修炼、不断提升的自然产物。中小型企业在经营中遇到的各种问题看起来千头万绪、十分复杂，实际上，这些问题的出现都归结于某种本质的错位或不足。因此，将那些优秀企业的文化共性总结、提炼出来，就能为中小企业提供很好的参考样本。

文化作为企业的灵魂，始终是养元崛起最为核心的内生动力。或许，今天的养元还不能称为伟大企业，但是，养元的企业文化却包含了很多古今传承不息的伟大智慧。

一、憨严文化：憨严相济，自强不息

养元厂区的墙体上写着“憨厚务实，严格严谨，自强不息，追求永恒”十六个大字，这十六个字代表了养元文化的核心内容，既包含了养元自1997年建厂以来所秉持的原则，也包含了养元人对企业发展未来的憧憬。

“憨”与“严”是养元在修炼内功期就形成的企业特质。2010年，养元对憨严文化进行重新梳理和升级，丰富了其文化肌理，并将“自强不息”纳入企业的文化体系之中。如今，憨严文化和自强文化已经融入养元的血液，成为企业成长的核心动力，这主要得益于企业领导对企业文化的苦心经营。

（一）憨厚朴实：骨子里的本性

生意人多精明，这世界有太多精于算计、投机取巧的企业，能够自认“憨厚朴实”的企业，实属凤毛麟角。这或许是因为无论将“憨厚”这个词用在哪个企业身上，都显得拙朴又落伍，与疯狂逐利的商业世界格格不人。然而，正是这份憨厚拙朴使养元在快速崛起的道路上始终保持简单与执着。

养元的憨厚朴实文化源于衡水人的质朴品格，也源于企业创始团队，尤其是两位核心领导人的性格。姚奎章董事长是出了名的好人，淳朴、实在，总是笑脸迎人，以“吃亏是福”作为自己的人生信条。范召林踏实勤奋、谦逊好学。正是他们二人憨厚朴实的性格塑造了养元文化的基调。

2002年初，范召林加入养元，既没有谈薪资，也没有谈职位，仅应姚总三番五次的邀约和“一起做点事”的召唤，就进入这个当时正处困顿之中的企业。姚奎章与范召林，一个求贤若渴，一个不计名利，他们体现了养元人憨厚、豪迈的性格。当时，养元连年亏损，军心涣散，范总上任后做的第一件事就是进行组织架构和人员的梳理。用范总自己的话说：“总得有市场部吧，得有销售部吧，得有后勤吧，我就把三个能干事的人叫来，挨个问他们能干什么，就这么开始了。”范总口中的“他们”如今已是养元几大职能部门的领导者，当时他们的职务分别是企业的营销总经理、部门经理和干事，三个人，三个级别，而今是同一级别。讲到这里，范总笑着说：“我当时就没在意这个，好在他们也不挑理。”一个不在意，一个不挑理，这就是养元人的务实与豁达。

时至今日，“憨”已经成为企业管理层的价值共识。在养元文化体系中，有一则专门谈论管理层憨文化的三字经。这则“三字经”的内容有“憨文化，立厂本”，即憨文化是企业文化之本；“领导务，帮下属；有事情，随时找”，即领导的任务就是帮助下属，有事就找领导；“见领导，推门进”，即去领导办公室，不用敲门；“无高低，平等处”，即职务有分工的不同，人没有高低之分。理解了“憨”文化，你就明白为什么养元的每一位高管都谦和朴实、平易近人。正是他们的自律塑造了养元的憨文化，反过来，正是这种憨厚务实的精神成就了他们。

养元管理层“憨”文化三字经

憨文化，立厂本；
讲务实，求高效。

领导务，帮下属；
有事情，随时找；
能电话，不见面；
随时接，不厌烦；
见领导，推门进；
关系简，不客套；
脸好看，事速办；
只对事，不对人；
讲公平，尚专业；
如违反，人不憨。
上下级，如兄弟；
下对上，不送礼；
上对下，多照顾；
无高低，平等处。
平级处，互尊重；
重分工，重协作；
顾大局，忌本位；
学帮超，共进步。
务谦卑，务勤勉；
讲廉洁，讲节约；
多学习，多研讨。
厂为家，讲奉献；
常自省，做表率。

憨厚朴实是养元人坚守的原则。没有憨厚朴实的品质，养元就不会有“质量就是生命”的承诺，也不会赢得众多消费者的信赖；没有憨厚朴实的品质，养元就不会做到“反哺”供应商，也不会得到合作伙伴的信任与尊重；没有憨厚朴实的品质，养元就不会有零风险经营和金商工程，也不会与经销商携手共赢，更不会有如此广阔的市场。养元一步一步地积攒着企业信誉，并建立了以企业信誉为支撑的营销模式，这是养元实现快速发展的关键因素。

（二）严格严谨：卓越者的共性

若说憨厚朴实是养元与生俱来的品质，那么严格严谨就是养元自觉培养的生存习惯，这一习惯的培养与保持源于养元积贫积弱的起点，源于养元生死濒危的经历，源于养元步步成长的艰难，源于养元人对理想和信念的坚守。

从严治市、从严治企是养元严格文化的具体体现。纵观转型期的中国市场，我们发现区域的不均衡、渠道的多样性及饮料价格底盘的脆弱性，使市场治理的难度加大。在这种情况下，养元能够保持一贯的严格作风，实属不易。这很大程度上要归功于养元督导体系的发展与完善。经过十余年的发展，养元市场督导部的督导专员由当初的几个人增加到近 200 人，督导费用也从最初的每年几百万元增加到每年近 2000 万元。对很多企业来说，做市场督导这件事不难，难得的是像养元这样十年如一日地做，并将其发展为养元市场核心竞争力的有效保障。

治市严，律己更严。在很多企业，“竞争上岗、末位淘汰”的管理制度都碍于人情等各种因素而形同虚设，但是，这一管理制度在养元得到了彻底而严格的执行。不仅如此，养元坚决杜绝企业政治，禁止高管子女进入养元，正是这种自上而下的集体自律，使养元长期保持良好的运营态势。

作为核桃乳品类的第一品牌，为了品类的长远发展，更为了保障广大消费者的利益不受侵害，养元肩负起发展并壮大核桃乳品类的重任，不断提高行业标准，鼓励并支持小企业的发展，抵制市场上的恶意竞争。这种严格是养元人憨厚朴实品格的真实写照。

事实上，每一个成功企业都会不同程度地体现出其严格、严谨的文化因子，这是优秀企业的共性。

（三）自强不息：驱动成长的轴心

憨厚务实是做人的哲学，严格严谨是做事的哲学，自强不息才是企业持续成长的哲学。

2005 年以前，养元一直隶属于国有企业衡水老白干集团，但是，当年酒厂还没有能力给养元更多的支持，所以，养元只能靠自己在市场上摸爬滚打蓄、积能量。2005 年之后，养元蜕变成民营股份制企业，依然坚持不攀权、不附贵，自强不息，一步步走到今天。而今，站在新的起跑线上，面对更辉煌的未来，养元人坚信只有自强不息，才能“追求永恒”。在养元的发展历程中，自强不息犹如滚滚车轮的轴心，不断驱动着企业的成长与进步。

我们可以将养元的“憨”文化与自强文化概括为六个字——忠、智、进、勤、俭、修，这六个字是养元践行自强不息精神的关键。

忠，即忠厚忠诚，要求员工以企业利益为重，遵守制度，践行文化；智，即勤学习、善合作，善于利用智慧资源，发挥团队力量；进，即积极进取，养元特别提出员工要有“工匠精神”；勤，即能吃苦耐劳，勤业，敬业，以业绩论英雄；俭，即节俭务实，注重效益，追求投入产出比的最大化；修，即要谦卑、公正、自省、自律、勇于担当。这六字箴言为企业践行“自强不息”文化提供了标准与路径。

（四）追求永恒：基业长青的愿景

每个企业都追求基业长青，养元也不例外。2010 年重新梳理了企业文化体系的内容之后，养元将“激情四射，缔造传奇”的企业精神改为“自强不息，追求永恒”，其目的在于重新定义企业愿景，使激情驱动下的创业型企业蜕变为自强文化驱动下的成熟的现代企业。

对养元来说，追求永恒的第一要义是引领品类的可持续发展。作为行业的领跑者、《植物蛋白饮料核桃露（乳）》国家标准的制定者，养元肩负着引领行业进步的重任。提升行业标准、尊重业内同行、遵守竞争规则、倡导健康的市场秩序及保障消费者利益，养元不断地为核桃乳品类的发展开疆辟壤，守护绿色健康的行业环境。

追求永恒的第二要义是铸就卓越的民族品牌，这是每个养元人的心愿，也是养元笃定前行的精神力量之源。中国经济的崛起是养元崛起的大背景，养元在这个大背景下，书写了一部激情四射的创业史，一部自强不息的奋斗史，但是，养元的故事才刚刚开始。养元的文化手册上有这样一句话——“我们坚信人因梦想而伟大”，养元的梦想就是传承民族精神，弘扬民族文化，铸就一个持续卓越的民族品牌。

（五）养智慧之元，享幸福人生

创业初期，养元确立核桃乳为其核心品系，不断地蓄积能量，为核心品系提供发展资源，这时，专注是养元的一种战略选择。后来，中国的饮料行业迎来繁荣期，各种品类轮番登场，养元保持对核桃乳产品的聚焦投入，这时，专注是养元人聚精会神、不受外界干扰的能力；如今，养元作为品类领导者，依然以促进品类的发展为己任，这时，专注是养元的企业使命。

使命是企业生存与发展的动力，是对企业文化与生产经营之间关系的最直接描述。养元专注于发展核桃乳品类，专注于提供优质的核桃健脑产品，致力于提高人们的幸福指数，这是养元的使命，也是养元人价值感、荣誉感的来源。

二、经营智慧：现代企业与传统哲学

熟悉养元的人都知道，范召林先生非常欣赏并认真钻研传统文化，这是范总的个人爱好，也是一个企业领导人自我修养的一种方式。仔细观察，你会发现养元的标志是一个太极形状，养元之名所要传达的“养本固元”之意体现了东方民族的大智慧。东方文明博大精深，哲学是其精华。中国哲学谈天人关系，谈万物起源，谈古与今，谈知与行，谈名与实，可谓无所不包，这些是历代圣哲先贤流传下来的智慧，也是祖祖辈辈行事为人的准则。林语堂说：“中国哲学家的语言正是百姓的市场俚语”，可见，中国哲学深入人心，具有广泛的适用性。企业经营是现代人类最基本的社会活动，它不是在真空或象牙塔里展开的，传统文化的习得、积淀、滋润，以及企业文化的诞生、成长、凝聚和升华，都与企业经营活动的开展密不可分。

（一）加与减

为什么将“加与减”置于六对哲学范畴之首？知名学者吴稼祥在《智慧算术》一书中说：“加减法是人间第一大法，无人不知，无人尽知，无人不用，无人尽用。”小学老师教给我们的第一则运算法则就是加减法。生活中，吃饭穿衣、工作学习、社交娱乐乃至生老病死都不过是一则加减运算。在企业经营上，有舍才有得，有成本才有收益，这些都是加减法则在企业经营中的应用。在加与减之上，可以衍化出多与少、繁与简、分与和、精与粗等诸多哲学命题，而下文所论的大与小、快与慢、择与持，也无不与加减法则一脉相关。可谓万法归宗，就是一加一减。

养元人最擅长加减法，加以求利，凡是能够推动企业发展、助力企业实现目标愿景的项目，养元就用加法；减以避害，凡是消耗企业资源、给企业带来损害的项目，养元就用减法。一加一减，尽显养元人的生存智慧。

在早期求生存阶段，养元面临的唯一问题是如何生存下来。尽管手里有一支将来前景可能看好的战略产品，但在当时的环境下，这支产品能够贡献的力量微乎其微。面临严峻的生存考验，养元尝试用加法，生产果汁、苹果醋、贴牌产品，甚至是代理白酒产品。养元用加法为企业蓄积了起步的力量，也为核桃乳产品的厚积薄发积累了充沛的资源。事实上，在产品战略上使用加法也是多数处于求生存阶段的小微企业的无奈选择。养元之所以能走到今天，是因为它有所为，有所不为，当作加法能为养元的核心战略产品带来足够的发展资源时，养元就开始聚焦，大幅缩减产品线，以足够的锐度进行突围。

同样的法则还体现在市场布局及渠道建设上。企业的资源有限时，减法思维占据主导位置，养元集中优势资源打造样板市场及核心渠道。而当样板市场建设足够成熟，具有显著的示范效应时，养元开始用加法，进行滚动复制，直至形成今天的全国化布局。

加减法则的运用不仅仅体现在养元的业务上，还体现在养元的团队建设和组织管理上。在业务管理上，养元向来以“严”著称，精益求精；在企业内部的管理上，养元极力剔除利益纷争与企业政治，力求简约、平等；在组织管理上，养元强调团队，弱化个人，提倡工作面前用加法，荣誉面前做减法；在团队分工上，让专业人士做专业的事体现了精而专的减法思维，而整合内部资源，以合作实现高效运营，又是典型的加法思维。

加法中的包容、积淀、精进和壮大，减法中的删繁、简化、精锐和聚焦，从被动到主动，养元人在一点一滴中努力践行着加减法则。养元是东方智慧与务实文化相互交融的结果，养元的发展体现了中国企业从小到大、从弱到强的成长轨迹与裂变逻辑。对许多企业家来说，与其一味地对成功学及所谓的大师顶礼膜拜，不如从东方民族的智慧中找出中国与世界相融的方法。

（二）简与繁

关于简与繁的思考，源于加与减。之所以单独将之列出，是因为繁复、冗杂是很多企业在管理上的通病，容易引发企业的“官僚病”、“肥胖症”。中国人讲究等级阶层、尊卑有序，讲究关系脉络，中庸致和，在很多时候，这是民族素质与教养的体现。

其实，在中国传统文化中，从来不乏对于简单的执着追求，老子提出“希言自然”、“无为而治”、“治大国如烹小鲜”，尽管这些都是治国理论，但也是企业管理的最高境界。以“治大国如烹小鲜”为例，《诗经》曰：“烹鱼烦则碎，治民烦则散，知烹鱼则知治民。”由此，我们也就知道政府、企业等要简政放权的原因了。

在养元人看来，憨厚做人，其实也就是简单做人。做事复杂的人大多是想得太多的人，而想得太多的人多是机巧之人，谈不上憨厚。养元的简单首先体现在其人际关系简单，养元提倡上下级要平等相处，“上对下，如兄弟；下对上，不送礼。”范召林自己经常调侃说：“养元的领导最‘不值钱’，谁都能找，推门就进。”而这种简单正是这个企业的不简单之处。养元的简单还体现在其组织流程简单，养元知人善用、权责明确、敢于放权，保证了组织的高效运营。

简单并不等于粗放。养元品质管理、市场管理等方面的繁复性也令人咋舌。以对供应商的审查为例，养元始终认为原料的高品质是食品质量安全的先决条件，因此，养元每年会组织督查小组不定期地对供应商进行评定，通过实地考察、现场审核、资质评价、入厂验收及对产品使用过程质量情况的汇总实现优胜劣汰，根据供应商的综合评定结果，养元择优与部分供应商合作，且每个厂家开户均要由三个部门进行联合审核、签字、确认。养元采用这种烦琐的工作程序是对己、对人负责，体现了一个企业的良知。

对人极尽简单，对事不厌其烦，这是养元人平衡简与繁的智慧。简单，是为了追求高效；繁复，是为了追求精益求精。

（三）大与小

“大”者，格局、方向、视野，事关成败；“小”者，细节、分支、要素，显得微不足道。事实上，大格局的形成往往建立在对小细节的把握上，这和哲学中经常提到的量变与质变的关系十分相似。过于关注“大”，我们就有可能忽略细节，功亏一篑；过于关注“小”，我们可能会因为看不清方向而陷入迷茫。其实，大与小本无绝对的轻重之分，佛门有言：“须弥纳芥子，芥子纳须弥。”说的就是大小事物可以转化，巨细可以相容。不积跬步，无以至千里。然而，没有行千里路的目标，跬步也就无从谈起。着眼于大局，着手于细节，大和小就像杠杆的两头，关键在于找准支点。

十年前，养元只是一个小微企业，生存濒危。十年后，养元已是植物蛋白饮料行业的领军者；十年前，养元核桃乳还是一个籍籍无名的小产品，十年后，六个核桃已是家喻户晓的大品牌；十年前，一笔促销费对养元来说已是很大的开支，十年后，基于IMC视野的整合营销传播框架正在助力养元成为一流企业。通过对比，养元的发展历程令人感慨，而养元的发展所体现的哲学命题也引人深思。

十年前的养元没有精力和能力布局更大范围内的市场，只能在根据地市场站住脚跟。然而，正是对根据地市场的培育精耕，对样板市场的精心打造，使养元得以在区域内形成爆点，并不断地进行滚动复制，最终形成独特的养元模式，——小市场，大作为。同样，最初的养元没有资金做广告，只能在终端宣传上下功夫，“缺兵少粮没弹药，推拉贴当作迫击炮”，KT板、推拉贴、店招，养元在这些细节方面做到了极致，取得了高空广告无法达到的宣传效果——小广告，大效果。养元之所以能成功崛起，是因为养元人把每件小事都做久、做实、做到极致，这体现了养元的精神和养元人的韧性。当竞争对手嘲笑养元愚笨时，养元已经在规划好的道路上走了很远了。

我们仰望大企业的丰功伟绩时，往往会忽略那些蕴藏在其经营管理中的看似平淡无奇的细节，其实，越是成功的企业，其在细节方面做得越好。从关注细节到统领全局，从突出要素到完善系统，一切正如老子在《道德经》中所言：“为无为，事无事，味无味。大小多少，报怨以德。图难于其易，为大于其细。天下难事必作于易，天下大事必作于细。”

（四）快与慢

任何生物生活在这个星球上，都有其存在的原因。骆驼再大，也有致命的问题，兔子再小，也有独特的优势。这是著名的“兔子和骆驼”理论，兔子体型小，胜在速度快，身体灵活，可以随时调头；骆驼体型大，胜在可以储存能量，行走稳健，对恶劣环境有抵抗能力。用兔子和骆驼的比喻企业发展的不同阶段，恰如其分。

发展初期的企业犹如兔子，兔子的生存法则就是灵活和速度。因而，对小企业来说，战略管理、品牌建设远没有速度、利润重要，因为企业自身的资源能力实在有限，企业很可能在战略规划阶段就耗尽了全部资源。充分利用自己的优势，跑得快一些，更快一些，跑在同类的前面，这就是小规模企业的生存之道。企业发展到一定的阶段，就变成了骆驼，骆驼体格大，不能跑得太快，跑太快就会散架。因而对规模较大的企业来说，稳健远比速度重要。这类企业要着眼于系统，善于积蓄能量，补足短板，少犯错误，凭借系统合力保持企业的良性发展和永续经营。兔子怕落后，骆驼怕调头，这就是不同发展阶段的企业在其经营上的快慢之道。

养元早期的红色根据地建设、农村包围城市战略的实施、区域市场精耕及样板市场、样板渠道的打造，依靠的就是企业战无不胜的营销铁军及较强的团队执行力，团队执行力历来是养元“木桶”上那块最坚实的长板。依靠这支营销铁军及企业家的敏锐嗅觉、果断决策，养元才能做到商机抢先到位、投入抢先到位、产出抢先到位，才能在起步阶段迅速崛起，才能在突围阶段以快制强，进而成为植物蛋白饮料行业的新领袖。

为了实现企业的可持续发展，近几年，养元不断地补足短板。早在2005年，养元就致力于产品创新，目的在于使产品具有更好的口感和更稳定的品质，因为，这只在奔跑中迅速成长的兔子一开始就很明白品质是企业的生命线。如今的养元已经成长为一头体型健硕的骆驼，尽管还是保持每年翻一番的发展速度，而且一些产品每年都会面临供货紧缺，但是养元并没有急于扩大产能。因为，对这匹奔跑的骆驼来说，只有让身体变得更加强壮，才能更加自如地应对未来的各种挑战。

“天下武功，唯快不破”。在移动互联网浪潮的冲击下，很多企业开始快速研发、快速生产、快速铺货、快速动销、快速封杀对手……残酷的市场竞争对企业的快速决策、快速反应能力提出新的要求。移动互联网时代的云技术、云平台、智能化终端、智能化产品、智能化拜访工具，以及以智能化、“互联网＋”为支撑的各种营销战法越来越受现代企业的青睐。

与此同时，技术研发、产品创新、企业治理也在呼唤着“工匠精神”的回归。无论是个人，还是企业团队，都要通过对已掌握的技术进行精打细磨，提升产品的品质和价值。“品质，是这个时代最大的机会。”对微创新、颠覆性创新和极致品质的追求，又要求企业适度地慢下来，耐得住寂寞和煎熬。只有精品、极品才可能经得住时间的考验，才能真正实现“厚利多销”。

（五）知与行

“知”与“行”是中国一个古老的哲学命题，自《尚书·说命（中）》最早提出“知之匪艰，行之维艰”起，人类就没有停止过对知行关系的思考。战国末期，荀子提出：“不闻不若闻知，闻之不若见之，见之不若知之，知之不若行之。”这是先秦哲学对知行关系的深入探究。至明代王阳明倡导“知行合一”、“以知为行”，人们对知行关系的探讨达到一个顶峰。尽管王阳明所言的“知”并非我们理解的“认知”，而是人的道德意识和思想意念，但是，先贤们对知行关系的思考为后人正确地解读理论与实践之间的关系提供了宝贵的借鉴。

笼统地讲，知就是理论、知识、认知、觉知，行就是行为、行动、探索、实践。对养元来说，知与行一直是相互促进、密不可分的。早在2003年，养元就曾开展主题为“保持养元营销思想的先进性”的全员教育活动，要求业务团队成员，尤其是高层管理人员勤于学习、善于学习，使企业保持与时俱进，并在此基础上有所创新。

那时的养元像个谦虚的学生，在夯实区域市场基础阶段，养元向宝洁学习深度分销理论，建立革命根据地；在团队打造的关键阶段，养元向海尔学习“3E管理”（Everyday，Everything，Everyone），加强团队的执行力，此外，养元还学习联想的“亲情文化”，提高企业的凝聚力。在养元的成长过程中，很多成功的标杆企业都扮演着教师、教练的角色，是养元学习的榜样。但是，如今的养元并不是其他任何企业的翻版。学习是一个对知识的接纳、感悟、内化、运用的过程，所谓“知之不若行之”，学习的目的就是通过对新知识的消化、吸收，使自己成为更好的自己。

谈到知与行的关系，我们要做到不唯知，不唯行。尊重大师、老师、先师，又不唯一家之言、一家之思。尊市场之师，求市场真知。这究竟需要一种怎样的心胸气魄和理性实践呢？这是一个不断变化的时代，十余年来，大潮激荡，社会、经济、文化等领域无不发生了巨大的变化，正如吴晓波所说：“世景变迁的幅度之大往往让人恍如隔世。”

当然，养元也在变。十余年来，养元人经历过艰难困苦，经历过浴血奋战，经历过平淡增长，也经历过快速跨越，但是养元对学习的激情与务实的践行作风始终改变。“保持营销思想的先进性”已不再只是一句口号，而是养元人永不止息的追求。从初期智达天下团队的定期授课培训，到后来的“咨询顾问团”助力团队全面提升，再到独树一帜的内训体系的形成，养元人始终明白唯有持续创新，才能跟得上时代的脚步，唯有学习，才是持续创新的不竭动力。

（六）择与持

我们听过很多有关取舍的故事，如鱼和熊掌的故事，先贤告诉我们鱼和熊掌不可兼得，舍与得常常相伴相生，对舍与得的权衡就是选择。企业在成长的过程中经常会面对各种选择，哪条路上的机遇更大，走哪条路能取得事半功倍的效果，如何审时度势，如何规避风险，这都是企业要面临的选择。企业做出选择之后，就要坚持。选择——坚持——再选择——再坚持，选择时坚守初心，在选择中不断地优化、调整、升级。这恰恰是养元人追求跨越、缔造传奇的核心思想。

有人说："选择比努力更重要，选择比坚持更重要。"因为如果你没有选择正确的愿景、目标、路径，那么你所有的努力和坚持都是没有意义的，这些话听起来不无道理。但是，我们也应该看到很多企业在强调"选择"哲学的表象下投机取巧，这显然与选择思维的真实意义相去甚远。事实上，择与持是一个硬币的两面。战略选择与决策不易，坚持落地推进，坚持做对做好、做成独一无二更难。很多时候，坚持比选择更能体现成功者的品格。对养元来说，尤其如此。

且不论品类战略、超级单品等养元后来总结出来的营销法则，单是一罐饮料卖十几年，从零卖到一百亿元的这股韧劲就远非一般企业所能及。十几年来，养元经历了中国饮料行业的起起落落，大大小小的品类，"你方唱罢我登场"，各领风骚三两年。对养元来说，这些似乎都无关紧要，养元铆足了劲头坚持做自己的事情，把企业做大做强，把品类做大做强。因此，对养元来说，有时长久地坚持比明智的选择更有意义。

十几年来，养元坚持不懈地为同一件事而努力，对它来说，对很多关键性战略的选择更像是水到渠成。例如，2006 年，养元完成改制，市场根据地的基础较为扎实，养元希望在新的起点上谋求更广阔市场，于是，六个核桃品牌诞生了；2008 年之后的高考季战略是养元在核桃乳的"补脑"诉求进一步被挖掘、被强化的情况下进行的一次成功的市场尝试；2010 年之后的品类战略的提出，是养元在其企业规模不断扩大、品牌不断扩张，并逐渐成为领袖企业时所产生的自发性生态需求；预售模式的提出是建立在养元已经有十几年的信誉积累，其渠道网络较为稳定且充满活力的基础之上的。

对养元来说，没有一如既往的坚持，选择也就无所谓对错。

（七）守与变

守，即坚守、恪守、保守、守成；变，即变化、调整、超越、创新。和一些“狂飙突进”的企业相比，养元尽管保持着较快的发展速度，但是依然显得有些“保守”。这种“保守”不仅体现在市场拓展节奏、市场建设费用支出及分厂建设的步伐等方面，更体现在养元面对每年都会出现的产品缺口时所表现出的沉着和冷静上。由此，我们可以看出养元的行事风格——不急于扩张，坚持稳扎稳打，一步一个脚印。当然，这并不意味着养元是一个拒绝求新的企业。对养元来说，创新是企业责任感的体现，是企业在一些关键节点上做出的突破性的战略抉择。因此，也许养元不是一个善于进行颠覆性创新的企业，但是，养元一定是能让创新发挥最佳效用的企业。

谈到养元的创新，很多人会提到养元的品类创新。事实上，从1997年开始，养元就在做核桃乳。从这个角度来看，养元非但没有创新，而且堪称守旧和固执的典范。2006年，养元放弃了使用多年、拥有不少忠实消费者的“养元核桃乳”，推出六个核桃品牌，其求新求变之心，则是显而易见。此外，养元在渠道模式、股权制度、企业管理和文化建设等方面都有所创新。养元的创新多体现在某一具体方面，从不大张旗鼓，却在潜移默化中将养元推上行业领袖的宝座。

六个核桃在区域市场上并不是“独孤求败”，始终要面对竞争对手对其核心终端、市场份额的蚕食和争抢。特别是在2014年，以娃哈哈、伊利、蒙牛为代表的大型乳业、饮品企业进入核桃乳市场，养元认识到市场地位与市场份额不是靠被动防守“守”出来的。主动出击，创新求变才是最好的“防御”。贺岁战略、新品导入、科研背书、心智掌控、终端掌控、战斗品牌、国标优化、整合推广、产业链优势……2015年，一场海陆空立体营销战全面开战。当年的养元人追求“人无我有，人有我优”，今天的养元人更是追求“我有我变，我变我强”、“真正的对手只有自己”。不断战胜自我、敢于超越自我，才能成就真正的强者。

（八）道与术

金庸的《天龙八部》第四十三回有这样一个情节，萧远山和慕容博决战至少林寺藏经阁，一名青袍扫地僧突然出现，细数三十年来两人在少林寺偷研武功的来龙去脉，说萧远山第一晚来藏经阁借阅《无相劫指谱》，第二次借阅《般若掌法》，扫地僧不忍他由此入魔，就在他惯常取书之处，放了一本《法华经》，一部《杂阿含经》，盼他能研读参悟。不料他和慕容博一样，沉迷武学，“将我祖师的微言法语、历代高僧的语录心得，一概弃如敝屣”，只寻得武功秘籍便“如获至宝”，却不知少林寺七十二绝技每一项都戾气十足，因而每一项都需要修习相应的佛法为之化解。那扫地僧又说，少林七十二绝技都有“体”、“用”两道，“体”为内力本体，“用”为运用法门，萧慕容二人所习的都是运用法门，因而两人最终都练得顽疾缠身、内伤难愈。

只练杀人技巧，不修武功心法，只钻研“术”，却不明“道”，这不仅是小说中习武之人走火入魔的前兆，也是现在很多企业的通病。道，即规律、本源，是人修身养性的大智慧。术，即遵循自然规律的做事方式、安身立命的谋略。对企业经营来说，精于术固然重要，明于道才是前提。

在物欲横流的商业世界，精于术而乏道者比比皆是。同行诋毁、价格混乱、模仿抄袭等恶性竞争行为出现的原因就在于企业的短视和无道。近年来，中国食品安全问题频发，消费者谈之色变。很多企业为牟取利益，罔顾商业规律和消费者的利益，对此类杀鸡取卵的恶劣行为，养元亦是深恶痛绝。多年来，养元一直将产品质量视为企业生存与发展的基石，自1997年起，养元就一直严格执行国家制定的行业标准，并不断地通过技术创新提升产品的品质。不仅如此，作为行业领袖，2009年和2011年，养元曾先后两次主导发起并参与行业新标准的制定，为核桃乳品类提供行业规范。2014年12月，养元参与制定的《植物蛋白饮料核桃露（乳）》新国家标准获批，新国家标准的所有参数在原有基础上提高了20%，而早在新标准实施之前，六个核桃就已率先执行。养元这样做是出于行业领袖的使命感和责任感。

《礼记·大学》中提出的八目，即“格物、致知、诚意、正心、修身、齐家、治国、平天下”。其中，“齐家、治国、平天下”是很多人的理想，而实现这些理想的前提是“先修其身”，“诚意、正心”修其内心，“格物、致知”修其视野。在明道和修身的过程中，憨厚朴实的养元人正在逐步实现很多人无法企及的理想。小胜靠勤，中胜靠智，大胜以德，长胜合道，说的就是这个道理。

（九）当下与永续

在中国，平均每天有1.2万家企业倒闭，平均每分钟有近10家企业关门。据统计，在中国，集团公司的平均寿命只有7~8年，中小企业的平均寿命更短，只有2.9年。在美国，约62%的美国企业，其寿命不超过5年，只有2%的企业，其寿命能达到50年。据调查，《财富》杂志列出的世界500强企业的平均寿命也只有40~50年。对绝大多数企业来说，实现永续经营，保持基业长青都只是一个美好的梦想。但是，马云却说：“梦想还是要有的，万一实现了呢?”

对养元来说，当下的卓越只是过去积累的结果，实现持续卓越才是我们的目标，“打造百年民族品牌”早已成为养元人为之奋斗的宏伟目标。

为此，养元调整视野，构建完善的生态系统，建立企业的全面竞争优势。从最初的以利益、情感、信用、愿景为纽带缔结的新型厂商关系，到深度战略合作关系，再到360°生态适宜系统，在与所有利益相关者的共生共荣中，养元逐步推动企业的可持续发展。为此，养元关注社会，以消费者的利益为企业的终极利益，珍惜企业信誉，视产品质量为企业的生命。与此同时，为回报社会，养元发起了各类公益活动，争做质量卫士、绿色企业、责任公民。

对一个还不满二十岁的企业来说，“伟大”、“基业长青”这些词的分量或许还太重。经过十余年的发展，养元快速崛起，创造了一个荡气回肠的企业传奇。至今，养元也许还算不上伟大企业，但它却在不断地培育伟大企业的基因。养元人认为，一个伟大的民族企业一定要有浓厚的家国情怀，以及追求“无我利他”的大觉知、大境界、大佛性。

第十章

Chapter 10

养元基因：不可复制的企业特质

一个企业往往不是在其发展壮大之后才逐渐变得优秀、卓越的，而是在它还很小甚至不被人看好的时候，就已具备了优秀企业的“基因”。每一个生命体都有其独特的基因，它通过遗传而存在，生命体的生、长、病、老、死亡等生命现象都与基因有关，基因是身体健康的内在决定因素。对企业来说，也是如此。我们往往能从企业的内在基因中找到其成长、裂变、凋落的原因。基因会发生变异，甚至突变，但它是不可复制的。

在我们反复论证环境生态给养元带来了发展机遇，并肯定养元对此做出的选择时，我们不应该忽略了区域文化、历史传承、企业经历、企业家团队赋予养元的基因特质，以及这种基因在养元的成长、发展中起到的潜移默化的作用。当年与养元站在同一起跑线上的企业比比皆是，这些企业面对同一个时代、同样的机遇，即便它们走同一条发展道路，也并非都能成为养元。养元特有的基因使它的裂变式成长具有某种必然性，养元模式固然值得其他企业学习和借鉴，但是，养元的特质是难以复制的。

一、地理特质：平原腹地，资源匮乏

所谓“一方水土养一方人”，分析养元的独特基因，我们不得不首先从养元的诞生地——衡水说起。

20 世纪 90 年代，中国饮料界有一个品牌如旭日一般升腾而起，开创了至今热度不减的冰茶品类，并在 1998 年创下了 30 亿元的销售业绩，一度成为中国饮料界的巨头。2000 年之后，因为各种原因，这个品牌逐渐走向没落。尽管如此，这个品牌依然在中国的饮料史上留下了浓墨重彩的一笔。这个品牌就是旭日升，它的诞生地就是地处中国华北平原腹地的衡水。

十年后，还是在衡水，养元从冉冉升起到如日中天，备受瞩目。此时，在衡水同样引人注目的企业还有冀酒之王——衡水老白干。十年前，冀酒三强平分秋色，而如今，衡水老白干已将对手远远地甩在身后。衡水，这个华北平原上的一个弹丸之地，能孕育出一个又一个优秀的快消品牌，绝非偶然。

某一地域的地理环境会对人的生产、生活和文化气质、性格等产生潜移默化的影响，这种影响也使世代聚居于此的人具有某种共性。以山东为例，山东是孔孟之乡，受儒家文化影响较深，因此，山东人常给人谦厚、拘谨的印象，他们有很强的尊卑等级观念。再比如北京，北京是七朝古都，天子脚下，浓郁的皇城根儿文化既赋予北京人一种天生的傲气和优越感，又使他们拘泥于传统，墨守成规。受地理环境影响较深的还有山西人，山西矿产资源丰富，人们得以靠天吃饭，靠地生活，因而安土重迁，缺少开拓、探索精神，这也从一个侧面表明了很多山西本土快消品牌一直不温不火的原因。快消品行业本就需要锐意开拓、吃苦耐劳的精神，而在山西，以这种精神投入到别的行业会有更多的回报。

相比之下，衡水人就没有那么幸运了。了解衡水地理环境的人知道，衡水市地处华北平原中部，四面一马平川，与周边地区相比，资源较为匮乏，没有山水可以依靠。此外，衡水土地贫瘠，易受旱、涝、盐碱化的威胁；境内的河流虽多，但河水泛滥常会导致河流改道；气候资源较丰富，但降水量时空分布不均，因而自然灾害频发，干旱、冰雹、洪涝、低温、大风等给农业生产带来不利影响。总之，衡水是一个资源匮乏、土地贫瘠、自然灾害频发、水资源分布不均匀的地方。

生活在衡水这方土地上的人们没有上天赋予的丰富资源，不能一出生就躺在矿藏上，过着饭来张口，衣来伸手的生活。没有肥沃的土地，没有良好的气候条件，衡水人只能以勤劳的双手和智慧养家糊口、经营生活。笔者第一次走进老白干的董事长会议室时，首先看到的不是“贡酒图”，而是《史记》上记载的汉代皇帝颁布的“禁酒令”，禁酒令的大意是汉朝某年，河北冀州（现衡水、德州一带）一带遭遇旱涝灾害，为保老百姓吃粮，特下诏书，禁止酿酒沽酒。由此可知，衡水一带曾经历过多么严重的旱涝灾害。

二、人文特质：朴实思变，勤勉谋生

朴素本色、谦逊包容是平原人的共性。在这一点上，最典型的代表是河南人，他们生在河南，长在四方。以前，因为河南没有丰富的自然资源，战乱、灾祸不断，所以，河南人不得不外出谋生。

衡水地处平原腹地，衡水人传承了平原人的勤勉和坦荡。翻开衡水的地图，我们不难发现，衡水市的县域特色经济非常发达，武强的年画、安平的丝网、枣强的皮毛、饶阳的蔬菜及衡水三宝（金鱼、鼻烟壶、侯店毛）等闻名世界。此外，衡水的教育也很出名，被誉为“华北教育名都”，其知名程度不亚于湖北的黄冈。目前，衡水市的初中教育和高中教育最强，衡水中学、冀州中学、衡水市第二中学、河北武邑中学等知名学校已经形成一个具有竞争优势的教育产业集群。每年三分之二的北大、清华的招生名额被衡水中学夺走。

这块土地没有丰富的自然资源，却赋予了生活在这块土地上的人们更可贵的品质，衡水人勤勉低调、憨厚淳朴、谦逊坦荡。这些品质在养元人身上体现得更为明显。没有这份勤勉，就没有养元的广阔市场，也没有养元以一支单品打遍天下的传奇；没有这份淳朴，就没有养元人以真实情感换来的口碑，也没有养元营销模式上的战略优势；没有这份坦荡，就不会有养元人的梦想和视野，也不会有养元今天的裂变式成长。“憨厚务实、严格严谨、自强不息、追求永恒”，其中，每一个字都体现了衡水这片热土所蕴含的平原文化的精髓，每一个字都是养元人从实践中总结出来的。

三、企业特质：“名门”之秀，命运多舛

1997 年，养元作为衡水电力系统的全资子公司诞生了。1998 年，养元被划为衡水老白干酿酒集团。养元可谓出身“名门”，继入“名门”。2005 年底，养元成功改制，从体制的圈子中跳脱出来，成为今天的民营股份制企业。1997 年至 2005 年这 8 年间，衡水老白干集团的品牌背书为初创期

的养元带来很多有形或无形的财富，这些财富为养元的成长奠定了基石。与此同时，衡水老白干集团和养元共同经历了一段艰难探索的岁月，衡水老白干集团自顾不暇，养元人更是感到前路迷茫。

衡水老白干集团是冀酒龙头企业，其主导产品衡水老白干的酿造历史可追溯到距今1800年前的汉代，自明代嘉靖年间，滏阳河上修建老桥（至今尚存），到衡水酒产销倍兴，出现了“古桃城，虽不大，烧锅却有十八家”的盛况，老白干酿造业甚是繁荣。在后来的发展历程中，十八家酿酒作坊数量有增有减，但是变动不大。

1915年，在巴拿马万国物品博览会上，冀州衡水酒代表——直隶高粱酒（即衡水老白干）获得“巴拿马万国物品博览会甲等大奖章”。

1946年，衡水率先解放，当地政府在原有十八家酿酒作坊的基础上成立了衡水地区制酒厂，即衡水老白干酒厂的前身。十八酒坊的品牌命名源于衡水酒的历史。衡水老白干在区域市场内的知名度很高，影响力大。初创期的养元凭借衡水老白干的集团背书起步，并逐渐在区域市场范围内有所作为。

2001年前后，衡水老白干集团处于战略转型、营销转型的艰难时期，精力有限，集团无法在战略规划、资金投入方面给予养元支持。自此，养元不得不自谋生路，在迷茫中艰难探索。

衡水老白干集团旗下的资源，只要善加利用，依旧是养元发展初期的富矿。有大集团的品牌影响和实力基础作背书，无论是在与经销商建立合作关系上，还是在与消费者沟通上，养元都比其他区域饮料品牌更有优势，因而，养元早期产品的包装上都会标注衡水老白干集团。此外，养元在对政府及人脉资源的运用上也是得心应手，免去很多障碍。当年，养元还买断衡水老白干的一款酒水产品，用于核桃乳产品的渠道订货促销，深受代理商的欢迎，这也是横向跨界资源整合的早期范例。正是因为对这些资源善加利用，养元才得以在弱小时不断积累优势，修炼内功，夯实企业基础。

当然，最重要的是衡水老白干集团丰富的人力资源为养元的发展提供了人才支持。养元初期的核心骨干成员均来自集团白酒领域，这些成员了解市场，了解消费者，拥有丰富的业务经验，是养元发展至今最核心、最宝贵的财富。白酒销售状元范召林先生的加入，更为养元带来了生机和动力，成为养元事业发展的关键转折点。在养元最艰难的那段岁月里，这位职业、务实、敬业、拥有丰富操盘经验的经理人扮演着导航者的角色，在他的带领下，养元逐渐走出困境，迎来新生。

如果说地理环境和人文特质赋予了养元人一些优良的精神品质，那么国有企业的背景则给了它起步的跳板和宏大视野。养元一步步地从迷茫中走出来，又通过企业改制迎来新生。曾经的迷茫和艰难都已过去，但在艰难中锻炼出来的坚韧和执着却留了下来。

四、团队特质：领导垂范，上下同欲

“养元的成功归根结底是养元人的成功。”这是范召林先生经常挂在嘴边的一句话。事实正是如此，与养元的核心团队接触过，你会强烈地感受到养元团队的团结协作精神足以使养元的基业固若金汤。养元上下只有职位等级，没有尊卑序列，而这一切都得益于企业领导的率先垂范、以身作则。

初次见到姚总，你会发现他为人谦和、本色、低调，像小区楼下下棋、遛鸟的退休教师或邻居大哥，通常，姚总喝几杯酒后，红彤彤的脸上挂满笑意，话语不多，偶尔说几句话，也都是一些家长里短的事，这些印象让你很难将他与养元的董事长联系在一起。然而，正是这个人领导着有数千名员工的大企业，创造着过百亿元的产值，他以宅心仁厚和坦荡胸襟为企业的发展注入了优良的基因。有时，姚总难得带着夫人和孩子参加糖酒会，破例入住五星级酒店，公司完全有能力承担这笔支出，但是他坚持自己掏钱，不要公司买单。领导的个人消费支出，公司不予以承担，这是规矩，养元的核心领导们始终坚持以身作则，带头遵守企业的规定。

姚总对公司内部员工很宽厚，还经常帮扶贫困家庭的孩子。范总经常开玩笑说：“和姚总一起出门，只要经过闹市，逢人乞讨的，姚总就沿路施舍，零钱给完了，他就塞整钱，拦也拦不住。”姚总并不是刻意炫耀或铺张浪费，只是，在他看来，钱财本是身外之物，属于谁并不重要，最重要的是给有需要的人。姚总是养元的董事长和实际掌控者，但是坚决拒收企业给予的丰厚年薪，他说："都是兄弟们的功劳，经理们可以根据企业的发展和岗位贡献规划薪资、期权和股权激励等，别把我包括在内，我个人已经从养元得到太多东西了。"这样一句发自肺腑的话，体现了一个企业家的大胸襟、大格局。

关于姚总的这类轶事还有很多，他没有生意人的精明，没有演说家的口才，甚至对金钱没有多少概念，但正如三国时期的刘备，"德者居其正，智者居其侧，勇者居其下"，他的胸襟宽广、乐善好施、低调朴实为养元广结善缘，他以自身高尚的品德感染养元的每一位员工和养元的每一个事业伙伴。

在今天看来，散伙饭的故事只是笑谈，是养元的一个起点。然而，当年如果不是姚奎章董事长的宅心仁厚和坚韧情怀感动了几个精英骨干，使他们不忍心离开，那么，这个散伙饭的故事也许就是养元的终结。养元核心文化中的"憨厚务实"，多半源于这位企业董事长的胸襟与气度。而养元核心文化中的"严格严谨"，则源于企业另一个领导人物——范召林总经理。

范总给人的印象是激情四射、快人快语、果断自信、感染力强。2001年底，范总加入养元，不仅给公司带来了谋略和方向，还给企业带来了严格严谨的工作氛围。2004年，养元的一批产品出现质量问题，范总一怒之下，当着公司所有人的面，将这批产品砸得稀碎，这就是前文所说的养元版的"抡大锤"的故事。虽然公司因为这次事件蒙受了很大的损失，但是，从那以后，养元的产品再没有出现过质量问题。可见，范总这一砸，既砸出了领导人的威严，又砸出养元人对产品质量的高度责任感。从此，养元人不仅把"质量——企业的生命线"写在厂区的宣传墙上，更将之深深地铭刻在心里。

范总对自己的要求很苛刻，严以掌兵，更严以律己，善于学习、更勤于学习。在与范总长达十余年的接触中，我发现他对学习始终保持很大的激情。这次给他推荐过的书或文章，下次见面时，他必然已经买到或者读完，所有营销管理方面的经典书籍，他基本都研读过。正是因为有这样的学习精神，他才能够掌控全局，带领养元不断前进。

很多时候，他就是一位兢兢业业、勤于观察、善于创新又精益求精的“企业工匠”，在企业治理的每一个细节上，他都会倾注所有的细心和耐心。他身上的“工匠精神”近乎一种宗教信仰，使他能够坚实恪守，止于至善。

如今，养元文化中的“憨”、“严”已不仅仅是两位核心领导人的个人特征，这种“憨严”文化已经深入养元的组织骨髓，成为养元人的一种精神禀赋和性格气质。在这样两位个性鲜明的领导者的带领下，养元上下同心，从几个有事业心、不甘失败的核心骨干，到一支训练有素、战之能胜的营销铁军，再到一个目标清晰、技能精湛、彼此信任、激情四射的高效团队，一路走来，养元没有企业政治，没有舞弊营私。这样的养元，既不可复制，更难以超越。

五、稀缺经历：生死濒危到行业领袖

每一个企业的成长历程都是独一无二的，独特的经历对企业做人做事的内在逻辑及精神气质有一定的影响和塑造作用。从这个角度来说，经历不仅仅是企业过往的发展历史，更代表着企业的经验、教训、经营思维及决策方式，是企业诸特质中最与众不同的一点。养元经历了由国有企业到民营企业的蜕变，经历了从草根到明星的蜕变，经历了从弱小到强大的蜕变，独特的成长经历使养元对企业经营、市场营销有着更为独到的见解。

在企业艰难探索的阶段，缺兵少将、企业亏损、救兵无望，养元团队一度陷入绝境，甚至打算放弃，但是，一场“散伙饭”最终吃成了“壮行酒”，他们心有不甘，决定重整旗鼓，背水一战。面对困境，养元人凭借“敢于亮剑，舍我其谁”、“激情四射，缔造传奇”的胆量和勇气，抓住机会，开辟出一条前进之路。生产贴牌产品，买断代理产品，实施战术产品跟随策略，所有的这些并非是因为养元目光短浅，只是养元需要以短线的利润换取长久的生存。“缺兵少粮没弹药，推拉贴当作迫击炮”，养元的“困境营销学”可谓独树一帜。今天，在养元身上，我们可以看到它的勤俭、严谨和高度责任感及“保守”，正是因为那段举步维艰的艰难岁月，使养元人格外珍惜自己辛苦打拼下来的基业。

在养元终于为企业的发展壮大积累并创造了一定的条件时，养元并没有沾沾自喜、刻意守成，而是积极拓展市场根据地，打响区域突围战。突围期的养元是果敢的，坚信核桃乳有光明的未来，毫不犹豫地进行产品瘦身，只保留一支单品，将所有精力及资源投入到六个核桃上，这体现了养元人不破不立、超越自我的胆识和勇气；全员深入区域市场进行精耕细作，核心领导人员也一起走进市场、跑业务。说养元的市场是用步伐量出来的一点也不为过，正是凭着养元人超强的耐心和定力，养元才建立起冀鲁豫市场根据地的优势；以真诚和情感与经销商沟通、合作，并与之建立起厂商战略合作伙伴关系，为企业的后期发展积累了宝贵的财富，这种远见体现了养元人宽广的胸怀和高远的视野；将最初的“零风险经营”和“星级助销工程”作为战略坚持至今，对很多企业来说，明白这两个理论并不困难，困难的是对这两个战略的执行和坚持。

重视市场督导，视产品质量为企业的生命，这是养元人对信誉的珍视和对梦想的守望；2008 年，面对全球性的金融危机，养元人冷静地做了战略评估后，选择弯道超车、勇敢拓市，这是养元人的果断与信心；由礼品营销、会议营销升级到大预售制，这是养元人的创新与探索；建立养元咨询顾问群、广纳四海贤士，这是养元人的谦逊与包容。

养元的发展历程就是养元人勤奋学习、努力实践的历程。一路走来，养元人将所见、所得、所悟、所感珍藏起来，使之成为前进路上的指南针。养元人长于执行，精于执行，但养元人也深知战略的重要性。在坚持执行中，“零风险经营”和“星级助销工程”成为战略；在坚持执行中，督导制度成为战略；在坚持执行中，高考季营销成为战略；在坚持执行中，品类占位、品类引领成为战略……所有的这些，每一个点看起来都不难，很多企业能够做到，但是唯有养元将无数个点聚在一起，坚持的同时，又不断创新，使之连缀成一个巨人的轮廓，一个初心无悔、信念坚定、战略宏远、坚不可摧的养元帝国。

战术层面的养元，善积跬步，以至千里；战略层面的养元，大道至简、朴拙笃真；精神文化层面的养元，空谷回声，而厚德不止。养元并不神秘，它的故事就发生在我们身边，发生在中国城乡的大街小巷。150 亿元的销售业绩只是养元发展历程中的一个普通节点，养元的故事才刚刚开始，因为憨厚务实、自强不息的养元人不会停止对梦想的执着追求！因为在这个风云激荡、中国崛起的大时代，养元又一次给了所有人追寻梦想、续写传奇的机遇！

下篇

智达六论：寻常即大道

第十一章

Chapter 11

企业生态论

任何生物，包括地上爬行的蚂蚁、天上飞翔的雄鹰及主宰世界的人类，都不可能脱离客观世界而独立存在，而是要依赖周边的环境及与之相关的物种而生存、繁衍、进化。生态学就是一门研究生物与环境之间关系的科学。生态学一词最早产生于19世纪后半叶。1866年，德国生物学家、达尔文学说的积极卫士恩斯特·海克尔最早为生态学下了如下定义："生态学是研究生物与其周围环境（包括非生物环境与生物环境）相互关系的一门科学。"

与自然生物物种的生存与繁衍规律相似，每一个现代企业的生存与发展都不是孤立的，都离不开企业生存的环境。这种环境，大到国家政策、经济环境、自然环境，小到市场环境、竞争态势、合作关系，都会影响到企业的生存与发展。21世纪以来，社会环境、经济环境及自然环境的变化越来越迅速，越来越复杂。企业要面对的是多元的社会、多层次的竞争和不均衡的市场等，就企业谈企业的时代已经一去不复返了，对整个企业生态系统的研究与考量才是决定企业战略发展的核心。

如今，商业竞争已经从单纯的企业竞争发展到企业生态圈竞争。企业生态圈是以企业为核心所构建的企业生态系统，企业只是其中的一个要素，犹如自然界生态圈中的"一个生物"、"一条河流"、"一片森林"。在这个生态圈中，企业是其中的核心要素，而生态圈中的其他元素是在不同程度上与该企业相关的企业、组织或群体，它们构成一个相互关联、相互依存的生态系统。

其实，企业生态圈竞争并不是一个新鲜的话题，很多企业不仅已经认识到打造生态圈的重要性，而且在构建企业生态系统的过程中取得了很好的效果。比如，养元一直致力于打造自己的产业链系统，在上游，整合核桃、罐体、辅料等全球供应商，在下游，打造自己的经销商团队。同时，妥善处理与政府机构、社会媒体等公共组织之间的关系，并在环境保护、社会责任方面发挥自己的积极作用，逐渐构建并优化企业的生态圈。又比如网络巨头阿里巴巴，阿里巴巴的企业生态圈已经全面涵盖了企业间交易、个人零售购物、个人生活服务、投资理财等多个板块。其中，企业、自主创业者、消费者、理财者是阿里巴巴生态圈中的四大群体。阿里巴巴、淘宝网、天猫网、阿里妈妈、余额宝是阿里巴巴生态群的五大平台。阿里软件、支付宝、阿里旺旺等是生态群中的工具或资源，为搭建信息平台提供服务。

企业生态圈与企业价值链理论的最大区别在于企业价值链强调的是企业利用自身的优势，构建企业的产业链条，主要表现为价值与信息的相互传递，企业以排他性优势对价值链上的战略关键点进行掌控，进而形成整合优势；生态圈则强调企业通过构建一个价值平台，继而借助平台的力量推动生态圈内其他企业/组织的发展，充分考虑生态圈内各方主体的利益诉求和价值分配，并通过价值平台实现互助互促、共生共荣，从而形成最优化价值创造能力和综合竞争优势。

在今天的移动互联网时代，企业的生存环境越来越复杂，未知的、不可控制的因素越来越多，企业所要面对的压力也越来越大。在这种情况下，企业个体的抗风险能力是极为有限的，因此，构建企业生态系统是企业发展的必由之路。企业通过构建商业平台，不断延伸产业链，将价值链上的各个点连接起来，构建起自己的“生态圈”，并通过对整个企业生态系统的打造提升企业的综合实力，尤其是抗风险能力。

随着国家有关企业经营的法律、法规、管理等的不断健全与完善，企业间的交易成本越来越低。尽管如此，复杂、多元的竞争环境仍带给企业越来越大的生存压力，企业没有能力完全通过内部整合应对市场竞争，所以，为提升企业的核心竞争力，企业不得不走上产业整合及企业生态系统构建的道路。

在当今时代，企业竞争已经转为生态圈竞争。对企业来说，构建企业生态圈十分重要。

一、定义企业生态系统

自从著名的战略管理学家詹姆斯·弗·穆尔于1993年首次提出商业生态系统这个概念以来，许多专家学者从不同的角度对其进行阐释。要谈企业生态系统，我们就得从生态系统说起。

1945 年，英国生态学家亚瑟·乔治·坦斯利（A. G. Tansly）首次提出生态系统这一概念。生态系统是指在一定的时空范围内，由生物群落与其生活的环境组成的具有一定规模和结构的整体，各生物借助物质循环、能量流动和信息传递而相互联系、相互影响、相互依赖，并形成具有自我组织、自我调节功能的复合体。与生态系统相类似，由企业、消费者、市场及企业所处的自然、社会和经济环境构成的系统就是企业生态系统。换句话说，企业生态系统就是企业与其所处环境形成的相互影响、相互作用的系统。和生物一样，企业直接或间接地依赖于自然环境、上下游企业及与之相关的组织或群体而存在，并能够与这些企业或组织构成一个系统组合，即经济共同体、利益共同体和命运共同体。

任何企业都处在一个企业与企业、企业与外界环境相互作用、相互影响的企业生态系统之中。在企业生态系统中，企业要保持相互竞争与协同发展的统一。一方面，企业在竞争中进步，寻找企业的生存空间，同时，与竞争者互相促进、相互激励，使整个企业生态系统逐步走向和谐、稳定；另一方面，企业之间、企业与社会组织之间、企业与环境之间存在着相互依赖的关系。企业要处理好与其他企业或组织之间的协同竞争关系，使企业或组织与环境协同进化。

二、企业生态系统的主要特征

（一）复杂性

任何系统的形成都是一个从低级向高级、从简单到复杂的动态过程，企业生态系统也是如此。它是一个由多个要素组合而成的有机整体，且各个要素相互影响、相互促进、相互制约，其复杂性不言而喻，具体表现在以下四个方面。

1. 多样化的成员共存。

企业生态系统包括供应商、生产商、竞争者、渠道商、互补者、消费者、媒体单位、其他利益相关者及自然环境。企业生态系统中的成员具有一定的复杂性，主要体现为：一是地理区域分布的伸缩性大。成员可以共存于一个小区域或县级市场，也可以存在于全球市场，相隔千山万水；二是不拘泥于某一特定行业。企业生态系统的形成不会拘泥于传统的行业划分，不同行业的企业也能够形成生态系统，如养元的核桃乳行业与核桃仁行业所形成供应系统；三是成员的多样性，生态系统既包括相关的组织，也包括相关的个人，如消费者、企业员工、股东，还包括自然环境。其中，自然环境是所有企业都不能忽视的，企业要考虑其生产经营活动是否会造成环境污染，以及企业的环保措施是否符合国家标准。

2. 相互关联、协同演化。

在生物生态系统中，各生物个体相互依赖、相互关联、相互影响，它们在这个生态系统中协同进化，适者生存。企业生态系统亦是如此，系统内的各个成员相互关联、相互影响，系统内每个个体的战略或行为都会对系统内其他个体产生影响。例如，如果原材料供应商提高了原材料的价格，那么生产者的生产成本就会加大，为了获取利润，经销商只能提高产品的价格，而产品价格的提升又会使渠道商的销售难度加大，最后，由消费者决定是否为这些产品买单。

3. 多层次、多功能。

企业生态系统具有多层次、多功能的结构，每一层生态系统中的个体成员都是上一层生态系统的组成单元，并助推系统的某一项功能的实现。例如，生产商是原材料供应商的原材料接收者，它支撑着供应商的运营与发展；而渠道商是生产商的产品接收者，支撑着生产商的产品销售。

4. 开放性、动态性。

企业生态系统在其发展过程中极具开放性，它与内外部环境相互影响、相互作用，并在不断适应环境的过程中向更好的方向发展。企业生态系统也是动态的，始终处在发展变化之中，它不仅会随着环境的变化而变化，而且其自身也在不断地趋于完善，向更好的方向发展。

（二）整体性

企业生态系统具有整体性特征，系统作为一个整体而存在。企业生态系统的整体性体现在：一是企业生态系统具有整体结构，系统内各个体或要素本身并不具有这种整体结构；二是企业生态系统的整体性是基于系统内部成员之间联系的有机性和统一性之上的，这种有机性是通过企业生态系统各组成个体之间的物质、能量、信息的流通和交换实现的；三是企业生态系统的功能体现了其整体性，即企业生态系统的功能是系统内各个个体在物质、能量、信息的交换中共同发挥作用而体现出来的。

企业生态系统的整体性是由其内外部要素之间的联系及外部环境的变化决定的，并呈现出系统自身的特点及其在更大系统中的作用、能力和价值。

（三）成员间的相互适应、共生发展

企业生态系统中的各企业之间既相互竞争，又相互合作，这是一种以双赢、共赢为目的的竞合关系，企业通过相互间的竞合、共生一起把市场做大。显然，这与市场中你死我活的惨烈竞争大不相同。在战略愿景的驱动下，各个企业相互适应，跳出“敌对博弈”的局限，结成战略伙伴。养元从不害怕竞争者进入核桃乳市场，养元愿意和竞争者一起把核桃蛋白品类做大，使之成为饮料行业中的主流品类、大品类。例如，在从波音公司购买飞机时，美国航空与美国西南航空合作，以足够大的订单获取更多的优惠。

（四）系统存在关键成员

在企业生态系统中，各个成员之于系统的作用不尽相同。系统内的关键成员具有给顾客带来巨大利益的核心竞争力，能为该企业生态系统中的其他成员提供关键性利润，这些企业就是企业生态系统中的核心企业。核心企业往往决定着整个企业生态系统的形成和完善，影响生态系统功能的发挥，它是企业生态系统的运行规则的主导者。例如，阿里巴巴就是其所在的整个企业生态系统的核心企业，它主导着整个企业生态系统的发展。

三、企业生态系统有生命周期吗

企业生态系统有自己的生命周期。企业生态系统生命周期的基本演变过程往往就是其核心产品生命周期的演变过程。当企业的新产品开始导入市场时，该企业所在的生态系统就已经处于萌芽状态，经过开拓期的稳扎稳打，产品在市场中生存下来且具有了一定的市场基础，步入急流狂奔的成长期。企业快速成长为所在企业系统的核心成员，其产品也逐步走向成熟，此时，企业生态系统也开始步入成熟期，此后，企业生态系统或因创新实现升级，持续发展，或因缺乏创新逐步衰退，继而被新的生态系统替代。

与产品的生命周期不同，企业生态系统的生命周期是以“成员数量及稳定性”为衡量依据，随着企业生态系统生命周期的演化，成员的数量及稳定性逐步提高，系统进入衰退期后，成员的数量及稳定性则开始逐步降低。当然，企业生态系统演化的速度取决于核心产品的成长状况及竞争力的大小，而核心产品的竞争力则是由企业生态系统的持续创新能力所决定的。

那么，企业生态系统在其生命周期的每个阶段上又表现出怎样的特点呢？

（一）导入期

当企业的新产品被开发出来，并开始导入市场时，供应商、生产商、投资者、渠道商、消费者等已经被纳入到新产品打造的价值系统之内，大家初步建立起共生的合作关系，新的企业生态系统开始形成。此时只是一个新产品的导入期，一切才刚刚开始。企业生态系统在导入期获得成功，需要具备以下四个条件。

1. 明确商业模式。

企业生态系统的核心企业是商业模式的确立者与主导者。首先，要鼓励消费者积极参与，在移动互联时代，消费者更加注重信息的公开及与企业的互动，消费体验决定着消费者的好感度和忠诚度；其次，要考虑企业生态系统运营的市场现状及竞争对手；再次，要考虑这种商业模式是否更有效率，是否能够为消费者提供更有价值的消费体验；最后，要确定如何通过这种模式与供应商、渠道商、消费者建立和谐的、相互依存的关系。

2. 产品要有竞争力，还要有改良空间。

导入期的新产品或许还不够完美，但是这种新产品一定要能够吸引消费者，满足消费者的需求，并给消费者留下美好的消费体验。同时，新产品要具备改良提升的空间，企业根据消费者的反馈及市场反应情况，及时调整产品，使其不断完善，进而为企业生态系统进入成长期做好准备。

3. 导入错位竞争思想。

在开拓市场的过程中，企业要导入错位营销思想，寻找机会，极力开拓与潜在竞争对手的不同的市场生态系统，这样可以避开与竞争对手的激烈竞争，保障企业生态系统初期的发展成果，确保企业生态系统中各种关系的形成。

4. 处理好公共关系。

为使其所在的企业生态系统获得持续发展，企业就必须处理好与政府、社会公众之间的关系。特别是在注重环境保护的今天，企业必须理好生产经营与自然环境之间的关系，保证达到国家要求的环境保护标准，保护公众的环境利益。因此，企业生态系统中的各成员要努力与政府、公众保持一致，让政府或公众逐渐成为系统的一员。这样，企业不仅能够得到他们的支持，还能促进系统的和谐发展。

（二）成长期

导入期的企业生态系统建成时，企业生态系统已具备一定的实力和基础，开始逐步走向成长期。企业核心产品的竞争力、产品的市场需求量、竞争产品及替代产品的数量、新产品或服务给消费者的价值体验等因素决定了企业生态系统的成长速度。在企业生态系统的成长过程中，企业产品或服务逐步得到消费者的认可，产业、市场的高速裂变往往成为极具吸引力的“风口”，其他生态系统的成员会被高增长、高利润、潜力巨大的生态系统所吸引，继而大规模地放弃原有的生态系统，涌向新的生态系统，各种资源也会向该生态系统聚集。同时，通过对企业辉煌业绩的展示及共享平台的打造，逐步吸引广大供应商、投资商、渠道商、媒体、政府资源及其他相关群体加入企业生态系统。企业生态系统成长期的主要特点有：产品品种不断增加、利益相关群体不断加入、企业生态系统的规模不断扩大、企业生态系统的市场竞争力逐步提高。

（三）成熟期

随着企业生态系统的快速而稳定的发展，企业生态系统逐渐走向成熟期。在这个阶段，系统内的各个成员已经逐步达到最好的状态，能很好地履行自己的职能，各成员之间已经形成良好的生存关系。后来者往往也能凭借自己的优势轻松地进入系统，如原材料价格更低的供应商、实力更强的渠道商。同时，企业生态系统内部成员之间也开始为了争夺权力或利益分享展开激烈的竞争。这些都极有可能破坏企业生态系统的稳定健康、和谐持续的运行，进而影响企业、行业、市场的可持续发展。

为了延长企业生态系统的成熟期，在系统中扮演不同角色的成员应该集中精力发挥自己的潜能。一方面，核心企业要带领其他成员保持对整个生态系统进行维护，促进生态系统的创新，阻止模仿者及恶意竞争者的攻击。另一方面，核心企业要保持其在企业生态系统中的领导地位，保持创新的先进性，引领并主导企业生态系统的发展。同时，坚持向生态系统的关键消费者和供应商投入资本和精力，以此保证供应系统的稳定性。例如，养元的优秀供应商表彰大会就是对优秀供应商的资源投资。此外，核心企业要有敏锐的感觉，使跟随者适应领导者的需要，为其所用。

（四）衰退期或自我更新期

由于科技的进步、市场竞争格局的演变、消费需求的变革及行业政策的变化，任何生态系统的建立都不可能是一劳永逸的，企业生态系统会随着环境的变化而不断演变。在经历了前几个阶段的演化之后，企业生态系统必将面临两个结局：一是应对竞争、应对变革，及时进行创新性升级，特别是核心企业要通过创新，重构企业生态系统的结构与功能，以全新的模式和产品促进原有企业生态系统的升级，并不断地提升产品或服务的价值，以保持企业生态系统的活力，促进企业生态系统的持续发展；二是面对环境的变化，无所适从，满足于原有企业生态系统的状态而无所作为，最终走向没落，被新的企业生态系统替代。

在这个阶段，企业生态系统的成员要增强管理企业生态系统的意识，提高企业生态系统管理能力，持续努力，在现有的企业生态系统中，最大限度地改进、完善、升级，为企业生态系统注入新思想或创造新的生态系统。

四、构建和谐的企业生态系统

构建和谐共生、协同共赢的企业生态系统才是企业打造生态系统的核心目标。和谐的企业生态系统不但能促进企业的稳定发展，而且为面临竞争的企业提供强有力的系统保障。那么，如何构建和谐的企业生态系统，企业应该做到以下几点。

（一）选择合适的合作伙伴

在企业生态系统的构建过程中，核心企业要选择规模对等、共识性强的战略合作伙伴，这是企业生态系统健康、稳定发展的前提和关键，直接关系到企业生态系统的运行效率、效益。选择战略合作伙伴是一个复杂的过程，企业要根据自身的特点和需求向合作伙伴提出相应的标准和要求。例如，在选择渠道商时，养元非常注重渠道商的信誉、网络条件及对事业的忠诚度，因此，养元会着重从这些方面对渠道商进行考察。不同企业的合作伙伴的选择标准不尽相同，不过，企业在选择合作伙伴时，可以参考以下六点。

1. 核心能力互补性强。

要求加盟的企业具有核心能力，且能够为企业生态系统贡献出自己的核心能力，而这一核心能力恰恰是组建企业生态系统所需要的，即企业的核心能力与其他合作伙伴的核心能力互补。只有这样，企业生态系统才能成为一个整体，其成员通过互补的核心能力发挥自己的功能和作用。不过，现在很多企业没有形成自己的核心能力，有些企业虽然具有打造核心能力的实力，但是缺乏重视核心能力的意识，因此，许多企业在加入企业生态系统的过程中缺乏合作的资本及可能性。

2. 相互信任、核心价值观趋同。

因为企业生态系统中的成员在背景、组织文化、领导风格、企业实力及影响力等方面存在很大的差异，所以各成员在合作过程中会自觉不自觉地产生防卫心理，这必然会影响成员间合作的顺畅性，破坏整个系统的稳定性，甚至会导致企业生态系统走向分裂。因此，在选择合作伙伴的过程中，企业一定要与合作伙伴相互信任，具有共同的价值观与事业观。

3. 相互包容、系统共赢。

财聚人散，财散人聚。共赢是企业生态系统稳定的前提和保障。企业生态系统中的核心企业在选择合作伙伴时，不仅要考虑合作伙伴给自己带来的利益，而且要使合作伙伴从企业生态系统中获得利益，共赢才能调动伙伴企业的积极性，让他们发挥自己的功能，为生态系统做出贡献，从而为消费者创造更大的价值。总之，在组建企业生态系统时，企业生态系统中的核心企业要确保所有的成员都能从系统中获益。

4. 风险最小化原则。

对企业生态系统中的企业成员来说，拥有合作伙伴不仅可以与之共同创造经济效益，而且能够通过与他人的合作降低企业运营的风险及整个企业生态系统的风险。当然，降低风险并不意味着风险不存在，只是企业生态系统中的各成员共同承担了风险，从而把风险降到了最低。

5. 历史信誉记录。

信誉是合作的前提，合作伙伴的历史信誉是企业考察其能否进入企业生态系统的重要标准。各个成员企业共同努力，遵守系统运行的标准和规则，严禁信誉差的成员进入系统，这样才能保证企业生态系统的健康运行。

6. 综合实力对等。

综合实力是选择合作伙伴的一个非常重要的标准，合作伙伴具有一定的综合实力是实现合作的前提。考察企业的综合实力时，可以从企业的经营能力、市场竞争力、可持续发展能力、团队的整体能力四个方面进行考核。当然，合作伙伴的综合实力也不是“越大越好”，对中小企业而言，更是如此。发展战略合作伙伴有必要遵循实力对等的原则，俗话说：“不大不小，用着正好。”盲目地追求强大的综合实力，企业很可能为之付出很大的代价。

（二）收益合理分配

在企业生态系统中，每一个成员不仅是系统风险与责任的承担者，也是系统成果的分享者。因此，企业生态系统中利益的分配是非常重要的，利益分配合理，各个企业成员才会满意，这样才能保证系统的稳定与和谐。

1. 共担共享原则

企业生态系统中的成员在系统中的投入是不同的，因此，具体的收益分配应该根据成员投入的多少而定，投入越多，获得的收益越多。当然，企业生态系统在运行过程中有一定的风险，而系统内的各个成员是风险的分散者和承担者，企业承担的风险越大，其所应当享受的收益就越多。因此，各成员要在收益共享的前提下，根据投资比重、风险承担系数，确定具体的收益分配方案。

2. 公平公正原则

公平公正是保持企业生态系统稳定发展的重要原则。企业生态系统中各个成员所擅长的领域不同，负责的工作和发挥的职能也不同，因此，各成员所获得的收益也不相同。同时，在利益分配中，要坚持多劳多得、按劳分配原则，使对企业生态系统的发展贡献较大的企业成员获得更多的利益。那些对企业生态系统的发展贡献较小的成员，得到的收益相对较少。在利益分配中，只有做到公平公正，才能使企业成员信服，进而保障企业生态系统的平衡发展。

3. 阶段性分配原则

在企业生态系统的不同发展阶段，各企业成员所起到的作用及投入的成本不同。因此，在企业生态系统的整体利益分配过程中，可以结合阶段性分配原则，企业生态系统的每个发展阶段都要进行一次利益分配，根据各企业成员在此阶段对整个企业生态系统的贡献确定收益分配方案。每一阶段的分配方案都是对上一阶段的分配方案进行调整的结果。当然，也要考虑到收益滞后情况的出现。很多时候，企业在前期投入较多，但是，往往要到后期才能获得收益。因此，进行利益分配时，企业也要考虑这方面的因素。

4. 系统考核原则

对企业生态系统中的成员进行考核是一个非常关键的环节，有助于实现利益分配过程中的公平分配。换句话说，在企业生态系统中，有些成员会全力以赴地履行自己的职责，有些成员不仅不按要求担负责任、发挥作用，而且还会破坏企业生态系统的秩序。因此，有必要定期对企业生态系统中的成员进行考核，以实现系统内部合理的利益分配。

（三）企业生态系统的风险防范

要想实现企业生态系统的和谐发展，就必须在系统运行的过程中控制风险，因为风险的存在会危及各企业成员的共同利益，进而影响企业生态系统的健康运行。企业生态系统应当通过采取一系列的措施和手段控制风险。

1. 在调查基础上认真优选

通过调查和研究，建立科学的评估体系，对横向合作伙伴、纵向合作伙伴及其他合作伙伴的综合实力、社会资源、经营优势、管理体系、服务能力、销售能力、信誉度等进行综合评估，找出合作的切入点，并以评估结果为依据，严格地选择合作伙伴。

2. 倡导基于竞合与信任之上的文化

随着企业生态系统经营环境的不断变化，企业成员能否适应变化了的环境决定着企业生态系统的兴衰。因此，在竞合并存的企业生态系统中，企业成员要想适应环境，就必须在相互依赖与互相独立之间找到平衡点。企业成员相互依赖，这就要求各企业成员相互信任、信守承诺，从而为企业生态系统的持续稳定发展打下坚实的基础。在企业生态系统中，企业文化的兼容性对各企业成员之间的合作具有重要作用，因为企业文化的差异会造成企业经营管理上的差异，从而加大了管理的难度，甚至会导致企业间的冲突。企业生态系统中的企业既要注重对自身文化的开发，又要注意吸收合作方的文化精华。

3. 建立风险防范机制

在企业生态系统中，应建立并完善监督、监测机制，各合作方随时监测企业生态系统发展的速度，确保合作按计划推进，及时发现并解决企业生态系统运行中出现的问题，从而确保系统目标的实现。同时，在合作的过程中，应当设立阶段性目标，通过对各阶段目标的考核与管理，确保总目标的实现。

4. 建立系统内新型的组织关系

新型、科学的组织关系是企业生态系统高效运行的重要保障。首先，建立信息沟通平台。通过有效的沟通，确保各企业成员信息、认知及目标的一致性，从而避免信息沟通障碍造成的损失，确保企业生态系统充分地把握市场机遇，实现发展目标。其次，企业生态系统各成员之间要形成亲密的战略合作伙伴关系，把简单的金钱交易上升为技术、能力、文化、事业等方面的学习与交流。这样才能使组织成员之间的合作更紧密，从而提升企业的抗风险能力。

（四）构建和谐的生态圈文化

企业生态系统由跨地域、跨组织、跨时间的企业成员组合而成，因此，各企业成员之间必定存在着企业文化、地域文化乃至国家文化上的差异。在多个企业组织相互合作的过程中，文化的差异是导致沟通障碍或冲突的主要原因。在合作中，各企业的企业文化必然会发生作用，或是强势企业文化对弱势企业文化造成冲击，或是不同的企业文化相互融合。企业生态系统的协调发展必然离不开不同企业文化间的和谐相融。

企业生态系统是一个文化的集成地，而文化集成并不是自然而然发生的，而是多个不同的企业文化相互碰撞、相互融合的结果。企业生态系统中的企业成员可以通过以下方式协调企业文化上的差异。

1. 建立互信机制

如果企业生态系统内的各企业成员之间缺乏信任，那么企业生态系统的发展就不会长久。当然，各企业成员对自身利益的考虑也是可以理解的。既然大家身处同一个企业生态系统，那么各企业之间就应该有最基本的信任，这样各企业成员间的合作才会顺畅，各企业成员也才能尽情地发挥自己的才能。因此，各企业成员应该通过充分的沟通和真诚的协作消除合作中的信任障碍。

在企业生态系统这一平台上，各成员可以共享信息、知识、技术等资源，从而提高企业的收益，增强合作的信心及对系统内其他成员的信任和依赖。如果企业生态系统运行稳定，那么该系统内的成员不会考虑进入其他系统，各成员会非常珍惜已经建立的信赖关系，自觉强化企业生态系统的向心力。

2. 加强深度沟通

有效的沟通是进行领导、决策、激励的前提，也是处理各种冲突的有效方式。企业生态系统中各成员的生存背景、发展历程、区域差异各不相同，因此，沟通障碍的出现是必然的。各企业成员应该深入了解其他企业的文化背景，在了解合作伙伴企业文化的基础上进行沟通。各企业成员还可以充分利用先进的通讯工具，特别是电话、短信、QQ、微信、电子邮件等移动互联网时代的各种通讯工具，建立全方位、形式多样的沟通渠道和平台，培养开放、坦诚的沟通氛围，从而使企业间的沟通简洁、高效。

3. 培养文化敏感性

对企业生态系统中的成员来说，文化敏感性的培养非常重要。因为在整个企业生态系统中，各企业成员文化上的差异可能会导致信息的歪曲，进而引发企业成员间交流的不畅。为了避免这种情况的发生，企业应该加强对文化敏感性的培养，让各企业成员了解彼此之间的文化差异，使各企业成员了解并接受其他企业的企业文化，尊重他人的语言风格、行为习惯、宗教信仰等，以此减少文化差异带来的冲突。

五、如何优化企业生态系统

企业生态系统的建设不是一蹴而就，也不是一劳永逸的，各成员应该通过对自身的优化和升级，保持企业生态系统的先进性和竞争优势。

（一）强化优化企业生态系统的意识

想到才可能做到，企业应当强化优化企业生态系统的意识，将之植入到企业高管团队的每个成员的心智中，这样，当对企业生态系统进行优化的机遇出现时，企业才能及时地抓住机遇。只有企业高管团队的各个成员时刻保持优化企业生态系统的意识，各企业才会在发展的过程中朝着优化企业生态系统的方向发展。

（二）建立企业生态系统的汰换机制

随着企业生态系统的建立、成长和成熟，系统内的各企业成员也应该有所成长。事实上，很多成员跟不上企业生态系统发展的步伐，常常掉队或跑偏。这些成员已经不能满足整个企业生态系统的需要，且开始制约整个企业生态系统的发展。因此，企业生态系统应当构建相应的汰换机制，尽早淘汰那些无法满足企业生态系统的需求且会阻碍系统发展的成员，让更适合的成员替换、补充，进而保障企业生态系统发展的强动力。养元所在的企业生态系统实施严格的汰换机制，淘汰跟不上企业发展步伐的供应商、经销商等，以保持养元生态系统的先进性。

（三）吸引新成员的加入

企业生态系统建立初期，系统内的成员可能会非常少，但是随着企业生态系统的发展，企业应当吸引更多企业成员加入，以满足企业发展的需要。例如，××白酒企业，其最初的生态系统中只有包装供应商、粮食供应商、本区域的经销商等成员。随着企业的发展，企业生态系统也在不断发展与扩充，这就需要其他区域的经销商、分销商、媒体等成员的加入。

由此可见，企业生态系统的发展与成长会使整个系统平台不断扩大，进而需要更多的成员加入，需要不断地吸引优质成员加入，优化企业生态系统。

（四）创新推动成长和优化

企业生态系统有利于创新，而创新是企业生态系统赖以存在的灵魂，创新推动企业生态系统不断成长和优化。

企业生态系统具备创新的优势。首先，企业生态系统中的每个成员作为一个独立的个体在决策上具有灵活性，他们可以在整个系统的信息基础上，凭借自己的能力、知识、经验进行创新性研发，推动企业生态系统的发展。其次，企业生态系统中的各成员在资源、能力、个性方面具有互补性，可以在互补的基础上进行挖掘创新。再次，企业生态系统中的成员接触、沟通频繁，创新性成果容易在系统内传播扩散。

创新是推动企业生态系统不断优化的动力。首先，企业生态系统可以通过创新找到新的机遇和开拓方向，从而推动企业不断实现新的跨越。其次，创新可以使企业生态系统充满生命力，企业以全新的技术、产品等延长企业生态系统的生命周期，或推动企业生态系统进入新的生命周期。再次，创新是一种能力，更是一种信仰，它鼓舞着企业生态系统中的成员不断开拓、积极突破、努力进取，是各成员优化企业生态系统的精神动力。

第十二章

Chapter 12

市场维度论

在包括快速消费品在内的众多行业中，供给过剩、竞争过度是一个普遍现象。在已知的细分市场内，大量的品牌进行着同质化运作，市场空间越来越小，竞争强度越来越大，在现有市场上实现突破越来越难。为了获得可持续增长的业绩，突破发展瓶颈，企业需要建立一种“多维市场”的视野和思考方式。

经典营销学将市场视为商品的现实需求和潜在需求的总和，特定行业、特定产品门类对应着不同的消费需求。如果根据顾客的需求对市场做进一步的划分，我们可以从人群、地域、层级、心智、时间、变化等方面对市场做出更丰富、更准确的划分。这种多维度的市场细分，有助于企业以更系统、更立体的视角对已有市场做出分析和评估，对潜在市场进行预测和判断，进而更准确地把握自身的经营现状，洞察隐含的市场机遇，以更广阔的视野，做出更有效的战略路径安排。

首先，多维度的市场细分思维，有助于企业规避同质化竞争，开辟差异化的市场路径。在企业经营和市场运作中，企业受惯性思维的束缚，很容易“想当然”地做出战略选择，在不知不觉中采取某种趋同化的策略方式和操作手法。

就植物蛋白饮料行业来说，随着养元六个核桃成长为领导品牌，一夜之间，跟随性、模仿性品牌充斥着各个市场，这些品牌在产品、渠道、区域、操作等方面全方位“跟进”，其中不乏大型企业和知名品牌。但是，通常这种低层次的跟随策略收效甚微，因为在同一市场范围内，这些品牌与领导品牌竞争毫无优势可言。

在许多行业，这种扎堆模仿、简单跟风的做法都很普遍，因为人们的思维和视野很容易受既定思维的影响，从而忽略了其他可能性。如果人们以更宏观的维度审视市场，那么他们就会发现市场中隐藏着很多潜在的机会和真空地带。植物蛋白饮料市场还有开发的空间吗？还有未被发掘的潜在需求吗？新品牌还有实施异化的机会吗？只要企业打开思路，对市场的多维化洞察到位，那么答案是肯定的！

其次，理清市场维度有助于企业在营销运作中打开视野、拓宽思路，有效地突破增长瓶颈。通常情况下，企业基于既定的市场范畴，通过增加客户数量、提高单个市场的相对份额等方式寻找增长点。在品牌的快速成长期，采取这种线性增长方式无疑是必要的。但是，问题在于现在的市场容量是有限的，最终会达到饱和。

事实上，如今很多行业的市场已经处于饱和状态，如家电、方便面、白酒。如果企业以多维视角深入地剖析市场，也许会发掘出更多潜在的增长机会点，或找出尚未开发的市场空白点。在这方面，蒙牛的特仑苏是一个典型案例。2005 年，传统纯奶市场的消费渗透率很高，同质化竞争严重，多数企业陷入销量和利润的增长瓶颈。在这种情况下，蒙牛以敢为人先的勇气和胆识，率先“发现”了高端奶这一领域，通过对子品牌——特仑苏的运作，成功开辟了新的市场“蓝海”。

这种市场维度观念为企业洞察市场、剖析市场提供了一种系统化路径，使企业可以更好地谋划战略、优化发展。在实际运作中，企业可以立足市场的广度与深度、高度与跨度、变化度与创新度等，将这种市场维度具体化、明晰化。

一、市场的广度与深度

市场的广度和深度代表了横向和纵向两条最基本的市场脉络。市场的广度指的是水平方向上的市场空间，包括销售地域、消费群体等，必要的市场广度是支撑企业业绩规模的基本前提。市场的深度指的是垂直方向上的市场空间，涉及对市场单元的等级化、梯次化区分及单点市场的产出效率等方面，市场耕作的深度体现了企业的销售质量和发展潜力。

由于行业门类和具体的企业经营条件不同，各个企业对市场广度和深度的把握情况也是不同的，没有固定的标准，也没有优劣之分。以下将对市场的广度和宽度进行具体分析。

（一）市场的广度化拓展

市场的广度和宽度首先是指地理意义上的广度和宽度。中国幅员辽阔，人口众多，地域纵深宽广，如果以行政区作为基本的市场单元，我们面对的是300多个地级市场和2000多个县级市场，这些市场为各类行业提供了广阔的生存空间和富饶的生存土壤。因此，区域市场对快消品等行业来说具有独特的意义。以横向视野做出的市场区域规划是企业立足市场，实现持续发展的基本着眼点。

基于区域单元的广度化市场拓展造就了企业生存的两种基本形态（不包括国际化市场）：一种是立足特定市场范围的有限区域发展；另一种是立足全国市场的广泛覆盖式运作。在具体的实践操作中，企业要结合产品属性、品牌影响力、资源配称、团队储备、管理能力及生产、物流等，选择合适的横向市场发展路径。

通常情况下，对那些规模体量小、资源配置能力弱的企业来说，立足区域市场，实施滚动的市场复制拓展更切合实际。实施区域滚动复制模式的好处在于：

首先，有利于企业资源的高效配置和最大化产出，便于把有限的人力、物力、财力集中在单点市场上，形成局部范围内的竞争力，将有限的市场做深、做透、做精，获得持续的销量产出。

其次，能为企业开辟有效的利基市场，提供基本的生存保障，并为市场的后续发展持续造血，对成长型企业来说，造血市场的存在至关重要。

最后，这种有节奏、有节制的市场开发策略的实施使企业在团队、管理、模式等方面得到充分的锻炼，使其各方面的能力得到同步提升，进而更好地驾驭企业未来的发展。

养元饮品的市场发展轨迹就是一种典型的区域精耕和滚动复制模式，从“稳住衡水、立足河北”到冀鲁豫战略板块市场的确立，再到全国化扩张，养元步步为营式的发展使企业在利润、能力、经验上有所积累和提升，从而为企业的持续发展积聚了势能。当然，至今还有不少企业习惯采取“跑马圈地、广种薄收”式的市场开发战略，靠区域客户数量的增加进行汇量式销售，结果往往是有数量、无质量，市场的成活率低，业绩增长的持续性差，企业很容易陷入业绩增长的瓶颈。

大型企业和成熟品牌通常采取在大范围市场进行快速渗透的做法，凭借强有力的品牌拉动力和成型的网络布局，在短时间内形成全国化或准全国化的市场覆盖。这种方式便于企业快速实现汇量式销售，因为企业的销售区域广，客户网点多，产品能在第一时间被输送到数量庞大的终端售点，所以企业容易获得较为可观的销售利润。同时，大范围市场的同步启动，能够迅速地积聚销售势能，实现爆发式的产品面市效果。在企业推出创新性的产品品类时，能够较快地完成对消费者心智地占据，获得“先入为主”的效应，这方面的典型案例有娃哈哈、康师傅等。

当然，这种广域化扩张策略的实施对企业的能力、资源条件等方面的要求是比较高的。首先，品牌的影响力要大，对渠道客户和消费者有很大的号召力，这样才能够实现快速分销、动销。如果产品的品牌没有知名度，采用这种方式就可能造成广种薄收的结果。其次，企业要具备成熟的组织管理体系和丰富的操作经验，这样才能对销售团队和经销商进行有效的远程管控，确保信息的顺畅传达。最后，对企业的人财物等资源也有较高的要求，如果不能确保每个市场单位有足够的资源配置，就很容易造成资源的分散投入。

在实践操作上，企业对市场宽度的把握应该是辨证的、动态的，通常企业处于中间状态，既没有绝对的区域性品牌，也没有绝对的全国性品牌。量体裁衣、因势利导才是正确的做法。企业要综合考虑自身的发展起点、资源条件、核心能力及外部竞争态势等，切忌盲目跟风。

站在市场竞争的角度，对水平维度上的市场进行考量，有利于企业打开思路，在更广阔的背景下选择竞争策略。一种方式是采取区域跟随策略，借力领导品牌对特定市场的先期培育，顺势打入市场。这样做的好处是产品的市场教育成本低、开发风险小，企业能够相对稳妥地取得一定的市场业绩。但企业一定要把握好自身的产品定位、差异化利益点及定价策略，否则很容易陷入“大树底下不长草”的弱势竞争地位。另一种方式是采取错位化的市场割据策略，某一品类市场快速成长，但是其先发品牌尚未完成广度覆盖，市场根基还不稳定，这时，企业可以在其竞争对手的薄弱区域、空白区域率先发力，避实就虚，通过“时间差”实现后发先至。

（二）市场的深度化拓展

除地域范围宽广之外，中国市场的特点是层次多、纵深空间大，其中最鲜明的就是独特的城乡“二元”结构。在垂直维度上，市场呈梯队式分布，除了省、市、县、乡等行政级别划分外，还有一线城市、二线城市、三线城市等区域区隔，因此，深度化拓展是企业在市场运作中要考虑的重要因素。

与市场的横向广度发展相比，市场的纵向深度拓展强调的是单位市场的产出效率，即立足有限的市场区域，集中资源和精力对市场进行精耕细作、深度挖潜，这也是深度分销的基本理念，其标志是在区域市场中占据较大的市场份额，形成稳固的竞争优势。衡量市场深度拓展程度的标准包括相对市场份额、人均消费量等，这也是企业寻找市场增长点和衡量市场潜力的重要依据。

在快速消费品行业中，市场的深度化精耕已经成为共识。对资源、能力有限的中小企业来说，与其跑马圈地式的广泛撒网，不如立足特定区域市场，采取更扎实、更稳健的市场精耕策略。即便是具备全国化市场覆盖能力的企业，为了获得持续增长的销售利润，也要锁定特定的市场范围，实现纵深化发展。

例如，由于高端消费的收缩和产能供应的饱和，近年来白酒行业竞争持续加剧，企业普遍陷入增长乏力的困境。无论是全国知名品牌，还是地方白酒企业，都纷纷寻求市场的下沉和深度开发，那些市场运作精细化程度较高的企业迅速显现出自身的优势，实现销售利润的逆势增长。

又比如2009年前后的养元，经过数年的市场运作积累和品牌发展，其销售额近10亿元，在河北、河南、山东等重点市场上占据最大的市场份额。尽管如此，通过对市场的实地考察，养元发现在乡镇以下层级的市场上，六个核桃的铺市率还很低，许多终端网点从未接过货，而农村市场对植物蛋白饮料的需求却很旺盛，过年过节的礼品消费量十分可观。

了解这种情况后，我们迅速帮助企业制订了“三下乡”计划，即产品下乡、推广下乡、服务下乡，公司的助销团队协同经销商带车铺货，深入各乡镇、行政村开发终端，确保农村市场的全面覆盖，同时，帮助经销商重新划定配送路线，制定乡村网点生动化标准。这样一个简单的网络下沉行为，起到了立竿见影的效果，养元在看似饱和的市场中再次实现了产品销量的大幅度增长，使企业继续保持了跨越式增长的势头。

在表现形式上，纵向市场的深度拓展包括自上而下和自下而上二种基本路径。前文提到，我们通常会按由高到低的梯队层次对具体市场进行划分。例如，把大型的发达城市定义为一线市场，把一般的城市定义为二线市场，把小型的市、县等定义为三线市场，把广大乡镇地区定义为四线市场等，虽然这种划分的准确性有待商榷，但是却不失为企业寻找市场切入点和纵深发展路径的重要参考。

路径之一是先中心后周边的自上而下式策略，即优先启动人口多、容量大、辐射力强的中心城市市场，集中资源，抢占市场的“制高点”，在取得可观的销售利润时，积聚品牌势能，利用市场的辐射力带动周边市场，形成中心开花、周边取量的市场局面。

采取这种路径，便于企业抓住市场关键点、抢先占领优势阵地，以点带面，迅速打开销售局面，这是一种效率较高的市场启动方式。但是，采用这种路径的企业也会面临资源投入大、竞争成本高等问题。因此，这种方式通常适用于规模较大、品牌知名度较高的企业。

综合资源配置能力较弱、品牌影响力较小的企业适合采取第二种市场延伸路径，即先周边后中心的自下而上的发展模式，企业先从竞争相对缓和、投入资源相对较少的县、乡农村市场切入，主动放低姿态，下沉重心，在一线品牌无暇顾及或不屑顾及的市场上扎根立足，建立自己的利基市场，对中心城市市场暂时采取“围而不攻、蚕食渗透”的策略。这种模式常被形象地称为“农村包围城市”，是许多本土企业在早期发展阶段常采用的方式。

采用这种途径的好处是便于企业规避竞争风险，扬长避短，在资源条件和综合能力有限的情况下，避免与一线品牌打消耗战，有效地保存自我、积累实力。当然，这种方式也存在市场启动周期长、容易贻误战机等弊端，企业要在实际操作中因时因地制宜，权衡利弊，综合把握。

市场的广度和深度是企业实施营销谋划中最基本、最重要的一对考量因素。在实践中，市场的广度和深度相辅相成、有机结合，因势利导、动态把握是企业在具体操作中要遵循的基本原则。

二、市场的高度和跨度

营销的终极战场不在地域，不在终端，而在于消费者的心智，对消费者心智的占有才是真正的市场占有。站在顾客需求、认知和消费升级的角度，我们可以衡量出一个品牌所能达到的市场高度和所具备的市场跨度。同样，这两个维度也为企业剖析市场、规划市场提供了更宽广的思考方向。

所谓市场的高度，是指以顾客的心理变量为准绳，衡量企业或品牌所能占据的心智地位，以及在同类别产品中的相对位次。例如，提到空调，人们首先会想到格力，提到高档手机，人们首先会想到苹果。显然，具有一定市场高度的品牌具有很大的竞争优势。市场的跨度指的是基于对不同顾客群的消费动机、消费行为等的洞察，判断一个品牌对不同细分市场的覆盖跨度。下面我们就从市场的高度和跨度两个方面，谈谈企业如何洞察和拓展市场。

（一）打造有效的市场高度

我们说真正的市场空间存在于顾客的心智网络，对市场份额的占有，归根结底是对顾客心智份额的占有。根据经典的定位理论，人们的心智空间是以类别化的方式储存信息的，不同类别的信息被存放于不同的心智位置，这些心智位置犹如一个个抽屉。每个抽屉的容量是有限的，要想被顾客记住、购买，品牌必须在其所属的品类抽屉中占据显要地位，这个地位就是企业追求的市场高度。同样，对顾客心智资源的洞察和发掘，也会给企业带来更多的市场机会和更大的市场空间。理论上说，每个品牌都有成为“第一”的可能，而一旦占据了这个“第一”的高度，企业就具有竞争优势和较大的市场份额。例如，通过品类战略创新，六个核桃确立了“健脑益智类”饮料的新高度，把品牌认知从一般营养型饮料的“抽屉”转移到健脑益智类饮料的“抽屉”，使企业获得“第一”乃至“唯一”的顾客心智标签，进而获得最大的市场份额。

如今，企业要想实现更好的发展，就必须找到自身的市场制高点。在竞争激烈的市场中，有形和无形的市场空间越来越狭小，企业脱颖而出的机会越来越少，许多行业已经形成“赢者通吃”的局面，在这种环境下，企业不能成为第一，就要面临被边缘化、甚至淘汰出局的命运。这种市场高度的确立和市场制高点的卡位，需要企业基于自身的核心优势，聚焦某个特定的细分市场，进行专注化、极致化的市场运作。在国产汽车增长乏力，缺乏竞争优势时，长城汽车果断地选择了聚焦战略，根据自身的技术资源条件，着重拓展皮卡和SUV两个细分领域，并通过需求深挖和产品创新将这一定位发挥到极致，一举成为国产汽车的领头羊，其在SUV市场中的份额超过许多国外品牌。长城汽车董事长魏建军说：“别人跳远，我跳高。”这句话正是对这种“专而高”的市场战略的生动描述。

为了提升品牌的市场高度，企业需要充分地把握品类化战略。如前所述，“类别化存储”是顾客信息处理的基本方式，用品类思考、用品牌表达，是顾客购买商品时的基本心智模式。所谓品类化策略，就是基于对顾客心智网络的洞察，找出那些已被发现或尚未被发现的细分地带，结合企业品牌的已有心智基础和核心优势，找到最有可能成为“第一”的那个心智点，进而与品牌形成对接并持续强化，使品牌贴上品类的标签，直至成为品类的代言者。品类地位的高度通常决定了顾客认知产品的价格高度与价值高度。例如，格力电器对空调这一家电品类的专注，红牛对功能饮料的专注，加多宝对凉茶的专注。除此之外，至于那些已经被竞争对手占据的品类市场，企业可以采取树立“亚品类”的方式，对顾客心智进行有区隔的嫁接。即当某一品类已经充分成熟，成为许多品牌共享的基础品类时，企业可以采取“节外生枝”的方式，与已有品类认知建立一种既紧密相连又有显著差异的关系。例如，百事可乐“新一代的选择”的诉求，巧妙地将百事可乐定位成年轻人喝的可乐，从而与可口可乐形成区隔。除此之外，雅客的“维生素糖果”、喜之郎的“可以吸的果冻”等都是通过对“亚品类”化市场的切割，找到了品牌的市场高点，进而实现有效的竞争突围。

（二）拓展有效的市场跨度

从顾客的消费认知和消费行为出发，我们可以评估某品牌或品类对不同细分市场的覆盖跨度（弹性空间）。从这一维度进行思考，企业能够找到市场不同的横截面，在品牌与目标市场的对接上做出决策，发掘出潜在的市场空间和增长路径。

就植物蛋白饮料来说，早期的品类发展是从礼品消费开始的，尤其是在我国北方的广大市场，年节性礼品消费已经成为一种习惯。但是，单一的礼品市场很容易饱和，而且淡旺季过于分明，品类的细分市场跨度受到制约。后来，露露杏仁露率先发掘了佐餐消费这一潜在市场，引导加热、冰镇饮用的消费形式，将餐饮渠道培育成一块新的细分领域，首次拓宽了该品类的市场跨度。而养元六个核桃则在以上二种基本消费形态覆盖的基础上，通过对品类概念的重新定义，着力开辟了家庭储存饮用、日常即饮等消费市场，并通过“高考季”等关键时点推广并强化了品类的基础性消费色彩，进一步拓宽了目标市场，拉大了品牌的横向跨度。

深入洞察顾客的心智和行为，发掘出那些潜在的、未被明确引导的细分市场，继而放大、培育消费行动，这是企业获得有效的市场跨度的前提。这种人为式的市场扩宽策略，能够帮助企业找准市场切入点、实施差异化竞争、开发新的增长源、建立市场防御机制。

在具体运作上，我们可以从以下五个方面增大品牌的市场跨度和覆盖面：

1. 基于目标人群的拓展

在许多行业，尤其是消费品行业，“老少皆宜”通常不是一个明智的定位策略。随着市场的发展和竞争的加剧，企业要不断地通过人群细分增加市场宽度。知名化妆品品牌欧莱雅对男士护肤品市场的成功开发、国产品牌纳爱斯对“牙膏分男女”的产品细分尝试，以及养元六个核桃推出“儿童成长”型、“易智状元”和“养生型”核桃乳都是基于人群区分的市场跨度扩展实例。

2. 基于产品功能的拓展

对产品功能的细分拓展，有利于满足消费者多样化的消费需求，进而形成更广泛的市场覆盖。20 世纪 80 年代末，当人们还在用洗发膏甚至洗衣粉洗头发时，宝洁有限公司首次在国内推出了“可以去头屑”的全新洗发品牌“海飞丝”，彻底颠覆了中国人对洗发这一基础性需求的认识。后来，宝洁又根据洗发和护发二合一、营养滋润等产品功能相继推出了飘柔、潘婷，宝洁凭借其对产品功能的细分获得了巨大的竞争优势。

3. 基于消费场景的拓展

不同属性的产品对应不同的消费场景，很多时候，企业可以通过有意识地培育、拓展消费场景，创造更多的销售机会。加多宝在启动市场的过程中，就把火锅店的消费培育为该商品消费的重要一环。因为，除了传统的商超、便利店购买即饮之外，人们吃火锅时对“去火”的需求是十分强烈的，对吃火锅时喝凉茶这一“示范性场景”的开发，既能够增加凉茶的销售机会，又可以促进产品体验和品牌口碑的积累。“限量贺岁版”六个核桃也是基于中国人特有的春节消费场景、消费情绪而推出的产品。

4. 基于风味差异的拓展

风味是所有食品类商品的基础属性之一，也是最容易通过差异化拓宽细分市场的食品属性。在这方面，最典型的莫过于方便面行业。我们所熟知的经典产品几乎都是通过风味创新实现市场突围的，从早期红烧牛肉面一统天下，到后来的大骨面异军突起，再到今天的老坛酸菜面红极一时，风味的创新不断引领着行业的发展，也为企业的差异化竞争提供了更多可能性。

5. 基于情感观念的拓展

除产品的物理属性外，品牌的细分化拓展还可以通过顾客的精神、情感、意念等心理要素来实现。例如，可口可乐以“昵称瓶”形式推出的分享定制传播活动，充分把握了互联网时代年轻人追求个性和趣味的心理特点，借助各种社交媒体实现广泛的口碑传播，在保持产品的实体属性不变的情况下，通过丰富品牌的内涵，唤起人们潜在的购买欲，实现了品牌塑造和业绩提升的双赢。

实践表明，真正的市场密码存在于消费者的大脑之中，这片拥有无限可能的市场空间，为我们提供了更为立体的思考维度，也使我们更富有想象力。

三、市场的变化度和创新度

除地理空间上的有形维度和顾客心智中的无形维度之外，我们还要关注时间线条上的市场变化及变化中不断涌现的市场潮流和创新机会。

著名的畅销书作家斯宾塞·约翰逊曾经说过："世界上唯一不变的是变化本身。"当今的中国正处于政治、经济的深度变革期，政治、经济环境对市场结构、消费形态的影响愈发显著。互联网信息技术的广泛普及已深深地触动甚至颠覆了许多行业的传统格局，新潮流、新观念层出不穷，这就是市场的变化度，也是任何行业、任何企业都无法规避的现实生态。与此同时，市场环境的快速变化中也蕴藏着无限的创新可能。我们看到很多行业正在被重新定义，传统市场的边界逐渐被打破，以往处于边缘地带的新事物，如今已凭借着自身强大的创新能力成为市场的主流，淘宝网、小米手机、滴滴打车、奇虎360、特斯拉等案例昭示了一个创新时代的到来，市场的创新度为我们带来了无尽的想象空间！

（一）把握市场的变化度

在宏观、微观环境急速变化的今天，市场的动态性演化、"新常态下的主流换挡"正深刻地改变着企业的生存土壤，直接关乎企业的战略趋向和营销运作机理。这种变化有的是渐进式的，有的则是突进式的，这就要求企业具备一种及时识别环境生态的能力。

以下五个方面的趋势性变化尤其值得我们关注。

1. 人口结构的变化

人口是最基本的市场变量，营销本身也正是基于对人的考量和体察。在人口结构方面，当下企业要关注的是老龄化趋势。相关数据显示，2014年年末，我国60周岁及以上人口数为21242万人，占总人口比重为15.5%，65周岁及以上人口数为13755万人，占比达10.1%。老龄化社会的到来，既直接影响了养老产业、健康产业的发展，也极大地触动了其他行业的发展。另一个趋势是社会主力人群的迭代，80后、90后新生代群体逐渐步入主流社会并成为社会的中坚力量。和上一代消费者相比，他们的生活态度、消费观念等体现出较为鲜明的个性。企业必须主动走进他们、融入他们，这样才能赢得这些消费者持续的好感和青睐。

2. 消费形态的升级

改革开放30多年来，中国人的物质生活进入一个相对富足的阶段，人们的思想观念、消费行为等也发生了根本性的变化，我们必须以全新的眼光审视今天的消费者。"物美价廉型消费"、"模仿排浪式消费"逐渐被趋优性消费和多样化、个性化消费所取代，广大城乡居民的消费形态逐渐从生存型转向享受型、发展型，具体体现在：消费者的品牌消费意识空前提高，购买行为越来越集中于知名品牌，消费者对企业的品牌化经营和品牌塑造提出了更高的要求；产品的价格敏感度不断下降，在许多行业，尤其是快消品领域，价格已不再是影响消费者购买决策的首要因素，因此，那些以低价低质为生存策略的企业的发展空间会越来越小；精品化、轻奢化消费潮流初步兴起，如今，一部分人群，尤其是中产阶层，已不再满足于对商品的功能性需求，而是更加注重产品品质的极致化、品牌内涵的认同感和自我精神上的满足感等。消费形态的升级要求企业从战略和营销上做出适当的改良和调整。

3. 移动互联网的普及

经过20多年的发展和普及，互联网已经成为影响中国社会经济形态的最活跃因素，深刻地改变了人们的生活、工作和消费方式，且在不同程度上触动着各种传统行业。网络化生存时代为人们提供了海量、即时的信息，社会的交流与互动越来越呈现出去权威化、去中心化色彩。信息对称度的提高，既使消费者的主权意识得以增强，也使消费者的购买行为发生根本性的变化，传统自上而下的单向信息沟通已经逐渐失去效力，这就迫使企业重新构建自己的营销观念和方法体系。更为显著的是，以网上购物为代表的新型消费方式已经普及，2亿多中国人已经习惯采取网上购物的方式，大批传统商业形态被颠覆或改造。随着"互联网+"成为一种普遍的共识，未来的企业内外部价值链必将继续发生深刻的改变，我们熟知的市场概念将被重新定义，企业也必将在其战略模式和运行机制上进行革命性的创新。

4. 城乡一体化趋势

随着国家“新型城镇化”战略的提出，城乡一体化成为中国社会发展的重大趋势之一，传统的城乡二元结构将被打破，社会经济形态也将随之发生深刻的变化。事实上，仅从市场营销的角度来看，当前城市市场和县乡市场之间的差距已经明显缩小，传统的市场边界日益模糊，家电下乡、汽车下乡及互联网、智能手机等的普及无不印证并推动着城乡一体化趋势的发展。在消费者的购买能力、消费意识、消费习惯等方面，城乡市场之间的差异越来越小。随着物流、信息的高度发达，县乡农村市场以往的被动消费形态已发生根本性的改变，靠信息不对称或低价倾销占领市场已经没有出路。随着城乡融合程度的不断提高，县乡农村市场将为各个行业提供更肥沃的市场土壤，企业必须在品牌建设、营销方式、资源配置等方面做出相应的调整。

5. 渠道业态的演变

我们关注市场的变化时，既要充分地考察消费者因素，也要时刻关注渠道业态的演变。作为营销的基本要素之一，渠道是我们进行市场开发、运作的关键性变量。渠道业态的变化演进直接关系到企业对营销方向和营销模式的选择。就快消品行业来说，国内市场的主流渠道业态经历了批发流通主导、现代商超崛起、多渠道细分并存、新兴电商渠道活跃的演变历程。随着渠道业态的演变，企业的营销战略、策略模式、组织架构及资源配置方式等也有所调整。随着社会经济的发展，新的渠道业态将不断涌现，渠道的垂直化、扁平化、专业化趋势已经显现，线上线下融合的“O2O”模式、不同行业间的跨界渠道资源整合等已经成为新的营销焦点。关注变化、适应变化，企业才能赢得先机。

（二）驾驭市场的创新度

市场环境的动态变化，既给企业带来了挑战，又给企业带来了无尽的想象空间和创新契机。从立体的角度审视市场，我们会发现创新是极其重要且十分活跃的关键因素之一。如果我们时刻保持创新意识，就会发现程式化的市场蕴藏着取之不尽的隐性资源和创新触点，这些隐形资源一旦被发掘，将会迸发出惊人的颠覆性力量。未来的万众创新时代一定是创新至上的时代，未来的营销也一定是创新为王的营销！

当然，创新不是空谈，不是口号，也不是不可捉摸的灵光乍现，越是有价值的创新，越应该注重对营销本质规律的把握，植根于现实的市场土壤。从实践的角度出发，我们至少可以从以下三个层面把握市场的创新维度。

1. 洞察潜在的顾客心智资源

市场的创新机会和线索首先存在于顾客的心智网络之中。相比地理空间、渠道网络、终端、消费场景等有形的市场资源，顾客的心智资源更具复杂性和隐秘性，难以精准测量，包含着许多认知缝隙和未被唤醒的潜在需求，消费者隐性的心智空间是最容易滋生创新的地带。凉茶本来是流传于岭南地区的一种民间中草药植物饮品，有清热、解毒、润燥、化湿等多种功能。对大多数人来说，这些模糊而专业的中医术语很难被区分和记忆，消费者的心智空间中并没有放置这些概念的“抽屉”。而上火、去火则是为中国人所熟知的中医概念。当时，王老吉率先发现并挖掘了“预防上火”这一潜在的心智富矿，将传统的民间饮料升级为“预防上火”的标准化商品，凉茶一时红遍大江南北。由此可见，深入洞察、抢先发掘顾客潜在心智资源是极为有效的市场创新路径。

2. 重塑营销价值点

营销的根本目的在于创造价值，消费者对某一品牌、某一产品的感受和评价最终取决于顾客让渡价值的高低。顾客让渡价值是指顾客总价值与顾客总成本之间的差额。在竞争激烈的市场环境中，企业很容易产生一种过度化的价值营销倾向，过分注重在价值项上做加法，盲目追求“大而全”，忽略顾客的真实需求和有效价值点，为企业增加了许多无谓的成本负担。这种过度营销在白酒行业体现得尤为明显。过度的产品包装、概念诉求、品牌传播、促销手段等，表面上是为了满足顾客的需求，进而赢得顾客，实质上却背离了基本的价值规律，对顾客的价值体验造成了伤害。因此，企业要有效地辨别顾客价值点，将关键的价值环节做足、做充分、做到极致，同时，删减、削弱非必要的价值环节，通过价值重塑，实现创新和突破。泸州老窖的“三人炫”白酒之所以成为爆款产品，正是因为一次顾客价值再造的创新实践。这一创新实践既强化了关键性需求点（名酒品质背书、极具魅力的产品形象等），又消除了一系列冗余成本（采用1L包装，以减少包装成本、通过网络直销压缩流通成本、以零促销节省推广成本等），极大地提高了产品的性价比，为顾客带来颠覆性的价值体验。

3. 关注市场边缘地带

受趋同思维的影响，人们通常把目光集中在主流事物上。在诺基亚引领手机行业发展之时，大批追随者、模仿者蜂拥而上，他们拼屏幕、拼外观、拼待机、拼功能，人们认为这应该就是手机产业的全部。当苹果公司第一次把掌上电脑的功能移植到手机上时，或许没有人相信这部叫iPhone的手机会颠覆整个手机行业，新生的、边缘的事物取代了传统的主流事物。在现实的经营压力下，企业更倾向于把资源和精力放在已有的、成型的业务体系上，竭尽全力地加以改良，精益求精，而无暇顾及或选择性地忽视那些规模虽小却活力十足的边缘事物。事实上，越是市场的边缘地带，越容易诞生具有革命性和颠覆性的新生事物。比如电子商务，对许多行业来说，它可能仍然只是一种补充，企业一般不会把经营重心放在电子商务上，但是，也许在不久的将来，曾经的田间幼苗终将长成参天大树，电子商务也将成为市场的主流。现实生活中有很多这样的案例。

在本章，我们从六个主要方面阐述了市场维度的概念。事实上，从现实角度出发，市场维度的划分远不止于此，每个行业、每个企业都应该有自己的市场维度标杆。但是，无论如何，以更开阔、更立体的视角剖析市场、洞察市场对企业的发展有重要的意义，这也是每个企业经营者应该具有的意识。

第十三章

Chapter 13

品牌成长论

和生物的成长、进化一样，产品品牌也时刻上演着自身的成长、进化传奇。品牌是一面旗帜、一种信仰、一个符号，是消费者身份的标志、行为的象征、内心的表达及精神的追求，已经深入消费者的内心深处。从进化论的角度来看，品牌的诞生无疑是品类演进、分化的结果。然而，从企业品牌战略的角度来看，任何品牌都有其诞生、生长、壮大的过程。品牌的诞生、壮大、消亡不仅与品类市场的高度密切相关，而且深受企业主体各方面条件和能力的制约。在市场高度成熟和透明、消费日趋理性化和多样化、品牌的传播环境变化巨大的今天，企业如何以新视角、新思维重新梳理、审视、选择品牌成长、进化的路径？

一、认识品牌的成长与进化

谈到进化，我们首先想到的是生物进化。生物进化是指生物由简单的原始生物进化为复杂的、有智慧的物种的演变过程。达尔文在 1859 年出版的《物种起源》一书中系统地阐述了他的进化学说。

达尔文认为自然选择是生物进化的动力，生物都有繁殖过盛的倾向，而生存空间和食物是有限的，所以生物必须“为生存而斗争”。同一种群中的每个个体也会发生变异，那些能够适应环境、发生有利变异的个体将存活下来，并繁殖后代。相反，不能适应环境、未发生有利变异的个体将被淘汰。如果自然条件的变化是有方向的，那么在历史过程中，经过长期的自然选择，微小的变异就会逐渐成为显著的变异，由此可能导致亚种和新种的形成。这个过程就是生物进化过程。

与生物进化过程相似，品牌的成长与进化也是一个残酷且符合市场规律的过程。自诞生之日起，品牌就要面对经济环境、社会环境、市场环境、行业环境、消费环境、传播环境的发展与变化带来的生存压力，同时还要接受市场竞争者的挑战，可见，这是一个优胜劣汰、适者生存的过程。品牌只有顺应环境的发展与变化，结合企业各方面的条件、能力进行自我更新和关键节点的品牌创新，才能抵御外来因素的冲击，在激荡多变的市场中生存下来，一步一步地成长、壮大、成熟，进而成为一个具有丰富的品牌内涵、强大的品牌价值、雄厚的品牌文化及良好的美誉度、强大的忠诚度的伟大品牌。品牌成长的过程是品牌在消费者的心智空间扩大领地的过程，更是品牌不断排除万难，一次又一次实现蜕变的过程。

从品牌的进化来看，品类的每一次演进、分化都会有品牌诞生；从品牌的成长来看，每个品牌都有一个由小到大的成长过程。品牌的成长是品牌进化的阶梯。

二、企业应当树立品牌成长观

品牌的成长与进化是一个点滴积累的过程，每一次质的飞越都离不开品牌日积月累量的进步与成长。因此，企业在打造品牌的过程中应当树立品牌的动态成长观，务实而又不失前瞻性地看待品牌的成长。

（一）用动态的眼光看待品牌

企业要以动态的眼光看待品牌的成长，要为品牌的将来负责。企业的每一个行为都是在为品牌加分或减分，正是企业在运行过程中对品牌的无数次加加减减，才有了品牌的辉煌或落寞。因此，企业实施的每一项品牌策略都应该以品牌未来的战略目标为前提，以提升品牌形象为原则，为品牌的明天负责，而不是为了眼前的利益透支品牌价值或损害品牌形象。企业不仅要看品牌的今天，而且要考虑品牌的明天，以动态的眼光和思维思考品牌未来的发展，为品牌的成长和进化积淀更多有利的因素。

（二）给品牌成长以足够的时间和耐心

品牌的进化过程非常漫长，如六个核桃品牌，从2005年诞生到为大家所熟知就历时七八年，而六个核桃品牌的长大、成熟又经历了很长一段时间。因此，在打造、培育品牌的过程中，企业一定要“耐得住寂寞，经得起诱惑”。企业缺乏的往往不是对打造品牌重要性的认识，而是对品牌进化这一漫长过程的足够耐心。企业应当明白品牌成长不是一朝一夕的事情，不能因为品牌在短期内没有明显起色就寝食难安或轻易放弃。品牌的成长需要很长的时间，品牌只有在时间的长河中反复历练，才能成为具有丰富内涵和强大内核的伟大品牌。

（三）为品牌注入伟大基因

每个品牌最初都是弱小的，有些品牌终将会成为驰名世界的国际品牌，而有些品牌可能不久就会消亡。在打造品牌的过程中，企业要始终按照伟大品牌的标准培育品牌，在品牌打造之初，就给它注入伟大品牌的基因。在品牌文化的梳理、品牌内涵的提炼、品牌的定位及品牌形象的塑造等每个细节上都要按照伟大品牌的标准来打造，只有这样，我们的品牌才有可能成为伟大的品牌。

（四）品牌是一个结果，也是一个过程

自产品命名（商标注册）之日起，品牌就开启了其成长、进化的历程。品牌进化与生物进化有相似的进化历程。每个品牌的进化过程都是一个由小到大、由弱到强、由少品牌接触点到多品牌接触点、由稚嫩到成熟、由简单的品牌概念到完整的品牌价值体系的成长演变过程。

1. 品牌是动态成长的过程

今日之我非昨日之我。品牌的成长和进化是一个过程，企业发展过程中的点点滴滴都在塑造着品牌。在品牌的初创期，品牌只是一个产品的名称，企业赋予它概念、诉求等简单的品牌价值，此时品牌所具备的实力和能力都相对有限，因此，品牌所能承载和包含的品牌价值也是非常有限的。当然，品牌价值的大小与企业的实力、品牌的外部环境是分不开的。初创期的品牌还很弱小，但是企业依然应当把它作为伟大品牌来培育。随着品牌的进化与发展，品牌也将从只有几个核心品牌要素的“品牌家园”成长为拥有强大品牌价值的“品牌王国”。这个过程漫长且艰辛，但却是品牌通往成功的必由之路。

很多时候，品牌定位或概念只能满足企业当时的发展需求。随着企业的发展及外部环境的变化，企业需要重新对品牌进行定位，而品牌的定位

和重塑实质上就是品牌不断升级、修正、再聚焦、再确认的过程。在品牌的成长过程中，企业随着其实力、能力、战略思维等因素的变化而变化，进而推动品牌的更新、升级。没有什么是一成不变、一劳永逸的。品牌的成功是长期积累的过程，品牌只要存在，就要不断地进化与成长。相时而动，方能永恒。

作为全球知名的百年品牌，可口可乐一直是可乐的代表。从品牌诞生到现在，可口可乐公司使用过很多广告语，请过很多大牌明星为可口可乐做代言，可乐的经典品牌形象就是在这一发展过程中不断强化的。

2. 品牌效应是长期积累的结果

今日之我是过去岁月中无数个我的集合；品牌也是长期积累的结果。当企业推动品牌占领消费者心智的时候，这个初步结果、继生结果、升华结果也就呈现了。没有一蹴而就的品牌，那些号称一句广告语便可成就一个品牌的说法是靠不住的。分析成功的品牌，我们会发现品牌进化的过程就是一个对品牌价值进行升级、积累、沉淀的过程，正是这个漫长的进化过程成就了一个伟大的品牌。

在品牌进化的过程中，企业会对品牌进行无数次的“加加减减”、“修修补补”，这些都是对品牌价值的积累。没有无根之木，也没有枯木之花。品牌今日的辉煌是无数个昨日的积累和沉淀的结果。企业希望通过一句广告语或一个诉求打造成功的品牌只是一个无法企及的梦想。

在养元六个核桃品牌初创期，消费者不熟悉该品牌（当时或许还称不上品牌），企业此时定位于礼品市场，品牌的传播和推广以“过节送礼，聪明的选择”为广告语；随着企业的发展，养元又使用了侧重风味的“六个核桃，就是好喝”的广告语；而后养元又定位于补脑健脑的核桃专家，打出“经常用脑，多喝六个核桃”的广告语。可见，品牌的进化需要时间的历练和沉淀，今天的“经常用脑，多喝六个核桃”是品牌的制高点吗？当然不是，这也只是品牌进化路上的一个阶段而已。

企业在发展的过程中，不断地探索并升级自己的品牌，只要产品的品类不消亡，品牌进化就没有终点。因此，企业要不断地修正、升级、创新产品品牌。

三、品牌成长的发展阶段

从产品品类的角度来看，品牌成长的发展阶段及阶段性特征又是怎样的呢？

（一）品牌创始阶段：品牌产品化

何为品牌产品化？品牌在创立之初，还不能称其为品牌，因为这时的品牌只是企业产品的名称。企业对品牌的打造开始于企业对其核心产品的打造，打造核心产品的过程就是奠定品牌基础的过程，品牌依托于产品而生，产品的成功推动品牌的成长与发展。

品牌依托于产品而存在，产品依托于消费者而生存，没有销量的产品又何谈品牌，那么，品牌的产品化之路又是如何开始的呢？

1. 创新品类的进入

进入哪个品类对企业来说是非常重要的。进入发展成熟的品类，我们就犹如沧海一粟，与已有的领袖品牌对抗是以卵击石。因此，企业要想获得持续发展，必须成为领袖，而要想成为领袖，企业就要进入一个极具创新性的细分品类，或者是没有主导者、未成熟的细分品类，这样企业才有可能取得成功。这是品牌成长的第一步，也是品牌产品化阶段最重要的一步。

2. 取一个好的名字

一个好的品牌名称可以为企业节省很大的宣传费用，消费者通过品牌名称感受该品牌的个性和内涵，也就是说，品牌名称应该与品牌的个性相吻合。正如人物的名称要和人物的性格相吻合一样，《笑傲江湖》中令狐冲的“冲”字与令狐冲本人放荡不羁的性格吻合；《红楼梦》中林黛玉的“黛”字与林黛玉本人眉尖若蹙、弱柳扶风、敏感、易愁的个性相符。品牌命名也应该如此，企业要赋予品牌更鲜明的个性。正所谓：“名不正则言不顺，言不顺则事不成。”最初进入中国时，可口可乐被翻译为“蝌蚪啃蜡”，如果这个与可口可乐极不相称的名称没有被换掉，那么在中国市场上，可口可乐也不会有今天的辉煌。试想有谁会选择一罐名为“蝌蚪啃蜡”饮料呢？

打造品牌要从品牌命名开始。每一个品牌名称都被人为地赋予了独特的基因和期盼。

3. 赋予产品有魅力的颜值

产品包装的作用在快消品行业非常显著，特别是在终端陈列产品的包装对消费者的吸引力非常大。“这是一个看脸的时代”，消费者经常会因为喜欢产品的包装开始尝试产品。特别是在产品上市的初期，产品的包装就是最有力的促销工具。

好的包装不仅可以吸引消费者的眼球，提高产品销售，而且能彰显品牌的个性，丰富品牌的形象。产品的包装既要精美、个性十足，又要满足目标消费者的需求，迎合目标消费者的喜好。同时，产品包装的风格要与品牌名称相符，这样有利于彰显及传播品牌文化的个性。

（二）品牌成长阶段：品牌品类化

品牌是顾客心智中某一品类的代表，建立品牌的品类化链接是品牌成长过程中的重要一步。

什么是品类？品类常常被理解为商品的种类。按照国际知名的AC尼尔森调查公司的定义，品类即“确定什么产品组成小组和类别，与消费者的感知有关，应基于对消费者需求驱动和购买行为的理解”。而家乐福则认为“品类即商品的分类，一个小分类就代表了一种消费者的需求”。这里所说的品类是企业基于所处的市场和行业进行的分类，而品牌品类化则是基于消费者心智的分类。在市场上，消费者的品类认知非常重要。

1. 品牌只能代表某一种品类

如果企业试图以某一个品牌代表多个品类，那么这个品牌就可能造成消费者心智的混乱，从而被消费者抛弃。提起茅台，消费者心智中涌现的是“国酒”、“酱酒鼻祖”等词，茅台啤酒的出现就是在打破消费者的认知常识。贵州茅台酒股份有限公司的这种做法非但不会提高茅台啤酒的销量，而且会稀释茅台酒的品牌价值。说到格力，我们知道它是空调品类的代表。那么，海尔、美的又代表哪个品类？对此，消费者也不清楚。

很多企业会在发展的过程中受到利益的诱惑，不断地拓展品类，而每一次品类拓展又都使用原有的品牌以节约成本，这就形成了一个品牌统领下的巨大的产品品类群。短期来看，企业能够快速扩张。但是，长期来看，企业的这种做法将严重稀释产品的品牌价值，不利于品牌的长远发展。

2. 品牌的生存与发展，基于品类

是先有品牌，还是先有品类？没有消费者消费的品类，又何谈打造品牌。反过来说，没有领导品牌的不断成长与进步，产品的品类又如何实现成长。由此可见，品牌与品类紧密相连，共同成长，相辅相成。

消费者的日常消费选择也是由品类选择开始的，通常消费者会先确定品类，再选择品牌。例如，我们口渴了，想购买解渴的饮品，这时我们会在矿泉水、茶饮料、功能饮料、可乐等饮品品类中做出选择，然后在我们最中意的品类中选择具有代表性的品牌。我们选择喝可乐，然后我们就买了可口可乐；我们选择喝水，然后我们就买了农夫山泉；又例如，我们打算购置一台空调，这时，我们首先会在节能空调和静音空调两个品类中做出选择，然后再确定选择品类中的某个品牌。

品类是消费选择的开端，品牌则是消费选择的结果，企业要先做到品牌品类化，然后才能实现品类品牌化。

（三）品牌成熟阶段：品类品牌化

品类品牌化就是品类第一，甚至是品类唯一。例如，提到高大上的智能手机，我们立即会想到苹果的 iPhone；提到空调，我们立即会想到格力；提到乘坐舒适的豪华轿车，我们立即会想到奔驰；提到核桃乳，我们立即会想到六个核桃；提到花生油，我们立即会想到鲁花。这就是品类品牌化，它是品牌成长、进化的第三个阶段，表明品牌已经进入发展高峰，成为品类代言人或品类领袖。

1. 保持品类中的领先地位

品牌的定位战略一贯强调选择并占领顾客心智的独特位置，成为某一细分品类的领袖。品牌要在产品的销量及对消费者心智资源的占领上保持领先地位。但是，品牌的打造不是一劳永逸的，市场竞争激烈，品牌的地位随时都有可能被“搅局者”撼动。品类一旦做大，竞争者就会蜂拥而至，因此，领先品牌应当时刻关注竞争者的动向、消费层的更迭、消费者心智资源的变化，引领品类，规范竞争，保护品类。

2. 品牌的进化与升级

市场是不断变化的，品类会随着市场环境的变化而发展。作为品类的领导者，企业不仅要主导品类的发展，而且要跟上品类和时代发展的步伐。

一个时代有一个时代的消费者。国际品牌可口可乐有一百多年的历史，经历了多次时代变迁，始终紧跟时代的步伐，不断升华，“可口可乐歌词瓶”就是为迎合移动互联网时代消费者的需求而开发的产品。不同时代的消费者有不同的消费需求，企业应当把握消费者心智的变化，在品牌价值体系下，不断地丰富品牌的内涵，与当下消费者的心智对接，引起消费者情感上的共鸣。

品牌的定位也会随着环境的变化、市场的发展、品类的推进而不断变化、升级。例如，六个核桃品牌最初的定位是礼品市场，倡导“过节送礼，聪明的选择”，这与企业当时的市场地位有关。后来，六个核桃定位于“补脑健脑”，倡导“经常用脑，多喝六个核桃”，这是企业在具有大传播资源后实施的品类重新定位的战略举措，也是企业不断发展的结果。再后来，养元提出“六个核桃，六六大顺”，进一步推动品牌的升级。近期，养元又推出“每天两罐，必胜”，这是六个核桃在科学实验的基础上对核桃健脑功效的自信表达。

3. 引领品类不断壮大

没有狮子追赶的羚羊会逐步退化，直至消亡。可口可乐与百事可乐之间无休止的竞争，使可乐品类风靡全球。加多宝与王老吉之间的大战愈演愈烈，这倒使可口可乐和百事可乐有些黯然神伤。主导品牌间的竞争可以使品类异常活跃、加快普及、迅速壮大。

作为品类的领导者，企业应该站在整个品类的高度思考问题，以品牌战略眼光和领导者的责任感带动整个品类的发展。品类壮大了，品牌才能实现裂变式发展。因此，面对竞争者的涌入，企业不要畏惧。特别是新品类，企业及品牌的生存立足于品类，而企业仅仅依靠自己的力量很难把新品类做大，这就需要大家加强合作，共同开拓市场、教育消费者。新品类的领导者应该做的是规范行业、引领品类、做好自己。

（四）后品牌阶段：在分化、“蝶变”甚至涅槃中重生

品类长存是品牌长存的前提，而品类的衰变、老化也会导致品牌的式微或消亡。科技的发展、技术的创新、消费趋势和消费需求的变化给品牌、企业甚至品类的发展带来巨大的挑战。这时，企业要在品类分化中找到新的机会，打造新的品牌，以原有品牌的核心价值、精神气质为依托，在“蝶变”中获得新生。

作为世界上最大的影像产品及相关服务的生产商和供应商，伊士曼柯达公司（简称柯达公司）享誉世界，在消费者的心智中，柯达是胶片和相纸品类的代表。数码相机品类崛起后，胶片和相纸品类逐渐走向消亡。尽管如此，柯达公司并不打算放弃柯达这个品牌，在新兴品类的扩张中继续使用这一品牌。结果，十几年后，柯达这一曾经风靡全球的百年品牌就走向了没落。

品牌在企业发展的过程中不断进化，与生物进化类似，越进化越高级。品类则不同，品类会随着环境的变化而发展，或不断壮大，或逐渐衰落，在此过程中，品类会逐渐分化，进而形成新的品类。企业创建新的品牌，迎合消费者的消费需求，开启新的品牌进化之路。

四、品牌成长的驱动因素

品牌成长的过程就是使消费者的消费体验不断升级的过程，在这个过程中，消费者逐渐改变原有的生活方式，开创一种新的生活方式。不断升级的品牌为消费者带来全新的消费体验，消费者也以一种全新的方式感受品牌。构建消费者的生活方式是品牌塑造与建设的核心导向。当今的消费市场正以超乎人们想象的速度和方式发生变化，消费特征从消费群体对产

品的功能性需求逐渐向整体消费模式转变，而且这种消费模式本身也在由产品功能消费向生活方式消费演变，所有的演变终将推动产品品牌的进化。

（一）消费价值驱动下的品牌成长

价值需求是构建全新的消费方式及生活方式的核心驱动要素，仅仅依靠产品的功能及属性还不足以为消费者打造一种全新的生活方式，产品体系上升到价值的层面才能满足消费者对新的生活方式的需求。新的生活方式的形成不仅仅源于消费者对产品本身功能的使用需求，而且源于产品带给消费者的独特体验。也就是说，产品要从文化、理念、情感等方面给予消费者更多的附加值，这些附加值凝聚在品牌中，成为品牌的无形资产。同时，对产品附加值的打造也是品牌进化的根本动力。

在产品及品牌的打造过程中，企业一定要致力于使消费者在使用产品的过程中逐步形成对产品的喜好或依赖，并将消费者的喜好和依赖转化为产品的无形价值，使消费者获得一种独特的生活方式。消费者对产品的喜好会转化为一种价值归属感，而这种价值归属感会寄托在品牌上，从而不断地促进品牌进化，达到品牌与价值的有机融合。

（二）生活形态驱动下的品牌成长

产品只是其功能属性的展示和发挥，只有品牌才能与消费者的生活方式、心智资源融为一体。因此，能为消费者创造一种独特的生活方式的品牌，才能成为消费者心智中的强大品牌。当然，一种新的生活方式的形成并不是仅仅依赖于产品功能的发挥，企业要综合各方面的价值因素，围绕目标消费者进行多层次的打造、传播、延伸，并在不断满足消费者各个层面需求（哪怕是不易察觉的需求）的过程中，通过有形或无形的产品体验，潜移默化地为消费者打造一种全新的生活方式。

以生活形态为驱动力的品牌成长主要表现为以下两种形式：一是实际使用形态，主要是指消费者在使用产品的过程中体验到一种不一样的感受（心神愉悦或心灵满足）。比如，招待贵宾时用茅台酒，茅台酒代表尊贵，这样，主人和客人都会感觉很有面子。产品的这种实际使用形态促使消费者对一种新的生活方式产生深刻的感受，并形成自己对这种生活方式的认识与判断。二是情感体验形态，在驱动品牌进化上，消费者的情感体验往往比产品的实际使用形态更具感染力和冲击力，情感上的融入与共鸣更容易打动消费者的内心。“特仑苏人生”的广告、丰田“人·车·生活”的广告等都是以情感体验引起消费者的共鸣，让消费者感到温暖。这种情感体验最接近品牌价值的本质，是品牌进化的核心。

（三）生态系统驱动下的品牌成长

品牌的成长与进化离不开其与周边环境生态的关系，和谐健康的生态系统是品牌成长与进化的驱动力，为品牌持续、稳定、健康的发展提供了保障。品牌在强大的企业生态系统下健康成长，并为消费者提供一种全新的、良好的体验生活的方式。而这种在企业生态系统中形成的生活方式，既能为客户带来超值的生活体验，又能为客户提供相关的附加价值，使消费者对品牌产生好感，提高消费者对品牌的忠诚度，逐步推动品牌的进化和成熟。

iPhone 手机之所以能够颠覆整个手机行业的发展格局，正是因为史蒂夫·乔布斯把 iPhone 打造成具有上网、听歌、看电影、打电话、刷微博、聊 QQ 等多种功能的创新型产品，苹果 iPhone 的企业生态系统包括手机制造商、网络运营商和制造商、影视节目开发商、软件开发商及计算机公司等，对这一企业生态系统的建构与整合使 iPhone 具有极大的竞争优势。iPhone 手机的出现彻底颠覆了手机行业的格局，引领了一种全新的生活方式，iPhone 品牌成为智能手机中的神话。

五、移动互联网时代的品牌共建

移动互联网逐渐渗透到当代人们的生活之中，成为人们生活的一部分。移动互联网不仅改变了人们的生活习惯和消费方式，而且改变了品牌传播、品牌选择及品牌建设的方式和路径。

（一）移动互联时代的传播特点

1. 传播的参与性、互动性

移动互联网的便捷性使消费者有条件、有能力参与企业的品牌传播。消费者不再是传统的品牌传播的被动接受者，而是品牌传播活动的参与者。在参与品牌传播与推广的过程中，消费者感受品牌的文化，进而强化对品牌的认知。如今，微信、微博、QQ 等网络工具为移动互联时代的品牌传播与推广提供了新的平台。品牌的传播与推广已不再是企业的自说自话，而是要吸引广大的消费者参与，消费者与企业互动，进而提高消费者对品牌的关注度，强化消费者对品牌的认知。

2. 传播的精准性

互联网促进了消费人群的分化，也让那些有共同兴趣、共同爱好的人们重新聚集起来，形成一个个圈层、社群。在身边找一个喜欢 TFBOYS 的人也许并不容易，但是你可以到 TFBOYS 的贴吧去找，因为贴吧里聚集了几万甚至几十万喜欢 TFBOYS 的人。

如果你想学 AE（Adobe 公司推出的一款图形视频处理软件），你可以上专门的 AE 论坛，论坛里有很多高手和其他的学习者，你可以和这些人一起交流学习经验。利用这些虚拟的网络圈层、社群进行信息传播，让传播更具精准性。移动互联时代的大数据力量，可以让企业更精准地掌握消费者的相关数据，进而准确地把握消费者的需求和习惯，有针对性地进行品牌传播。

3. 传播的话题性、趣味性

在这个信息量巨大的时代，品牌靠什么吸引消费者的眼球是各大企业关注的焦点。在这个全民娱乐的时代，人们更加关注具有娱乐性、话题性、趣味性的事物，那些平淡无奇、淡然无味的新闻已经不能从海量信息中脱颖而出。品牌传播与推广的商业信息更要以其话题性、趣味性吸引消费者的眼球。移动互联网的传播已经进入了内容为王的阶段，内容本身的话题性和趣味性是消费者关注的焦点。

（二）品牌传播的关键接触点

如果把品牌的目标人群所能接触到的所有媒介形式都看作品牌传播的接触点，那么企业就可以通过对这些关键接触点的掌控，抢占目标人群所有的碎片化时间，进而完成针对目标消费人群的品牌传播与推广。移动互联网时代，人们的碎片化时间基本已经被手机屏幕占领。

1. 目标消费人群的特性把握

企业要明确消费者的年龄、收入、职业及消费习惯。

比如学生，他们的特点是年轻、追求时尚、充满活力，但是他们的消费能力有限；学生容易接受新鲜事物，主要活动在校园及周边；他们是在移动互联网的陪伴下长大的一代。

又比如高端人士，他们是各个行业的精英人士，收入较高；他们工作忙碌，没有时间购物或看电视；他们经常出差，乘飞机或驾驶高档座驾；他们比较关注消费体验、注重品牌、追求价值及品味；他们经常出入高级会所、星级酒店、高端茶楼或咖啡馆；他们乐于接受新鲜事物，也是移动互联网的追随者。

通过对品牌目标人群特点的掌控，企业可以挖掘品牌传播的接触点，实现品牌传播的最优化。

2. 有效占领目标消费者的时间

通过对目标人群的深入了解及对品牌接触点的有效掌控，企业可以让品牌广告适时地出现在目标消费群体的眼前，无论消费者是在休息、在工作、在用餐，还是正在路上行走，他们都能看到企业的品牌广告。如今，消费者大量的碎片化时间被手机占领，人们每天都要玩微信、刷微博、聊QQ、玩网游、逛淘宝，“低头族”遍布大街小巷。因此，与移动互联网相结合的传播点已经成为品牌的核心传播点。

3. 制造传播话题，实现传播效果的最大化

首先，结合时下热点话题，寻找时下有影响力且与企业品牌相关的热点，完成品牌与热点话题之间的嫁接。以热点话题的传播带动品牌的传播，这样不仅可以提升品牌的知名度，而且可以降低企业的传播成本。企业也可以结合品牌特性和目标消费者的关注点制造话题，并且要保证传播内容的趣味性。

其次，增强传播文案的语言感染力。网络传播注重语言风格的颠覆性、创新性和趣味性，有趣的话语深受人们的喜爱，并吸引人们主动地参与品牌的传播与推广。凡客体、聚美体等极具趣味性、创新性的话语方式曾在网络上引发一股势不可挡的模仿风潮，其在品牌传播上的良好效果不言而喻。

在品牌的传播与推广上，企业要注意信息的统一性。企业传达同一个声音，才能避免消费者品牌认识上的混乱，保障传播效果的最优化。

4. 品牌传播接触点的有效管理

品牌传播的接触点比较多，而且每个接触点的特点、发挥的作用及发挥作用的方式也有所不同，因此，企业要有效地管理每个接触点，使其发挥最大的优势和作用。移动互联网上的品牌接触点应该更具渗透性、传播性、针对性，如微信朋友圈这一病毒式传播方式的及时性、有效性是其他传统媒介无法比拟的，因此，企业要足够重视并充分利用这类品牌接触点。

5. 传播品牌核心价值，占领消费者心智

在进行品牌传播的时候，企业要将品牌识别的核心内容体现在品牌接触点上，让目标消费者在接受、体验品牌时，清晰地感受到品牌的核心内涵和独特个性，进而逐渐占领消费者的心智资源。

重提品牌生长论，其目的在于引导企业以一种动态的时间看待并梳理品牌的发展轨迹。没有一成不变的品牌利器。品牌的成长过程犹如一个生命诞生、成长、成熟、衰变或重生的过程。草根家庭的孩子也会有一个属于他的“土豪梦”，当实现梦想的主客观条件还不成熟，自身的能力还很有限的时候，我们就要创造条件，提高自身的能力，这样，我们才能为梦想的实现做好充分的准备。我见过很多“大师”谈到品牌时摇头晃脑、连篇累牍，却很少见到能立足现实，真正参与企业的品牌创建活动，帮助企业摆脱困境，使其实现快速发展的大师。

第十四章

Chapter 14

系统制胜论

养元并不是时代机遇的疯狂掠夺者，而是市场机遇的有效掌控者。养元也不是随波逐流的跟随者，而是苦修内功的创造者。养元的成功不是个人英雄的展示秀，而是企业团队精神的演武场；不是以单一要素制胜，而是以系统效率制胜。

可以说，养元的成功是企业系统的成功。其实，哪个成功的企业不是其企业系统的成功呢。从海尔、联想，到阿里巴巴、小米，每一个成功企业都是凭借其对系统功能的打造、优化及系统的高效运营才有今天的辉煌，才成就了坚不可摧的商业帝国。企业未来的发展道路还很漫长，为了巩固企业苦心打造的商业帝国，企业要持续打造、优化经营系统。

一、由单一要素营销到系统模式制胜

改革开放以来，中国的经济高速发展。产品的供需关系从供不应求转变为供过于求，进而推动卖方市场向买方市场转变。“时代造就英雄”，一个时代有一个时代的强者或领袖。在中国经济迅猛发展的过程中，不同时代浪潮中的主角们各领风骚，他们荣辱沉浮的命运，体现了狂飙突进的时代主题。

卖方市场正向买方市场转变和过渡。随着中国加入 WTO，快速融入国际经济市场，中国经济发展的每一个阶段都涌现出不同的市场机遇，激励着中国本土企业的发展。经过三十多年的市场化发展，中国企业的市场营销特点及运作方式也发生了很大的变化。笼统地说，由单一要素驱动到系统模式、系统效率制胜正是企业的营销方式演变、升级的基本轨迹。

（一）供不应求的生产主导时代

自 20 世纪 80 年代初到 90 年代初，中国一直处于供小于求的短缺经济时代。一方面，改革开放极大地刺激了人们的消费需求，另一方面，落后的社会生产力导致消费品市场供需失衡，产品供不应求。本土企业关注的焦点是如何扩大产能，提高产量。在这种情况下，谁有足够的产能、产品，谁就可以成为市场的主导，引领大众消费。这一时期，本土营销还处于萌芽、起步阶段。

（二）风光无限的广告为王时代

还记得王力、何阳吗？还记得20世纪90年代中期出现的中央电视台标王们吗？亚细亚、孔府家、孔府宴、秦池、爱多……随着市场饱和度的提升和竞争者的出现，单点创新、中央电视台广告成为众多企业参与竞争、引领需求、决胜市场的关键。敢做广告，且不惜重金在中央电视台做广告的企业，其产品就一定会受到消费者的追捧。只要广告为产品创造了预期市场，企业就可以在全国范围内“跑马圈地”，风光无限。作为中国市场经济发展的见证者，标王和他们的故事已经成为时代的符号或印记。

（三）激烈而直面的终端制胜时代

伴随着20世纪90年代多种行业愈演愈烈的广告战、促销战、价格战，90年代中后期，跨国企业和一些优秀的本土企业进入市场，开始在国内导入渠道精耕、终端争夺的营销模式，并率先实现了营销破局。

“终端”作为有限的营销资源开启了激烈的争夺战。在白酒行业，2000年左右，安徽口子酒业股份有限公司通过富有成效的终端运作，梳理并归纳出“盘中盘”模式，大力拓展酒类餐饮终端，通过餐饮终端的旺销，实现小盘与大盘的共振，带动品牌的成长。“盘中盘”模式一时成为风靡全行业的主流营销模式，众多酒类企业争相效仿。在食品饮料业，精细化终端运作、渠道精耕、深度营销战术也开始受到一些企业的青睐。

（四）精彩纷呈的系统制胜时代

随着市场的纵深演变，参与营销和竞争的因素必然由单一走向复杂，营销模式也告别了以单一要素为驱动力的阶段，转向以关键要素的组合、整体运营效率及结构效率制胜，甚至开始向以战略制胜演变。

企业的机会越来越少，企业如何在激烈的商战中胜出？如何推动企业走上健康、可持续的发展轨道？企业该如何在市场细分、品牌定位、渠道模式、营销价值链效率、整合推广、产业链整合、流程再造、精益化管理、人力资源战略、企业文化建设等方面做出成绩？在新世纪第一个十年里，战略规划、运营系统、高效执行、商业模式重塑与创新等成为众多企业关注的焦点。在营销层面上，以提升价值链效率为核心的深度营销体系与模式成为快消品行业的战略选择。银鹭、养元、加多宝、王老吉等正是在这个时候走进市场并演绎其传奇故事的。

从单一要素到要素整合，从营销系统到产业链系统，从价值链到生态圈，营销模式发生很大的变化，企业的成功必须要依靠系统的力量。从4P到4C，从本土封闭型市场到国际开放性市场，从厂商驱动型市场到消费者制权的互动型市场，从传统型市场到移动互联网时代的新市场，营销模式的迭代、重构、颠覆与被颠覆的速度加快，竞争的方式也更加多样，企业仍然要面临极大地挑战。苹果、三星正面临小米、华为的挑战。联想PC刚刚占据全球第一的位置，互联网时代以智能手机为中心的移动数字化设备已经开始肆意地掠夺PC的“奶酪”。

“互联网+”时代，一切传统模式、传统营销都将面临升级、重塑或出局的命运。随着企业大系统、大程序、大逻辑的迭代、升级、重构与创新，系统制胜时代到来了。

二、企业系统营销的特点

什么是系统营销？众说纷纭，还没有一个权威的定义。简单地讲，系统营销就是企业为了完成战略目标、实现战略愿景，在企业战略规划的指导下，构建强大的营销组织体系，实现企业不同业务板块的有效协作与配合，从而提升组织系统的运营效率。企业的运营依靠的是组织系统相互协作的力量，而不是企业产品、品牌、价格、渠道、传播、推广等单一要素的力量。

企业应当树立系统营销的观念，从组织结构、管理体系及运营机制等多个层面树立企业长期、持续发展的全局观，打造系统化的企业运营管理体系，以企业系统的力量来应对竞争多变、纷繁复杂的市场环境，谋求企业的长足发展。

（一）要素的系统化组合

中国学者钱学森认为："系统是由相互作用和相互依赖的若干组成部分结合而成，具有特定功能的有机整体，而且这个有机整体又是它从属的更大系统的组成部分。"企业系统营销以战略目标和绩效管理为核心，是对产品、品牌、价格、渠道、推广、团队、服务等营销组合要素的系统化整合，从而形成"1 +1 >2"的有效业务模式、营销模式，以应对竞争，赢得顾客。

（二）优化的内部结构

结构即组成整体的各部分的搭配、安排和秩序，也就是各要素之间具有特定的关系才会形成结构。例如，汽车由发动机、车胎、车座、方向盘等无数个配件按一定的方式装配、组合而成。生物体由很多器官组合而成，单个器官或多个器官随意拼凑是不能形成生命个体的。在设计营销系统模式的过程中，企业首先就应该考虑系统各要素之间相对稳定的关联方式、组织秩序，确保各要素在结构框架内有序运行，进而提升系统的运营效率，发挥系统的整体性作用。

（三）简单高效的组织保障

简单、高效是每个系统的终极目标，这个目标看似简单，但实现这一目标并不容易。企业能否有简单高效的组织保障，主要取决于以下几个因素：

企业领导的推动。老板的高度决定了企业的高度。如果企业领导全力推动企业内部系统简单、高效的运作，那么企业就会取得良好的效果。

组织架构优化。企业的组织架构是企业内部管理的工具，组织架构的设置是为企业服务，目的是提升企业的管理效率及运营效率。企业的组织架构可以很简单，也可以很复杂，这主要是由企业的需求及其组织架构所呈现的效率决定的。

制度流程设计。企业的制度流程规范的制定是提升企业管理效率的好办法，工作有章可循，简单明了，工作效率自然就提高了。但是，过多的制度与流程也会降低工作效率。所以，在企业制度与流程规范的制定上，企业只要做到恰到好处就行了。

企业文化建设。制度是由外而内的，而文化是由内而外的。企业文化是企业的内核精神，让简单、高效成为企业文化的一部分，以文化驱动整个企业的改变。

三、系统制胜的核心：企业商业模式的打造

企业系统制胜其实就是企业商业模式制胜，换句话说，企业打造成功的商业模式源自企业运营系统的构建。

所谓企业的商业模式就是企业创造价值、传递价值及获取价值的基本原理。MBA 智库 · 百科给商业模式下的定义是 ：为实现客户价值最大化，把能使企业运行的内外各要素整合起来，形成一个完整的高效率的具有独特核心竞争力的运行系统，并通过最优实现形式满足客户需求、实现客户价值，同时使系统达成持续赢利目标的整体解决方案。

百度百科给商业模式下的定义是：商业模式是一个企业满足消费者需求的系统，这个系统组织管理企业的各种资源（资金、人力资源、作业方式、销售方式、信息、品牌和知识产权、企业所处的环境、创新力，所有这些又称输入变量），形成能够提供给消费者必须购买的产品和服务（输出变量），因而具有自己能复制但不被别人复制的特性。

可见，商业模式的核心是系统、传递价值、获取价值，即企业通过为客户提供价值，客户在接受价值的同时感到满意，乐意为企业所提供的价值买单，从而使企业收获价值。这一过程的完成需要企业系统的支撑，从这个意义说，企业系统制胜的核心是企业商业模式制胜。

商业模式设计的关键环节是价值设计，企业如何围绕价值设计打造成功的商业模式？成功的商业模式的核心是什么？

（一）找到目标客户

企业要根据自身的特性对客户进行细分，明确哪些客户才是企业真正的客户和企业收入的主要来源。这一点非常重要，因为只有确定了企业的真正客户，企业才能有针对性地进行后期宣传，才能更准确地切中客户的需求。例如，快捷酒店的崛起，不是所有的旅行者或出差者都能住得起五星级酒店，如家、7天连锁、锦江之星等一批快捷酒店正是看到了中档、中低档消费人群的巨大潜力，继而将自己的目标客户群体定位为消费水平一般的客户，并迅速发展起来。因此，企业必须对客户进行细分，找到企业的目标客户。

（二）精准定位消费需求

企业要重点研究目标客户的需求，了解目标客户想要什么。例如，如家快捷酒店知道客户要的是一个干净卫生、环境安静、价格适宜的旅行居住环境，因此他们取消了酒店中不必要的服务，去除了酒店房间里烦琐的装饰品，在为顾客打造舒适环境的同时，大大降低了顾客居住的成本，满足了顾客的核心需求。

例如，茅台的目标客户分两种，一种是茅台的购买者，另一种是茅台的使用者，而且二者往往不是同一个人。购买者把茅台作为礼品，因此看重茅台所代表的社会价值，希望通过品牌价值非凡的茅台彰显购买者的诚意。而茅台的使用者经常是收礼者，且多是位高权重者，他们看重的是茅台对自己身份、地位的彰显。因此，无论是购买者，还是使用者，他们都看重茅台所代表的社会价值。所以，茅台集团要准确把握客户的需求，在打造茅台稀缺性、高价值属性的同时，还要不断地塑造茅台奢侈品的形象，从而满足目标客户的需求。

（三）找到企业核心优势

企业对自己的资源进行梳理、整合，并通过对企业核心资源的评估，找到企业核心资源与目标消费者需求的对接点，或在核心资源与客户需求的对比中找到企业的不足之处，然后企业根据目标客户的需求补齐企业的短板，使客户的需求与企业的核心资源陪衬，进而打造创新性营销理念，吸引目标消费者。

企业要做自己擅长的事情，才更容易取得成功。企业的发展受资源、环境、技术等因素的制约，因此，在商业模式选择上，企业一定要充分利用自身的优势，在核心优势的基础上设计商业模式，这样才能使企业规避很多风险，少走很多弯路。

例如，黄土高原的农民想发家致富，那么，在黄土地上种什么作物比较合适呢？根据黄土高原的地理条件，当然是种玉米、谷子等北方作物比较适宜。如果农民偏要种植经济价值较高的芒果、榴莲等南方作物，那么产品的产量一定不高，农民也就不可能发家致富。总之，因地制宜，发挥自身的优势，才能取得良好的成效。

（四）用创新性思维思考

企业的创新性思维对企业来说是非常重要的，企业以创新性思维找到顾客还未被满足的核心需求。此需求未被竞争对手发现或不受竞争对手的重视，此时，企业可以通过创新性思维赋予企业一个核心的商业概念和定位，并在保证其他方面不弱于竞争对手的情况下，放大此定位概念，给客户提供全新的感受，以此占领目标消费者的心智资源，完成企业在行业内的占位。

在发挥创新性思维的过程中，企业还是要以目标客户的需求为基本依据，有的客户看重产品的性能，有的客户享受产品的定制化，有的客户比较看重产品对身份、地位的彰显，有的客户则看重产品的价格。

企业要在对其目标客户的需求进行分析的基础上，发挥创新性思维。例如，格力电器股份有限公司发现节能是客户最关注的一点，因此，在品牌宣传的过程中，一直强调格力空调的省电特性。很多火锅店都是靠火锅的口味抢客源，而海底捞餐饮股份有限公司则是通过提供一流的服务，为消费者打造全新的火锅消费体验，让每一位顾客都感到亲切、舒适，这就是海底捞火锅的成功之处。创新性思维是商业模式打造过程中的关键因素。

（五）优化运营管理系统

商业模式的打造不仅仅是对某个要素的锻造，商业模式的成功也不仅仅是单个点的成功，而是企业整个运营管理系统的成功。企业运营管理系统决定着企业的运营成果。从长远来看，企业运营管理系统关乎企业未来的发展，为企业找到合适的商业模式及商业模式的不断完善提供了保障。企业运营管理系统的各个环节相互配合、协调运作，从而保障了企业运营管理的顺畅。

例如，如果一家企业以优质的服务作为其产品的核心卖点，那么企业就要有相应的配套系统，如高素质的服务人员、优质的服务环境、优质的服务项目、优质的产品服务附加值。

企业运营管理系统涉及企业的产、供、销、行政、财务、人力资源、公共关系、企业文化等多方面，在这个系统结构中，每一模块的运营状况直接影响着整个企业系统的运营效率。系统结构的优化不应该只是企业的一句口号，它关乎企业的发展命运。

1. 明确盈利模式

商业模式的核心还是盈利模式，企业首先要明确自己的盈利模式。企业的盈利模式是企业的生存之本，也为企业的发展指明了方向。

2. 确定组织架构

每个企业都有自己的组织架构，而组织架构的设计一定要建立在企业的盈利模式明确的基础上，企业要以对企业发展有战略意义的部门为龙头，规范组织部门的职责及对接流程。例如，苹果手机以产品的完美体验打动消费者，那么企业的核心板块就是产品研发；白酒企业通过细分渠道、扩大市场提高产品的销量，那么企业的核心板块就是市场营销。位置决定话语权，企业一定要把最能推动企业发展的部门放在最重要的位置。

3. 做到战略资源聚焦

企业的资源都是有限的，因此，企业必须实施战略资源聚焦，以战略发展的眼光管理企业的资源，确保资源流向最有利于公司发展的方向。

（六）追求运营高效协同

对企业运营系统的考量终究是对企业运营效率的考量，企业运营系统的效率决定着企业的成败。高效协同的系统能够帮助企业节省资源、抓住时机、快速发展。相反，低效的系统则会使企业丧失市场机会，浪费时间和资源，严重阻碍企业的发展。为了提高企业的运营效率，企业可以采取以下四项措施。

1. 明确各部门及人员的责权利

企业每个部门、每个人员都要明确自己的职责和权利，这样不仅可以促使大家履行自己的工作职责，而且还能在工作出现问题时避免相互推诿、逃避责任等不良行为。

2. 规范部门对接制度及流程

制度不明、流程不清往往是企业系统运行效率低的重要原因，规范的制度和流程是企业系统高效运作的保障。很多企业，特别是中小企业还停留在人管人的状态，工作随意性强，毫无章法，这样很容易造成时间和资源的浪费，进而影响整个企业的运营效率。

3. 强化考核评估体系

人们只做领导检查的事情。所以，如果没有人遵守，再好的制度和流程，也不会有效地提高人们的工作效率。企业应完善考核评估体系，实施严格的奖惩制度，对优秀工作者给予奖励，对严重影响企业运营效率者给予惩罚。

4. 加强培训，强化效率观念

制度与考核是硬性的、刚性的，观念的转变则是软性的、柔性的。企业要做到刚柔并济，通过对员工的培训，强化员工的效率观念，提高员工的能力和素质，在此基础上，提高员工的工作效率。

在实际运作过程中，系统效率的高低还与领导力、资源投入、市场大环境等因素相关。企业要在长期的探索和研究中才能找到推动企业发展的商业模式。

四、创新型系统：企业发展的动力源

何为创新型系统？简单说，创新系统就是具有自我迭代、重构、升级、创新能力的企业系统。在这个系统中，企业具有培养、带动、激发员工创新力的保障机制。系统中的每个部门都积极主动地参与企业的创新工作，系统的每个环节都是为创新服务的。只有这样，企业的创新能力才不会枯竭，企业才不会因为个人使创新受阻。

（一）创新不只是一句口号

在企业的文化墙、宣传标语中，“创新”一词是出现频率最高的词汇。但是，创新不只是一句口号，而是企业的精神内核和企业文化的灵魂。为了将创新落到实处，企业必须打造充足的创新平台和创新空间，导入一系列鼓励创新、发展创新的制度，使创新成为企业发展的动力。

（二）创新型系统是持续发展的动力源

纵观中国乃至世界优秀品牌，我们发现，每一个品牌的持续发展都离不开创新，如苹果、可口可乐等品牌都是通过不断的创新获得发展的。创新是企业发展的动力，创新型系统是企业发展的核动力。

企业也要不断地进化、蜕变，这种进化往往不是主动的，而是被动的，不断地进化、蜕变是企业生存与发展的必由之路。为了实现可持续发展，企业要跟上时代发展的潮流，保证企业核心竞争力的先进性。创新使企业充满活力、永葆青春，创新型系统是企业发展的动力。

（三）创新型系统的构建，从“心”开始

首先，心里要认同，思想上要重视。创新不是空洞的口号，也不是企业强加给员工的责任，而是企业的立业、发展之本。只有企业的员工由衷地认可创新，在思想上高度重视创新，企业才能走出构建创新型系统的第一步。

其次，找到方法，付诸行动。创新型系统的构建从员工认同到取得成功，可能只是“一步之遥”，也可能隔着“千山万水”，这主要取决于企业是否付诸行动，以及什么时候付诸行动。方法很重要，构建创新型系统并不意味着企业要“另起炉灶”，重新构建一个新的企业系统，或者在不顾企业发展现状的情况下增岗添人，增加企业的负担。企业要立足于对现有系统的升级和改造，以创新性思维引导、整合整个系统及其运行机制。例如，建立鼓励创新的平台与制度、引进或培养具有创新性能力和潜质的人才。

企业员工要保持创新的激情。创新的过程是不断突破自我、不断探索的过程，这个过程很艰难，所以创新工作者要时刻保持创新的激情。工作激情不仅可以抚慰创新工作者受挫的心灵，还可以激发人的灵感，使企业员工充满活力、激情澎湃！

（四）支持与配合关键要素创新

企业运营中的产、供、销、人力、财务、信息、行政等系统会涉及多重要素的组合，创新、优化企业系统并不意味着“胡子眉毛一把抓”。企业要在系统的配合下，创新、升级关键要素，进而促进整体系统的优化与升级。六个核桃推出“贺岁限量版”，可口可乐推出“卖萌装”，都是通过推出创新型产品，提升产品的市场活跃度和新鲜度。创新产品的成功得益于企业的研发系统、生产系统、采供系统、营销系统之间的协调配合。因此，没有整体系统的支撑，即使企业立足于关键要素的创新，也无法提升企业的运营效率。

在系统制胜的时代，企业要坚信系统的力量和创新的魔力，认识到构建创新型企业系统是企业持续发展的核心动力，是企业不断成长、保持基业长青的重要保障。

五、移动互联网时代的系统制胜

移动互联网时代是一个企业的传统系统模式大碰撞、大迭代、大升级、大颠覆、大创新的时代。

（一）在颠覆中颠覆：生活方式及消费习惯的改变

科技的进步推动着我们不断认识新世界，构建新未来。科技改变世界，我们时刻都在分享科技进步带给我们的硕果。互联网时代的到来，让我们亲眼目睹了互联网改变世界的过程，真切地感受到今非昔比的大变化。互联网颠覆了传统的商业模式与格局，也颠覆了我们的生活方式。

1. 我们习惯于网购

淘宝、京东等互联网公司的成功，不仅颠覆了传统的商业模式与格局，还改变了我们的生活方式及消费习惯。我们已经习惯逛网店，时常惦记着节假日网店的促销活动，网上购物为我们的生活提供了便利和乐趣，是人们生活的一部分，我们的消费习惯和生活方式正在悄然发生改变。

2. 我们热衷于刷屏

智能手机及移动互联网让我们进入“小屏幕时代”，我们热衷于刷屏，从APP中寻找乐趣。我们习惯用手机看新闻、读书、看影视作品、聊天、购物、刷微博、看微信。手机成为人们生活的必备品，刷屏成为生活的一部分。我们热衷于在小屏幕上的嬉笑怒骂，想靠近我们，首先得了解我们。

3. 我们喜欢上电子支付

淘宝让我们认识并学会使用支付宝。随着网购的发展，支付宝已经成为中国最具影响力的第三方支付平台。支付宝不仅可以用于网购，还可以用于就餐、看电影、交话费等各种休闲娱乐的支付，支付宝还通过与线下连锁商超的合作，实现线下购物用支付宝支付。在支付宝发展得如火如荼之时，微信支付“来势汹汹”。在滴滴打车、快的打车、抢红包等强大攻势的推动下，消费者对微信支付、支付宝支付更加熟悉，并从中得到便利。同时，这些网络支付方式也培养了消费者电子支付的购物习惯。

互联网颠覆了人们的生活方式，而生活方式的改变直接影响了商业模式及格局的改变。互联网时代不只是消费者的互联网时代，企业运营、推广系统的构建也离不开互联网。有些人认为将来IT行业的发展空间会越来越窄，单纯的互联网公司也会逐渐消亡。因为将来每一家企业都是互联网公司，而互联网已不仅是企业单纯的盈利板块，而且是企业运营系统的一部分。

（二）用户体验时代：以良好的体验增强品牌的黏性

体验营销的成功案例很多，例如，星巴克通过提供热情专业的服务、品质一流的咖啡、感性且温馨的氛围等，让消费者感受一种有独特情调的差异化消费体验。例如，宜家家居根据消费情况陈列家具用品，且让消费者参与家具的组装，从而带给消费者独特的消费体验。

这是一个体验为王、体验决定选择的时代，而体验营销就是从消费者的感官、情感、思考、行动和联想等方面，重新定义并设计的一种营销方式。体验营销以消费者的体验或感受为核心，视消费者的消费过程为一个心理体验过程，消费者在体验中获取的价值决定了消费者对品牌的喜好。

1. 用户时代的来临，令用户更加关注消费体验

在中国经济结构的调整阶段，拉动内需是中国经济发展的核心主题之一，消费时代的到来使消费者成为消费活动的主导。与此同时，随着消费者消费水平的提升和消费需求的多元化发展，单纯的产品或简单的服务已经无法满足消费者的消费需求，消费者更加注重消费过程中的体验和感受。

2. 移动互联网时代的来临，推动消费体验升级

智能终端的发展推动了移动互联网时代的到来，消费者通过手机就能轻松地获取各种信息，进行网上消费。移动网络带给消费者全新的消费体验。而电子商务模式也随着移动网络的发展和消费需求的升级不断变化，B2B、B2C模式逐步向O2O模式转变。其实，每一种模式的使用都是为了给消费者提供一种全新的消费体验。

（三）消费互动时代：消费者站到话语权的中心

菲利普·科特勒在《营销革命3.0》一书中把营销的发展历程分为三个阶段：营销1.0时代，即以产品为中心的时代；营销2.0时代，即以消

费者为导向的时代；营销3.0时代，即价值驱动营销的时代。其中，营销3.0已经把营销理念提升到一个关注人类期望、价值和精神的新高度，消费者是具有独立意识和感情的个体，企业不能忽视他们的任何需求。因此，营销3.0把情感营销和人文精神营销有机地结合在一起。总之，以尊重消费者的需求和情感为前提，以互动为核心，以互联网科技为基础的营销3.0时代已经到来。

随着新科技的发展，中国的移动互联时代已经到来，搜索引擎、微博、微信等网络互动信息平台不断兴起，人们可以随时随地地了解并掌握各方面的信息，人与人之间的沟通越来越便利，我们的世界越来越平。今天，大家在同一个平面上交流、互动，信息基本处于透明状态，企业占据绝对话语权的时代已经一去不复返了，消费者的情感和话语逐渐成为消费的中心。

在消费互动化的时代，虽然人们崇拜英雄、跟随偶像，可以成为某些事件的意见领袖，但是他们不能代表广大消费者的消费需求和情感需要。每个消费者都有表达情感、发表观点的权利和欲望，每个人都有自己的朋友圈，网络沟通平台的出现使朋友间的沟通更便捷。因此，每个人都有可能成为某个话题的意见领袖。

在网络消费中，任何一个消费者的消费评价都有可能影响到其他消费者的购买欲望和购买决定，朋友圈中朋友的一个意见可能会改变你对某一事物的看法。消费者喜欢与同一“圈子”的人互动，交流消费体验，他们往往更看重其他消费者的评论，不会轻易相信企业。

（四）大数据时代：精准营销传播依托于大数据

2009年，一种新型流感病毒侵袭美国，为了找到流感源，进而实施有效的控制，美国疾病控制中心需要每周汇总上报的数据。由于患者就医的时间及汇总数据的时间具有滞后性，所以，美国疾病控制中心每周上报的数据信息基本上都是患者发病前两周的数据。而美国谷歌公司在流感爆发的前几周就发表了相关论文，预测了流感的传播范围，且将这一范围具体到了特定的地区和州。

事实证明，谷歌公司的预测与官方数据的相似度高达97%。谷歌公司在多年保存下来的搜索记录和每天的搜索指令等数据资源的基础上，建立了一个特定系统，关注特定检索词条的使用频率与流感传播之间的关系，从而及时地判断出流感的来源。这就是大数据的力量。

相信大家都有过在当当网、京东网或淘宝网购物的经历，我们知道网站的导引经常会为我们推荐一些自己比较感兴趣的书籍、衣服、食品等，当我们惊讶于网站的贴心时，我们已经成为网络公司大数据中的一个数据了。网络公司根据人们的年龄、性别、购物经历及搜索数据等多方面的数据判断出他们的消费需求，这就是大数据在我们生活中的应用。

计算机数据处理技术的飞跃发展及云计算时代的来临，使建立在大数据基础之上的分析成为可能。我们对未来社会发展形势的判断，不是经验之谈，也不是主观臆断，而是在分析大数据的基础上得出的科学、准确的结论。

在信息繁杂的今天，如何才能让目标消费者接收并记住我们传达的信息？显然，仅仅靠传统的广告宣传是很难让消费者接收到产品信息的。而目标消费者数据库的建设则能有效地帮助企业把信息传达给目标消费者，进而实现传播的精准化。

我们所处的时代是一个充满颠覆的互联网时代、一个体验为王的消费时代、一个崇尚互动的人文时代、一个追求精准的大数据时代。企业认识到这一点，就能很好地把握企业未来的发展。

第十五章

Chapter 15

执行速率论

企业的根本使命在于创造价值和输出价值，从采供到分销，企业内外各经营环节构成一条完整的价值链，价值链运转的速度和效率决定了企业价值管理能力的高低。在这个潮流奔涌、瞬息万变的时代，企业一方面要及时厘清自身的战略定位和前进方向，坚持做正确的事情；另一方面要不断地强化自身的战略落地能力，提高企业日常运营的效率和质量。

一、执行速率决定企业成败

执行速率体现的是把事情做正确的能力。人们常说："三分战略，七分执行。"对企业来讲，战略是指针、方向，它规定了一定时期内企业的任务和实现路径，企业的任务及其实现路径一旦确定下来，就不可轻易改变，强调的是企业的定力和韧性。而企业的日常运营则是对战略愿景的具体分解和贯彻落实，是企业的经营常态，它由一项项具体战术和一个个操作细节组成，强调的是企业的执行和坚持。

战略无标准，能创造出价值的战略就是好战略。而执行却有好有坏，缺乏有效的执行能力，企业的战略只是空谈。在大多数情况下，决定一家企业成败的关键因素正是战略执行的速度和效率。企业的市场背景、发展起点，甚至路径选择相似，为什么有的企业飞速发展，有的却止步不前？因为各个企业的战略执行效率不同。

纵观包括养元在内的众多优秀企业，剥开种种外在的经营表象，我们会发现，决定企业成功的关键因素是执行。企业能把看似简单、平常的事情做到位、坚持做，十年如一日，坚持不懈地做，这就是成功，就是伟大。当高效率的执行成为企业全体成员的习惯时，企业就已经具备了卓越的基因，成功也是水到渠成的事了。

高速度、高效率的经营应该是每个企业的追求，企业经营的高速率应该体现在以下两个层面上：一是各个运营环节和基本职能模块的高效衔接和顺畅运转，供应、研发、生产、财务、营销等环节要有一致的价值导向和快速的响应联动，使企业运营高效运转；二是在具体的决策指令和工作项的落实上做到高效率、高质量，计划、控制、评估、反馈等环节清晰、有序，企业所有员工养成“言必行、行必果”的执行习惯。

以下将从组织运行和团队管理两个层面，探索执行速率的奥秘。

二、建立快速反应型企业组织

“天下武功，无坚不摧，唯快不破。”在中国，曾有人提出著名的“骆驼理论”，用骆驼和兔子比喻两种不同形态的企业。大型企业，尤其是跨国企业体量大、储备足、耐力强，犹如一匹骆驼，动作谨慎迟缓，却能够抵抗风险，跑得更远；而绝大多数的国内小型企业，规模小、资源少、抗风险能力弱，犹如一只兔子，只能靠快速的奔跑和敏捷的动作争取生存机会。对大多数成长中的中小型企业来说，生存是第一位的，在生存中求发展、在经营中找机会是企业经营的基本原则。因此，相比长远的愿景和缜密的规划，关注当下的业绩和利润更实际。快速反应、高效运转的理想经营状态应该成为每个企业的追求。

（一）速度就是竞争力

当今世界是一个速度至上的世界。新技术、新理念层出不穷，市场快速迭代，既有知识体系的更新周期越来越短，企业随时都会面临被超越甚至被淘汰的命运。互联网的快速普及正从根本上改变着企业与内外部竞争对象之间的沟通机制，瞬时、双向成为信息传递的新特点，传统的线性价值沟通链条已经无法满足顾客的需求。物流体系的高度发达和高速运转，使产品和顾客间的物理距离不再是产品销售的障碍，人们足不出户就能买到千里之外的商品。科技的迅速发展使企业的外部生态环境更加复杂多变。

在复杂激变的环境中生存的唯一出路，就是让自己变得同样快速敏捷。在传统的企业经营中，管理者通常更加关注各种有形的经营要素，诸如成本、质量、技术、资金等，而忽略了时间和效率同样是关键的要素，甚至比其他任何要素都更重要。企业的经营就是一个创造价值、沟通价值、交付价值的过程，而时间则表示这一价值管理过程的敏捷性，花费更多的时间，意味着支出更多的资源，所以时间就是成本、时间就是效益。

在研究了20世纪50年代日本企业的持续成功之后，美国学者乔治·斯托克认识到时间是继成本之后的又一个竞争优势来源，进而提出了基于时间竞争（TBC，Time-Based-Competition）的概念，强调组织在快速反应的基础上建立竞争优势。经济学家郎咸平通过对一系列服装品牌的研究，提出服装行业发展的本质就是“快”，其成功的关键因素不是资金、人才、技术等，而是服装从设计、生产到上市销售这一“前导时间”的长短。郎咸平以西班牙服装企业莎拉（ZARA）为例，认为这家企业正是凭借较短的“前导时间”取得了巨大的成功。

在养元身上，我们同样可以看到这种快速反应的素质。比如，通过对现代信息技术的应用，养元总部能够及时对接一线业务代表的客户拜访和信息采集记录，实时地掌控着数十万家终端的进销存等信息，第一时间分析并处理这些信息，为企业做决策提供参考。在经销商和消费者的反应上，养元推行刚性的“五天反馈”制，客户提出问题到给出具体的解决方案，最长不得超出5个工作日。

在这个快鱼吃慢鱼的时代，企业之间的竞争已经不限于有形要素之间的对抗，在产品同质化、模式同质化乃至资源平台同质化的情形下，企业真正的决胜要素在于组织的响应速度和执行效率，这也正是许多企业的问题所在。我们观察到，许多企业的经营情况得不到改善，往往并不是因为产品质量或者营销方式有问题，而是因为企业采用的管理理念和管理机制不合理，从而导致整个组织缺乏活力，组织行动迟缓，企业员工执行不力。

企业运行效率低的原因有：

1. 缺乏顺畅的信息传递通道，或者信息失真

出现这种现象的原因有两点：一是沟通层级过多，金字塔式的管理结构使信息只能逐级传递，市场一线人员掌握着一手信息，却没有办法第一时间传达给最终的决策者，在逐级上报的过程中，企业错过了最佳的决策时机，或者经过层层过滤，信息出现偏差，从而误导决策。二是在官僚化的管理体系下，各层级或部门出于对自身利益的考虑，有意地隐瞒真实的问题，报喜不报忧，从而使决策与市场严重脱节。信息是决策的前提，也是企业高效运转的基本要素，信息流通不畅，企业经营效率自然无从谈起。

2. 高度集权体制延长决策周期

高度集权模式的存在也会降低企业决策的效率。企业的决策权通常在最高领导人手中，下级部门的信息反馈无法在第一时间得到答复。此外，信息不对称也会造成沟通障碍，一些问题长期处于“议而不决”的状态。而且在集权领导体制下，职权部门久而久之会养成一种问题上交的习惯，失去独立思考问题和解决问题的能力，甚至会出现无人担责、相互推诿的不良现象。一个决策力低下的企业，其快速反应能力和执行效率自然不高。

3. 过程跟踪缺失，执行控制不力

在很多企业，我们会听到“抓紧落实”、“尽快办”等模棱两可的管理指令，企业没有明确的时间表和责任人，也没有及时地跟踪、监控员工对决策的落实。结果，决策的执行者没有时间观念，不能有效地安排工作排序，重要而紧急的事情没能在第一时间完成。在上级领导没有及时过问的情况下，做事虎头蛇尾，最终不了了之。这也是众多企业执行力低下的重要原因之一。

4. 缺少有效的考核奖惩跟进

没有考核就没有执行，每一项工作指令的下达，必须要有结果反馈和相应的评估、奖惩机制。否则，领导号召的事情没人去做，领导安排的工作，员工们也会做得马马虎虎。如果做与不做一样，做好与做坏一样，那么提高企业的执行力和运营效率就只能是一句空话。很多企业的绩效管理和员工考核往往缺乏执行刚性，只是流于表面形式，阻碍了企业运行效率的提升。

（二）打造组织的快速反应能力

企业管理理念和管理模式的不断创新，以及互联网等新技术的不断发展，为我们改良传统组织的运行架构、优化信息传递方式、再造企业管理流程等提供了很多参考和启发。面对未来的竞争要求，企业必须把速度这一竞争要素放在最重要的位置，着力提高企业的快速反应能力，真正做到灵活机动、以快制强。企业可以从以下四个方面打造高效团队，提高自身的运营效率。

1. 强有力的信息系统保障

信息是企业最宝贵的无形资源，企业的重大决策和日常经营管理都离不开信息的支撑，企业的信息管理质量直接影响企业决策的运营质量，也直接关乎企业组织效率的高低。为了支撑企业的高效运转，企业要建立内部信息管理和外部信息管理两大管理系统，规范信息的采集、加工、传播、共享、利用等流程，实现对信息的创造性应用。

在内部信息系统的建设上，首先，企业要在不同的业务环节和职能模块中建立顺畅的对接沟通机制，并借助现代信息技术，实现信息的高效传递和对信息的精准管理。例如，通过市场订单与生产、财务、仓储、采供、研发等环节的对接，实现敏捷化生产和零库存，有效地提升企业的运营效率。其次，企业要强化信息对决策的支撑作用，有效地对信息进行二次加工，创造性地进行信息对比挖掘，使决策更高效、更准确。

在外部信息系统的建设上，企业要做到以下三点：一是加强对下游市场信息的采集及信息的传递，借助移动互联网等工具、平台，及时掌握经销商、终端、消费者的数据信息和变化动态，实现“大数据”化的管理；二是注重对上游供应市场动态信息的把握，这一点对粮油、钢铁等原材料依赖型行业尤为重要；三是提升对宏观政治、经济环境的分析和辨识能力，帮助企业掌握社会发展趋势，尽早察觉机会，同时规避风险。

2. 扁平化、分散化的组织体系建设

传统金字塔形企业治理架构的弊端已日益显现，这种垂直管理的线性体系对信息传递尤为不利。在市场环境快速变化、竞争日益激烈的今天，企业亟须实施组织的扁平化管理，减少层级，简化程序，使决策层更加贴近一线市场。同时，企业要逐步下放必要的经营权，精简决策流程，提高决策效率，从而释放中基层的活力，激发全体员工的创造力。企业这样做不仅能极大地提高沟通反馈的顺畅度，而且便于使操作层参与政策的制定，使决策更加贴近实际，进而提升企业决策的质量。

建立扁平化组织是为提高组织的敏捷性和活力，因此，企业要从以下三个方面做起：一是企业应减少中间层级，使决策者更加接近操作层员工，如小米公司采取的三级管理架构，即每个业务单元都只由创始人（决策层）、部门领导者、员工三个级别构成，而且三个级别的员工很少一起开会，因为日常的沟通已经足够顺畅。二是企业将部分权力下放到执行层，尤其是直接面对客户的销售人员，使其能够在第一时间给客户答复或承诺，大大提高产品的成交率。三是实施目标化管理，责权利对等，使每个员工为自己行使的权力负责。

3. 企业内部动态边界管理

传统模式下的直线职能式管理是组织分工理念下最普遍的管理形式。从理论上讲，专业化分工有利于发挥部门和员工的专长，使员工不断地积累岗位经验，从而提高组织效率。但是，在现实生活在中，由于利益导向的差异，这种专业分工容易滋生部门主义、本位主义，使各部门间的合作不顺畅，甚至会导致各部门间的对立，这些现象在大中型企业中尤为普遍，极大地破坏了组织风气，降低了企业的运转效率。

为了实现企业组织的高效运行，企业可以采用动态边界管理模式，即打破程式化的部门、岗位界限，采取动态的职能划分和工作内容界定，使不同的业务高度融合，从而促进各部门间的有效沟通，实现企业的经营目标。这种动态边界管理尤其适用于重大事项和攻坚项目的推进。在企业执行新产品开发、技术创新、物资采购、开展大型的市场活动等重要经营任务时，企业可以通过组织临时小组、专项委员会进行非常态运作，决策层直接领导并参与决策的落实，从而大大提高企业的组织管理能力和决策的执行效率。

4. 企业外部动态边界管理

“战略缺口理论”认为，任何组织都不可能长期拥有所有的关键性资源，企业所从事的经济活动只是整个社会分工的某个阶段，企业之间存在着天然的相互依赖关系。在社会分工越来越细、信息交流越来越便利的今天，企业间的界限变得模糊而富于弹性。企业要以开放的视野整合外部资源，将非关键、非核心业务项目外包，使企业专注于自己擅长的领域，提高资源的利用率，降低风险，最大限度地提升企业的经营效率。

业务外包能够使企业省掉很多不必要的重复建设，规避“大而全”带来的精力分散和效率下降等不良现象。在外包项目的选择上，企业要结合行业的发展现状和企业自身的核心能力，筛选出那些技术含量较低的项目。例如，专注于品牌和市场运作的企业可以将生产外包，拥有技术优势和较高生产能力的企业可以将销售外包，或者将人力资源、培训、推广、执行等部分职能交由专业化的公司承接、运作。总之，企业扬长避短，充分发挥自身的优势，将进一步提升企业的整体运作效率。

除此之外，企业的薪酬激励体系、管理层的领导能力、团队组织建设水平等也会影响到企业组织的运行效率。企业组织的高效运作是企业的综合能力持续提升的结果，养元是这样，其他优秀企业也是这样。

三、打造高效的团队执行力

企业的运营效率最终会体现为企业团队和个人的执行速率。对团队执行力的培养一直是各类企业关注的焦点，企业经常借助各种培训提升员工的执行力。但是，执行力本身并不是一种知识，也不是具体的工具，所以不是仅靠几场培训就能获得的。执行这一行为本身就是企业各员工每天都在做的事，不同的企业有不同的团队背景和管理风格，企业要在实践中逐步培养并提升员工的执行力。

执行力是什么？执行力就是保质保量完成目标的能力，或者是在实现目标的过程中对各项策略、计划的贯彻落实程度。执行不是口号，不是运动，而是企业的经营常态。打造团队的执行力，企业首先要做的是立足企业自身，找出导致执行力不畅的症结所在。然后从具体环节入手，对症下药，采取必要的措施和手段，而不是盲目地照搬其他企业的做法。事实上，真正的答案和办法，企业领导人自己最清楚。

下面我们从企业共性的角度，谈谈企业执行力的评估分析以及如何通过配套的机制、手段提升团队的执行力。

（一）评估企业的执行力

我们常常听到一些企业领导人说："我们团队的执行力不强。"事实上，执行力弱是很多企业的通病。这些企业领导人往往只看到其团队执行力不强的现状，却说不出团队执行力差的原因，似乎团队的执行力差是既定的事实，无法改变。

企业管理就是借助群体的力量达成组织的目标，团队管理者应该是执行效果的第一责任人。所以，团队的执行力差不应该是企业经营不善的理由，也不应该是企业成员推卸责任的借口，找出团队执行力弱的原因所在并加以解决，这才是管理者应该做的事。当你意识到团队执行出问题时，你是否问过自己这样的问题：决策是正确的吗？企业制定的目标和实现目标的方式是否贴合市场？你想做的事情是否清晰地传达给了下属？你所强调的重要环节员工们知道吗？你是否安排合适的人去做合适的工作，他们的能力和经验够吗？团队成员是否有强烈的工作意愿和工作动力？工作的分配是否公平？在工作落实的过程中，你是否定期督促员工的工作？面对不同的执行结果，你用什么方式奖励或处罚你的员工？

对执行工作的追溯和反思能够帮助我们正确地认识和评估企业的执行力现状，找出具体的原因。对照以上问题，我们可以得出企业团队执行不力有以下五点表现。

1. 决策脱离实际，目标变成不可能完成的任务

执行效果的好坏是相对目标而言的，如果企业目标的制定本身是不科学、不严谨的，那么就很难对团队的执行能力做出客观的评价。很多情况下，企业（尤其是中小企业）制定目标时，缺少科学依据，凭感觉制定企业的目标。而目标下达后，目标的实现情况就直接关系到员工的考核和利益。目标太高会滋生员工的为难情绪，使团队缺乏安全感；目标太低又起不到激励员工的作用。此外，如果企业在制定具体的营销策略时，没有充分结合市场和企业的实际，可能会给企业带来负面影响，这时，靠团队的执行是解决不了问题的。

2. 沟通不畅，指令传达存在误差

团队内部的沟通也是影响执行力的重要因素之一，如果团队间的沟通环节过多、沟通方式不得当，那么各部门的执行结果就会有偏差。充分而有效的沟通是良好执行的前提。企业领导要注意以下两点：一是指令下达时，要确定自己明确无误地讲明了任务的内容和细节，明确告知大家任务交给谁去做、什么时间完成、事中事后向谁汇报，在得到任务负责人的确认后再进入执行环节；二是要充分地强调那些关键的环节或容易出错的事项，在执行过程中要重复告知需注意的事项，确保员工领会了任务的要点和领导的关注点。

3. 工作分工不合理，员工难以胜任任务

许多情况下，员工无法完成任务是因为员工自身不具备相应的技能和知识，而不是工作态度和工作意愿的问题。领导分配工作任务时要考虑员工的能力水平和工作经验，让合适的人做合适的事。作为团队管理者，企业领导应该充分了解每个员工的专业特长、职业背景、经验构成、受教育程度等，在此基础上，给每个员工分配合适的工作，做到人尽其用。

4. 激励不到位，工作意愿差

如果团队的成员动力不足、士气低落，团队的执行力得不到保障，这往往是因为企业的激励体系出了问题。具体有两种情况：一种情况是团队搞平均主义，干多干少、干好干坏在薪酬考核上都得不到体现，这样做，表面上看来公平和谐，实际上会极大地挫伤团队的斗志，甚至造成“劣币逐良币”的负面影响。另一种情况是薪酬体系不具激励性，员工感受不到自身的价值，不能激发员工全身心地投入工作，有些企业长期扣发、延发员工的薪酬，团队的士气低落。

5. 过程无监督，结果无奖罚

执行是一个从决策到反馈的闭环过程，说到不等于做到，做到不等于做好。如果管理者只是下达指令，而没有实施过程跟踪和事后评估，那么决策执行的结果自然得不到保障。正是因为缺少这样一种连续性的管理习惯和机制，很多企业的具体工作过程不清晰，工作结果没有反馈，员工工作虎头蛇尾，这也是团队执行力低下的原因之一。

（二）打造高效的执行团队

了解以上影响团队执行力的因素后，企业在其团队建设和团队执行力的打造上会有的放矢。

培养、打造高效的执行团队要求企业采取一系列的措施和手段，导入多种保障机制，企业应该重视这些手段或机制的导入，并在实际的经营管理中，常抓不懈，持续强化。

以下从五个方面，谈谈如何打造高效的团队执行力。

1. 决策准确是前提

正确的决策是达成目标的先决条件。首先，企业管理者要确保团队始终在做对的事。在目标下达前，决策者要充分地了解一线信息，对消费环境、竞争环境及自身的品牌状况有全面而深入的了解，切忌想当然地以经验、直觉代替事实。其次，在草案形成后，企业管理者应该征求各方面的意见，尤其要认真倾听一线操作人员的想法和建议。因此，团队领导者要在团队中营造一种良性的“议事氛围”，打造开放、平等的沟通环境。在决策指令下达之前，每一位员工都可以发表意见，只要意见合理，企业就可以采用。指令下达后，团队上下就要以此为共同目标和行动的准绳，坚决执行，认真落实。

2. 制度流程是保障

团队的行为要符合企业的制度规范，这样企业才能走上正确的发展轨道。为了培养企业员工良好的执行习惯，前期依靠制度的强制性约束是十分必要的，所以，企业要树立纪律的严肃性和刚性，企业管理层人员要起带头表率作用，领导者以身作则、率先垂范的榜样效应有利于制度规范的导入。这种制度规范约束下的强制性执行，久而久之，会成为员工的自觉行为和工作习惯，使员工变被动为主动，提高员工的工作效率。此外，管理流程的完善和实施也是有效执行的基础，企业可以明确指令的下达流程、职能部门间的衔接流程、落实过程中的问题反馈流程、结果的考核评估流程等，使员工各方面的工作条理清晰，顺畅高效。

3. 团队素质是基础

团队执行力的提升有赖于团队成员能力和素质的提高，企业要不断提高团队成员的知识水平和技能，这是提高团队执行力的重要基础。首先，企业要结合员工的发展起点和职业倾向，帮助员工将个人的职业规划与岗位工作结合起来，培养员工的工作兴趣，使员工自发产生工作热情和执行动力。其次，企业要在实践中不断地磨炼、提升员工的技能素质，并为团队注入互相学习、共同进步、良性竞争、敢于争先的良好氛围，良好的团队氛围对员工工作能力的提升大有裨益。再次，企业可以开展系统性的培训，有针对性地提高团队成员的知识水平，促进内部成员间知识和经验的共享。

4. 监督激励是关键

没有监督的执行是不可控的执行，没有奖惩的结果是无效的结果。强有力的铁军团队要有铁一样的纪律，刚性“执法”，奖罚分明，结果面前人人平等，这是打造团队执行力的硬性条件，也是关键所在。首先，企业要注重执行过程的监督、检查，执行的过程必须有强势督导的跟进，比如，安排专门的督导部进行实地查访，企业领导也可以不定期地进行市场抽查。其次，企业要根据督导、检核的结果跟进相应的奖励或惩罚，树立刚性纪律作风。再次，在考核激励机制上，企业要兼顾好过程考核与结果考核，既要过程，也要结果，从基本导向上引导团队的工作。

5. 执行文化是灵魂

规则帮助员工养成习惯，习惯进而形成文化。企业管理的最高层次是靠文化管人，执行力打造的最高层次是培养组织的执行文化。组织文化是一种既抽象又具体的团队气质和行事风格，这种气质、风格的形成最初有赖于规则的约束，但是这种气质或风格一旦形成，就会潜移默化地感染、引导个体成员的行为，显现出强大的威力。所以，培养执行力最终是要在团队中形成一种共识和风气，让高效执行成为团队成员自发的需要和潜意识里的行为习惯。

执行创造奇迹，速率带来效率，这就是养元的成功密码，也是所有企业可学可用的道理。营销和管理都有规律可循，但是没有捷径可走，企业能做的就是执行，执行，再执行。

第十六章

Chapter 16

文化驱动论

企业文化研究兴起于20世纪80年代。第二次世界大战结束之后，日本的经济迅速复苏、崛起，一度超越西德，跃居世界第二。日本经济的发展态势引起美国政界及企业界人士的警惕和高度关注，大批学者远赴日本，研究日本经济快速发展的原因。对比美、日两国的企业管理模式，美国学者发现，日本企业的员工普遍比美国企业的员工忠诚，他们目标一致，爱厂如爱家，而这一点在很大程度上保证了日本企业的高效集约。由此，我们也可以看出日本的民族文化与美国的民族文化之间的差异，日本的民族文化强调献身精神。作为企业的内生要素，文化与企业的绩效有机地联系在一起，企业文化成为企业管理科学中全新的研究领域。

经过30多年的发展与实践，如今，企业文化这一概念及其重要性已经得到主流商业世界的广泛认同。中国也在20世纪80年代末引进了美、日学者关于企业文化的论著，在政府和一些先进企业的推动下，企业文化的概念得到普及。越来越多的管理者意识到文化之于企业经营管理的重要性，企业文化建设成为大多数企业管理体系的重要组成部分。

然而，在为客户提供咨询服务的过程中，我们经常会发现，自觉的理论建设和生产经营实践之间总是有差距的。企业文化流于形式、术语和口号的情况屡见不鲜，很多公司宣称重视文化建设，但其实并未真正理解企业文化的本质与效用。如何才能将企业文化渗透到企业发展的肌理之中，充分发挥企业文化驱动企业成长的作用？恐怕这还需要中国的企业家开展更深入、更细致的研究，并在此基础上，努力践行。

对养元崛起历程的每一轮复盘，都是一次更加深入的思考。梳理养元崛起的过程是对养元生存和发展各个阶段内外部所有环境资源的盘点，也是对包括智达天下在内的养元初创团队在每个关键节点上做出的战略抉择的重新审视。梳理养元崛起历程的意义在于将养元这样一个个案从偶然性因素中剥离出来，寻找支撑企业成长的某些必然因素，为处于不同发展阶段、拥有不同资源环境的企业提供借鉴。

我们曾经做过这样的假设：假如2001年养元企业拥有的产品不是核桃

乳，而是果汁、凉茶，甚至是一包尿不湿，养元的今天会是怎样的？假如2005年拥有六个核桃品牌的不是养元，而是其他企业，今天的核桃乳品类乃至植物蛋白饮料行业又会是怎样的发展状况？

关于第二个假设，事实已经证明一切。当年站在核桃乳品类起跑线上的企业不只养元一家。后来，在核桃乳品类成长的道路上，很多企业看起来是输给了养元，实则是输给了时间、输给了自己。因而，即使是拥有六个核桃这样的品牌，没有成熟的契机，没有精干的团队，再好的品牌也只是昙花一现，难以长存。

至于第一个假设，我们很难给出确切的答案。不过，可以肯定的是2001年末以姚奎章、范召林为核心的骨干团队初步成型，自2003年起，对内，养元开始打造“思想过关、作风过硬、纪律严明、战之能胜”的营销铁军；对外，养元真诚地推出“情感营销”、“零风险经营”，建设其渠道网络，自那时起，尽管养元还很弱小，但是养元团队的精神力量已经落地生花。对这样一支团队而言，对市场机遇的洞察只是战略选择问题，可能关乎事情的成败，却不会影响企业的生死。

假设虽是虚幻的，但却可以说明一个真实的道理：通过十几年的经营，养元人取得的最伟大的成就不是拥有核桃乳这样一支产品，也不是拥有六个核桃这样一个品牌，而是养元团队及养元精神的形成。正如范召林先生常说的：“养元的成功归根结底是养元人的成功。”从更深层次来讲，养元人能取得成功是因为养元人的思维方式、日常习惯、行为准则等符合企业发展的现状及商业运行的规律。养元人的思维方式、日常习惯、行为准则等是养元独有的价值观和方法论的延伸。企业管理的灵魂即企业文化正是本章所要讨论的主要内容。

一、定义企业文化

在我们为客户提供咨询服务的前期，有企业内部访问环节。我们发现，在大多数公司的官方网站首页上，企业文化都会占很大的篇幅，企业的经营宗旨、价值理念、未来愿景等都有清晰地描述。有的企业会在其官网上设置“文化建设”专栏，专栏里有关于企业员工日常活动或集体庆典等内容的报道，有的企业会在办公场所设立专门的文化墙，这些都说明大多数企业领导者都意识了企业文化建设的必要性，也了解了一些企业文化建设的方式或内容。

事实上，从对企业高层的访谈中，我们发现，情况远没有那么乐观。有些管理者能清楚地表述本公司的企业文化，有些企业管理者对企业文化的表述很模糊，也有些高管乃至企业董事长提及企业文化时，会让你自己去看公司的文化墙或企业的官网。对最后一类企业管理者来说，企业文化只是一种形式或口号，其企业文化多半是从其他企业照搬过来的，或是官网管理人员用一下午的时间自己编出来的。总之，对这类企业来说，企业文化与公司经营毫不相干。

尽管如此，第三类企业还是有自己的企业文化的，企业领导人不知道企业文化是什么这件事本身也体现出一种企业文化。只是真正的企业文化并没有被提炼出来，并用于指导企业的经营和管理。意识到企业文化建设的必要性，但是并不明白企业文化的本质和重要性，这是很多公司的企业文化建设最终流于形式、口号的症结所在。

那么真正的企业文化是怎样的呢？

第一，可以肯定的是企业文化不是凭空捏造出来的，而是随着企业的建立、发展逐渐确立成型的。就像中国经历五千年的发展历程，才逐步形成以儒家思想为主体、多种思想共存的兼容并蓄的民族文化特征，而美国仅有两百多年历史，拥有叛逆和创新特质的新型国家文化。每个企业都有自己的一段历史，这些历史中凝结了公司独特的发展历程及其在整个历程中收获的成功经验与失败教训，而所有的一切共同构成了企业文化的基础。正如吉姆·柯林斯在《基业长青》一书中所述，企业文化是“建立在以往的经验和教训的基础之上”。因此，客户希望导入一些优秀企业的文化体系的想法本身就是错误的。每一个企业的企业文化都是与生俱来、独一无二的，企业可以借鉴其他企业的优秀企业文化，以丰富、完善本企业的企业文化，但是绝不能捏造企业文化或照搬其他企业的企业文化。

第二，企业文化是有“脾气”、“秉性”的，这种“脾气”、“秉性”一定与企业创始人的价值观息息相关。

华为技术有限公司的企业文化一直是中国企业文化的标杆，华为企业的领头人任正非是军人出身，身上具有华为文化中强硬的“狼性”。同样，养元的企业文化中一直有“憨厚务实、严格严谨”八个字，了解养元人会发现，这八个字名副其实，董事长姚奎章的朴实憨厚和总经理范召林的务实严谨就如同硬币的两面，缺了哪一面都不会有今天的养元。企业要想获得持久的发展，当然不能仅依靠领军人物的个人能量。尽管如此，企业创始人的价值观、情怀与愿景对企业文化所起的奠基作用是不能忽视的。

第三，企业文化的塑造与演变受企业所处的政治、经济、行业、技术等环境的影响。不同的企业、企业不同的发展阶段，都会面对不同的环境生态，为了适应环境并在市场上取得成功，企业要善于从事某种活动。例如，2012 年之前的中国白酒业，高端酒依附权贵阶层是这一时期特殊的行业生态，促使很多企业不惜代价发展关系网络，造就了各式各样的权贵文化。又例如，今天的中国白酒业，权贵文化已然没落，只有那些善于与大众消费者沟通、关注普通人生活的企业，才能赢得市场机遇。这些不仅涉及市场关注点的问题，更涉及企业价值观的问题，体现了企业文化轴心的转移。仔细研究每一个企业的发展轨迹，我们会发现，随着外部环境的变化，企业文化也在不断变化，正因为有了这些转变，企业才能持续发展而不被淘汰。

第四，值得一提的是，优秀的企业文化不是自然形成的，它的形成是一个从自发、自觉到主动学习、总结，再到升华的过程。无论企业先天拥有怎样的基因，无论其是否有非凡的历史、独特的个性、性格强硬的创始人或特殊的发展环境，要想使企业文化作用于企业经营，企业就要将其企业文化总结并提炼出来。此外，企业还需要“拿来主义”，国内外成功企业的管理经验、文化精髓，只要企业需要，只要能推动企业的发展，企业都可以学习、借鉴并将之内化为企业优质文化的一部分。

根据上述四点，我们大致可以总结出企业文化的特点，企业文化不是凭空臆想出来的，而是始于创始人的价值观、情怀和愿景，在企业发展的历程中总结、提炼而成，并随着企业所处环境的变化而不断变化、升级、完善的。基于此，我们可以给企业文化下一个清晰的定义。

关于企业文化的定义，可谓众说纷纭。日裔美籍学者威廉·大内最早提出企业文化这一概念，他在其《Z 理论——美国企业界怎样迎接日本的挑战》一书将企业文化定义为“守势、进取和灵活性，即确定活动、意见和行为模式的价值观”；美国学者约翰·科特和詹姆斯·赫斯克在二人的合著《企业文化与经营业绩》一书中指出“企业文化是指一个企业中各个部门、至少是企业高层管理者所共同拥有的企业价值观念和经营实践”；美国著名社会学家埃德加·沙因在其《企业文化生存指南》一书中，明确地指出“企业文化是由一些基本假设所构成的模式，这些假设是由某个团体在探索解决对外部环境的适应和内部的结合问题这一过程中所发现、创造和形成的”。按照埃德加·沙因的观点，企业文化是为企业大多数成员所认同，并用来教育新成员的一套价值体系，包括共同意识、价值观念、职业道德、行为规范和准则等。中国也有大批的研究者从不同的角度定义企业文化，如华南理工大学教授陈春花在《企业文化管理》一书中指出“企业文化是指企业在实践中，逐渐形成的为全体员工所认同、遵守、带有本企业特色的价值观念、经营准则、经营作风、企业精神、道德规范、发展目标的总和”；而包政教授的两位弟子王祥伍与黄健江在《企业文化的逻辑》一书中更简洁地将企业文化定义为“企业员工队伍中与效率相关的习惯”（P70）。这些定义既有共同的指向性，又有不同的侧重点。

了解企业文化的定义是为了更好地建设和利用企业文化，进而帮助企业提升绩效。我们尽量抛却那些繁杂、晦涩的专业术语，将企业文化简单地定义为：**形成于企业发展的整体历程、为核心管理者及大多数成员所认同的价值观和方法论，它被用于指导企业的经营实践，并随着环境的变化而变化。**

二、企业文化的构成要素

美国学者特伦斯·迪尔与艾伦·肯尼迪合著的《企业文化》一书是企业文化研究的开山之作，对企业文化的构成，特伦斯·迪尔有一套经典理论，他认为人是具有社会性的动物，企业中的成员无论是创始者、管理者还是员工，他们首先是一个人，而企业文化就是由一些重要的人为因素构成的，这些因素包括历史、价值信念、礼仪与庆典、故事、英雄人物和文化网络等。这套理论为企业文化的深度解剖奠定了基础，至今仍会出现在国内一些学术著作之中。

特伦斯·迪尔是哈佛大学和南加利福尼亚大学的教授，是企业文化研究领域的开拓者和大师级人物，他的伙伴艾伦·肯尼迪来自麦肯锡，两人于1982年合著的《企业文化》一书是企业文化理论探索史上的里程碑之作。在这本书中，特伦斯·迪尔将企业文化的构成要素界定为价值观、英雄人物、礼仪和仪式及文化网络。

20年后，特伦斯·迪尔与艾伦·肯尼迪合著《新企业文化》一书，在这本书中，他们将企业文化的构成要素重新梳理为历史、价值信念、礼仪与庆典、故事、英雄人物和文化网络。其中，历史是企业文化根基；价值信念是企业文化的灵魂；礼仪（重复性的活动）与庆典，是价值信念得以传递的载体；故事是核心价值观的具体体现，是一部文化口述史；英雄人物同样是核心价值观的体现，是企业的角色榜样或活生生的公司标识；文化网络是企业内部非正式的沟通手段，是企业文化的真实写照。

特伦斯·迪尔的企业文化构成理论强调“人”的因素，体现了企业文化较为深层次的内容。此外，还有一种较为常见的理论，它强调“物”的因素，体现了企业文化的外在表现，如我们常说的CI，即企业形象战略。

1914年，德国的AEG电器公司首创CI战略，60年代至80年代，盛行于欧美各国，90年代，在中国得到推广。CI分为理念识别（Mind Identity，简称MI）、行为识别（Behavior Identity，简称BI）和视觉识别（Visual Identity，简称VI）三部分。CI战略强调企业的对外形象，是企业有意识地塑造和传播自身形象的行为，因而，CI战略与企业文化的概念并不完全重叠，但它却为我们解剖企业文化的构成要素提供了借鉴。

我们知道关于文化结构的解剖有著名的三层次论，三层次即物质层、制度层和精神层，三层次论同样适用于企业文化。结合上述CI理论，我们将企业文化的构成要素划分为精神文化、制度文化和物质文化三个部分。

（一）精神文化是企业文化的核心

企业的精神文化体系包含企业价值观。从哲学角度看，价值观是一种处理事情时判断对错、做出取舍的标准，简言之，企业价值观就是“一组企业优先权”，在管理过程中，这些优先权被反复强调，以此强化那些惠及企业及企业内外部群体的行为。

国际商业机器公司（简称 IBM）是 20 世纪最卓越的公司之一，托马斯·沃森毕生坚持的核心价值观和行为模式，造就了 IBM 独特的企业文化。通过 IBM 的核心价值观，我们可以看到这个伟大企业是如何设置它的优先权的。第一，公司最重要的资产是员工；第二，让客户感觉自己很重要；第三，追求产品及服务的完美无缺。从小托马斯·沃森的《一个企业的信念》这本书中我们看到，IBM 无论面对怎样的社会变革和技术变革，都能够严格地恪守企业的基本价值观，这也是 IBM 能够取得辉煌成就，赢得世人尊重的根本原因。

除了企业价值观之外，企业的精神文化体系还应该包含企业使命和企业愿景。

企业使命，简言之，就是企业存在的基本目标或企业在社会、经济领域所扮演的角色。例如，“让世界更加欢乐”是迪士尼的核心使命，如今，迪士尼王国的主营业务已经由动画、电影拓展至主题公园、玩具、图书、电子游戏等，但是其所有的业务从未脱离“让世界更加欢乐”这一基本使命。又例如，马云将阿里巴巴网络技术有限公司的使命定位为“让天下没有难做的生意”，这是阿里巴巴推出任何产品和服务的唯一标准，让客户做起事来越来越容易，把麻烦留给企业自己，这体现了阿里巴巴集团的企业使命，也是电子商务企业发展的金玉良言。管理大师彼得·德鲁克认为，成功的企业在制定其发展规划时首先考虑的不是经济回报，而是企业使命，只要企业树立了正确的发展使命，经济回报就会自然而然地产生。

企业愿景，简言之，就是企业对未来发展成就的期许，这种成就主要体现在企业在社会或经济领域的影响力、贡献力、在市场或行业中的排位，以及其与企业利益相关者之间的经济关系等。例如，养元将其企业愿景设定为“持续引领核桃产品行业发展，打造卓越民族品牌”，这一愿景既包含了养元对其行业地位、影响力的期许，也表明了其壮大品类、打造卓越民族品牌的决心。相对而言，企业使命侧重于对企业自身经营的既定看法，而企业愿景是企业尚未实现的理想，企业使命是企业发展的罗盘，而愿景则代表了企业在罗盘的指引下要到达的目的地。企业使命、企业愿景和企业价值观一起，构成企业精神文化内核的三大支柱，缺一不可。

（二）制度文化是企业文化约束力的具体体现

制度文化是企业精神文化在成员行为上的强制性规范。企业成员的社会背景、价值理念、思维方式和行事准则不同，各成员对企业和工作的态度与看法，以及他们的工作表现和工作效率也不相同，因此，企业有必要以提高工作效率和经营效益为目标，通过实施强制性制度，为企业的生产经营和企业成员的行为提供整齐划一的标准。

企业制度文化，归根到底是一个关于如何处理人与人、人与事、人与物、人与集体的关系的图谱，以制度约束体现企业的核心价值观，即前文所述的“优先权”。因而，合理、高效的制度文化的建立不仅能规范员工的行为，而且能引导、教育企业成员，使成员以企业利益为重，进而保证企业目标的顺利实现。

（三）物质文化是企业精神的物质化表现

企业的物质文化是一个企业的容貌，是企业社会形象的集中体现，也是外界对于企业总体评价的起点。

企业的物质文化包括企业的生产资料、产品文化及企业象征物。生产资料是指企业的办公场所、机器工具、设备原料等，它是企业进行生产经营活动的物质基础，也是衡量企业发展程度的基础指标。产品文化是指企业生产的产品及产品的附加价值，其中，产品的附加价值是企业文化与消费者联系的主要载体。而企业象征物是企业名称、标识等企业文化的可视化识别系统，体现了企业文化的个性和风格。

良好的物质文化可以改变社会对企业的认知，最典型的例子如2013年，伊利集团宣布启动“伊利工厂开放之旅”活动，让消费者深入了解乳制品生产工艺，同时接受社会各界人士的监督，这一举动不仅拉近了企业与消费者的距离，而且改善了社会对于乳品企业的认知。同时，优秀的产品文化也是企业最为宝贵的无形资产，只要消费者认可，这笔资产就不会消失。如可口可乐集团，作为世界上规模最大、历史最悠久的饮料企业之一，可口可乐标识为全世界所熟知，可口可乐公司曾经宣称，即使我们的工厂一夜之间被烧光，只要我们的品牌还在，我们就可以马上恢复生产。

三、文化驱动企业成长

“资源是会枯竭的，唯有文化才会生生不息。”这是《华为基本法》第一章中的一句话，也是中国企业文化的金句。如今，各个企业已经认识到企业文化的重要性，《财富》杂志评出的全球500强企业都有其优秀的企业文化，500强企业的评委也一直认为企业成功的关键在于企业文化。这一点已成为众多企业的共识。

从约翰·科特和詹姆斯·赫斯克特合著的《企业文化与经营业绩》一书中，我们可以看出二人非常重视企业关键的管理要素（消费者要素、股东要素、企业员工要素），重视各级管理人员的领导艺术。约翰·科特和詹姆斯·赫斯克特对比有优秀文化特质的企业与缺乏优秀文化特质的公司，积累了11年的数据，进而得出结论：前者的经营业绩远远高于后者。前者的总收入每年平均增长682%，后者仅达166%；企业员工的增长前者为282%，后者仅为36%；公司股票价格前者增长901%，后者增长74%；公司净收入前者增长756%，后者增长1%。

企业文化驱动企业成长这一论点已经得到证实，在企业的经营实践中，我们更需要了解的是企业文化是怎样发生作用的，以及如何发挥企业文化的正面作用以驱动企业成长。前文我们已经阐述了企业文化与企业环境之间的关系，企业文化在环境的影响下不断变化。在某种特定的社会、经济环境下，企业文化就意味着公司采取什么样的行动会取得成功，这牵涉我们尚未提及的问题，即企业文化与企业战略之间的关系。

简言之，企业战略是指企业如何有效地整合资源，以建立持久的竞争优势。企业文化是企业实现战略目标的价值观和方法论。作为企业战略选择的依据，企业文化对企业各层次战略的影响是全面的，企业文化贯穿于公司战略的制定、经营战略实施整个过程，既影响公司战略的制定，也影响公司的业务结果。

（一）企业文化于企业员工的影响

在企业的日常经营活动中，员工是对公司最熟悉、与公司的关系最密切的利益伙伴，企业必须向员工展示有说服力的核心价值观和真实可信的企业愿景，这样企业才能赢得这些伙伴的尊重。在良好的价值理念的引导下，员工尽职尽责地工作，帮助企业提升绩效，这是企业文化对企业成长最直接的驱动作用。

首先，拥有强文化的企业明确企业的价值观和经营目标，当然，这并不是指企业将经营目标写在其办公区的宣传墙上，而是指这种明确的价值观和经营目标渗透到企业最高领导人及每一个员工的行为举止之中。强文化带来强大的目标同向性，共同的目标促使企业员工在个人利益与集体利益相冲突时首先顾及集体利益，在个人选择与集体选择面前，更愿意遵从集体选择，这种合力使企业经营目标更容易实现。

其次，强文化熏陶下的员工对企业更忠诚，员工忠诚，企业便具有很强的抗风险的能力。养元散伙饭的故事在本书开篇就已经讲过，那时的养元还谈不上有企业文化，有的只是企业领导人的憨厚性格与宽广胸怀，但这足以让创业团队的几个核心成员在企业濒危时选择留下来，进而成就了今天的养元。无疑，强文化能够帮助企业形成人才竞争优势，吸引并留住好员工。

最后，拥有强文化的企业，其员工在工作中有很强的自我价值感，因而会一直很努力地工作。员工快乐感和成就感的获得，有利于提高企业的生产效率。企业故事和英雄人物让员工了解到企业推崇和在意的是什么，明确的表彰和奖赏使员工愿意把公司的目标当作自己的信仰，这样企业的生产效率就会有所提高。星巴克的总裁霍华德·舒尔茨把员工积极献身企业的行为称为“全身心式投入”。

（二）企业文化对于利益相关者的影响

对于快消品企业来说，渠道合作伙伴的支持从很大程度上来说就是企业的命脉。所谓“道不同不相为谋”，选择和管理渠道合作伙伴，不能只依靠制度、利润等硬性规则，还要向他们灌输本企业的文化，建立共同价值观与未来期望，这样，企业才能与合作伙伴建立长久而稳定的合作伙伴关系。

在养元的渠道建设过程中，从最初的情感营销，以诚信和感情维系渠道关系，到经销商参股，打造命运共同体，再到实施“金商工程”，实现与渠道合作伙伴的共同进步，每一步都体现了养元憨厚朴实、严格严谨的企业文化与作风。正是因为养元对其渠道合作伙伴很宽容，对市场管理很严格，宽严有度，这才有今天的“大预售制”，养元才能以这种模式维护养元充沛的现金流转及密不透风的厂商关系。

（三）企业文化对于消费者的影响

消费者是企业经营的末梢环节，也是企业文化作用于企业战略及经营业绩的最重要环节。今天我们看到很多企业和品牌都在做“粉丝经济”，所谓“粉丝经济”就是打造以消费者为核心的文化，利用消费者对企业文化与品牌文化的推崇，使其为企业经营行为买单。

菲利普·科特勒在《营销革命 3.0》一书中有这样的论述：向消费者营销企业使命或产品使命有三个步骤，即提出具有变革性的使命、围绕使命构思品牌故事和引发消费者的积极参与。其实，向消费者推销企业文化以促进企业业绩的增长的做法并非营销 3.0 时代才有，早在 1985 年，可口可乐公司就推出新可乐产品，不到 3 个月，在消费者的强烈反对下，公司不得不全面回收新产品。究其原因，并非是消费者抵触新产品，而是消费者与可口可乐之间有强烈的情感关联，新可乐的推出切断了这条纽带，让消费者感到愤怒。

企业文化对消费者的作用直接体现在品牌文化与产品文化上，如“米粉”对小米产品的追逐、“果粉”对苹果产品的信赖，最终的业绩体现和战略反馈都会作用于企业。因而，强文化对消费者的强作用，也是对企业业绩的直接作用。

四、持续卓越的企业文化打造

（一）对内：提升企业的凝聚力

凝聚力是指企业成员之间为实现共同的经营目标进行团结与协作的程度，其外在表现是个体对群体目标或任务的信赖性、依从性乃至服从性。

迪尔的《新企业文化：重获工作场所的活力》中曾引用过美国职业演讲人凯文·弗莱博格这样一段话："今天，企业文化的理念对公司的有效运作是如此重要，以至于它不能被错误地理解为一种短暂的狂热。文化是把一个组织凝聚到一起的黏合剂。"（P_{05}）的确，一个企业少则几十人，多则上万人，每个人都有不同的出身、背景、目标和前程，能把所有人黏合在一起，使其为企业的共同目标服务的，只有文化。

美国最著名的战争剧《Band of Brothers》讲述了二战时期美国伞兵部队 101 师 E 连登陆诺曼底直至二战胜利的故事。E 连 124 位战士来自美国不同的地区，从事不同的职业，战争让他们走到一起。对 E 连的战士来说，并肩作战的经历让他们拥有了共同的价值观，即为荣誉而战，为兄弟而战。我们发现，战争中每个人都会感到恐惧，但共同的价值观让战士们战胜了恐惧，这是团队凝聚力的最佳体现。影片中有一句台词令人印象深刻："有一天，我的孙子会问我，'爷爷，你在二战中是个英雄吗?'，我说，'不，孩子，我不是英雄，但我曾经和英雄并肩作战。'"

（二）对外：文化传播的感染力

如果说凝聚力是企业文化的内功心法，那么传播力就是企业文化打出来的一招一式。传播力就是企业文化实现有效传播的能力，包含两个层面的内容：一是传播的能力，二是传播的效力。前者是指主观条件上企业文化的权威性、说服力和可信度，以及客观条件上资源的配置、硬件的投入；后者则是指企业文化传播的过程及传播的效果，如传播的扩散广度、精准程度、影响力度。

企业范围内的文化传播，其传播的能力和效力主要依赖于我们前文所述的几个要素，如英雄人物是否具有说服力、企业故事是否具有感染力、仪式是否能够渗透到企业员工的日常行为之中、典礼是否激动人心，以及文化网络是否能对企业文化传播起积极作用，这一切决定了企业文化传播力的强弱。所谓强文化公司，实质上就是具有强传播力的公司。

此外，企业也要在外部环境中传播企业文化，我们学习华为或海尔的企业文化，实际上都是在接受文化传播力的感染。对外传播能够使企业的合作伙伴、竞争对手、客户及消费者更深入地了解企业，有助于树立鲜明的企业形象，提高企业的知名度和美誉度。

（三）时间维度：企业文化的融合与创新

文化不是一成不变的。2010 年，养元的销售额达 15 亿元，养元一跃成为饮料行业备受瞩目的新星，其企业规模和发展势头直追当年的植物蛋白饮料领军企业，这时，养元将“激情四射，缔造传奇”企业精神改为“自强不息，追求永恒”。对外人而言，这只是一句口号的改变而已，但对养元人来说，这种改变是为了使文化与企业发展相匹配，是养元由内而外的变革。自那时起，养元更加注重建设完善的制度流程，更加注重产供销的协调运营，并开始着力建立企业的系统优势而非发展优势要素，这些都为养元日后的发展打下了坚实的基础。

企业文化由企业历史、英雄人物、故事等要素组成，养元人的企业故事、一线员工的日常践行案例很多。尽管这些都是企业文化得以传承的载体，但这并不意味着企业要固守历史。在企业的发展历程中，新的历史不断生成，在企业不同的发展阶段，新的英雄人物相继出现，根据企业文化的建设需要，新的故事不断被演绎出来。倘若企业文化与其生态环境相悖，与企业发展阶段相悖，那么企业文化就站在了变革的边缘。

同时，尽管企业文化要有个性，但是好的企业文化一定是极具包容度、允许多样性的文化。尤其在今天，当所有企业都站在科技革命带来的全新商业世界的地平线上时，必然会出现不同企业文化之间的融合。我们面临着全球化带来的文化冲击，面临着新常态带来的历史机遇，面临着传统企业转型变革的风口浪尖，面临着科技进步带来的创新机遇，面临着资本经济、股权变革对单一文化的干扰，面临着越来越年轻化、个性化的员工构成……复杂的企业发展环境为企业的发展路径提供了多种可能，封闭单一的企业文化随时会扼杀这些可能。

正如特伦斯·迪尔在《新企业文化：重获工作场所的活力》一书中所说："只有在某种产业中，当具体而始终如一的行为模式是未来成功的最好保证时，一体化的文化才会存在。"（P_{25}）强文化的真正意义在于保障企业未来的成功。强文化本身会随着企业发展阶段的变化而变化，并接纳、包容新的事物。

养元企业跨越式成长图

160.00%
140.00%
120.00%
100.00%
80.00%
60.00%
40.00%
20.00%
0.00%
2002年
2003年
2004年
2005年
2006年
2007年
2008年
2009年
2010年
2011年
2012年
2013年
2014年
养元增长率
行业增长率

1 600 000
1 400 000
1 200 000
1 000 000
800 000
600 000
400 000
200 000
0
2001年
2002年
2003年
2004年
2005年
2006年
2007年
2008年
2009年
2010年
2011年
2012年
2013年
2014年
年销信额
单位：万

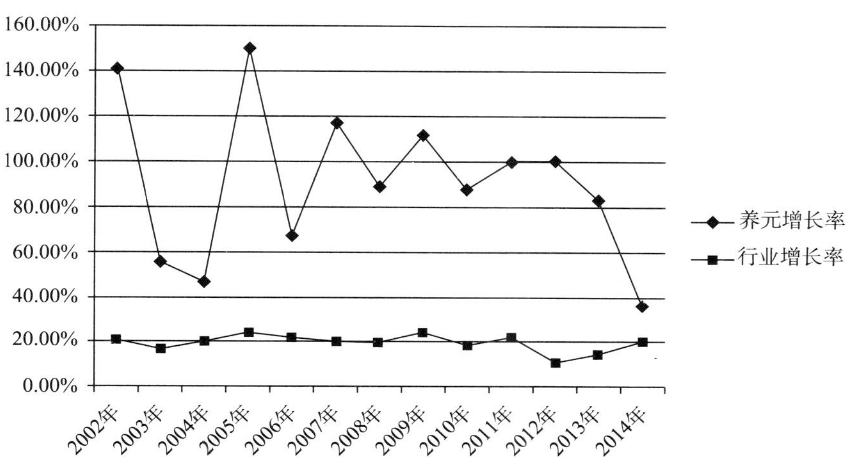

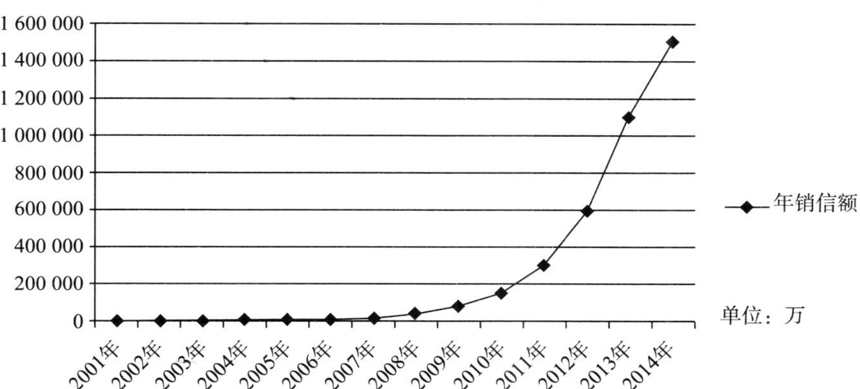

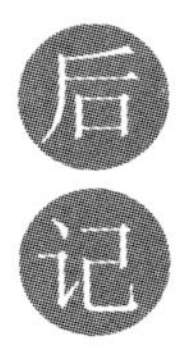

走在创新型成长的路上

十余年，一代人，一百五十亿。养元崛起是养元人呕心沥血、求索超越，用情怀与匠心、智慧与信仰、时光与生命书写在天地之间的一部大书；是养元事业所有的参与者、贡献者共同创造出的一卷华彩诗篇；是风云激荡、大国崛起的伟大时代成就的一个最新样本。这个时代像母亲一样孕育、滋润、关怀、启迪、托举了所有和养元一样优秀的民族企业的发展。崛起的长歌仍在飘荡，探索的脚步却从未停歇。

这本《六个核桃凭什么，从0过100亿》不过是对养元这一母本粗略的白描或“拙劣的拟仿”。所以，行文至此，笔者并没有如释重负的感觉，反而有些许忐忑。因为在波澜壮阔的“中国崛起”这一当代人类史诗背景下，面对养元崛起的华彩诗篇，我们真的不希望因自己精力、水平的限制，造成任何曲解和误读，尽管这种曲解和误读在生活中普遍存在。相较于养元事业探索者和建设者在养元跨越崛起中付出的大量艰苦卓绝的实践，本书所述的内容仍难免粗疏。

人们常说，在我们所处的时代，变是唯一不变的真理。迄今为止，虽然养元人是从纵横探索、超越自我、创新求变中一路走来的，但是，养元取得的成就都已成为过去。面对中国经济社会发展的新常态和“稳增长、调结构、转方式”的新挑战，养元的跨越式成长还能持续多久？面对市场日益激烈的竞争及企业自我发展的周期性规律，养元的核心竞争优势还能保持多久？面对营销革命3.0时代、大数据时代和移动互联网时代的大浪潮、大冲击，我们看到创新驱动、“互联网+”的产业转型与升级使众多传统企业患上“焦虑症”、“浮躁症”、“恐惧症”。在这种情况下，养元人能否再一次抓住大迭代、大变革、大重构时代带来的机遇，实现企业再造、持续跨越甚至基业长青？养元又如何轻松上阵，找到再造重生、持续腾飞的方向和法门呢？

“过去已去，未来已来。”作为十余年来与养元风雨同舟、共创共赢的战略合作伙伴，我们感到时间紧迫、任务艰巨。

养元事业刚刚起步时，本土营销1.0时代的“跑马占圈、广种薄收”模式已经结束，2.0时代的“深度营销、精耕细作”模式的大幕刚刚开启。中国加入WTO，经济实现迅速发展。内外部机遇相融，养元选择了正确的战略、模式、落地路径和高效执行方略，迅速摆脱困境，走上持续跨越之路，书写了核桃乳超级大单品的市场传奇，并且这个传奇仍在继续。做本土市场，我们丝毫不怀疑中国的人口规模、新型城镇化、消费升级带来的需求红利、消费水平和消费规模，特别是对日常大众化消费产品而言。但是，六个核桃、加多宝这种以超级单品成就的市场奇迹，在今后消费品市场出现的概率是否会大幅度降低？是否是传统市场与传统营销时代终结之前的稀缺性传奇呢？

自古至今，人类社会的每一次重大技术的出现，都会极大地改变人类自身的生存状态、思维逻辑、行动范式及深层价值观念。今天，互联网技术的演变及移动互联网对商业领域、日常生活的迅速渗透，在导致消费者的日常生活、社交、消费、娱乐互联网化的同时，也改变、颠覆了图书、旅游、家电、电信、手机、媒体、家居、金融、游戏等众多传统产业的发展格局。我们不知“门外的野蛮人”从哪儿来，但他真的来了。从消费互联网化到产业互联网化，对传统产业、传统企业的互联网化改造与重塑已经不是“要不要”和“能不能”的问题，而是关乎企业“明天是生还是死”、“明天站在哪里”的重大生存考验，关乎企业是否能在未来的商业生态、商业文明中持续占位与领先的核心命题。

在移动互联网时代，我们看到一切都在发生着深刻而迅速的变化。消费者市场在变。铁板一块的大众消费者市场正在被一个个特性鲜明的分众市场、网络圈层、社群甚至是一个个特立独行的消费者所取代。个性化、符号化、场景化、圈层化、定制化消费对从事大工业化批量生产、标准化生产、工厂化生产的传统企业提出了极大的挑战，驱动企业的生产与销售走向多样化、柔性化、人性化。从消费市场的结构来看，在大众化消费的基础上，中产阶级的崛起推动了“趋优消费”的发展，中产阶级市场成为最有价值的细分市场，带动消费升级、主流换挡；90后、00后这些新型消费人群的成长与壮大推动了时尚消费、个性消费，90后、00后市场成为最具潜力的细分市场；网络驻民的迅速裂变，各圈层、社群消费甚至全社会的网络生活、购物、消费、娱乐冲击了传统线下实体店业务的发展。

“要么全渠道，要么没渠道”。O2O线上线下融合模式正逐步取代传统的B2B、B2C，成为移动互联网时代最强劲的商业模式。O2O线上线下融合模式必将成为未来商业社会的“通天道”、“过海桥”。移动互联网时代的去中心化、“人人自媒体化”、交互便利化、随时化不但开启了社会化媒体、互动化沟通、圈层化分享的新传播时代，而且引领人们走进了体验为王的市场新时代。

一切以用户为中心，以消费大数据为基础。以新型消费模式为核心的传播模式、渠道模式、供应链模式、网络金融模式如雨后春笋般出现。这些消费模式以搜索、评价、参与、体验为核心重建用户的消费逻辑。如果说在厂商驱动型市场时代，厂家、商家利用传统媒体、传统渠道实施大传播、强灌输、硬推广、霸终端就可以获得消费者的认知、认同和认购，在“一切以消费者为中心”的幌子下，无视消费者的需求和感受，也能获得较好的销售利润的话，那么在“消费者制权”的时代，所有的这一切必将被彻底颠覆，未来的商业形态、营销形态将重视用户关系、用户体验、用户评价，逐步完成向“以人为本”逻辑的回归。苹果也好，小米也好，三只松鼠也好，阿里巴巴、京东、格力、万达也好，互联网公司也好，传统产业也好，顺势而为者活，逆势而动者出局。在不久的将来，我们也许看不到纯粹的互联网公司或传统产业。互联网公司在传统产业落地与传统企业的互联网升级的双重塑造中获得新生。

“滚滚长江东逝水，浪花淘尽英雄。”今天我们身边的一切事物都在变，但是，就像人性的本质自古而今都没有改变一样，营销的本质——创造和交换价值没有变，企业经营的本质——围绕经营用户关系以效率去追求价值也没有改变。面对移动互联网时代的大变革、大机遇，企业以互联网思维，运用互联网技术，改造并重塑传统产业的竞争优势，其难度是空前的。企业要考虑以下问题：如何通过高效互动、尊重人性、回归信用基石重建企业的商业伦理、商业形象、商业文明？如何通过互动、参与、体验真正建立用户思维，共建品牌与产品研发战略？如何基于移动互联网的云技术、云平台管理服务团队，重塑或升级用户关系、商业模式？如何基于移动互联网时代社群消费者的需求特点、消费习性、偏好特征，打造网络“爆品”或“极品”？如何利用传统媒体和网络社会化媒体，开展针对目标人群、社群的“关键时刻、关键场景、关键内容、关键强链接”？如何运用互联网思维与技术，重塑传统企业的供应链体系，实施需求导向、创新驱动、精益高效的运营管理？如何以平台战略思维，拓展、优化或重塑企业生存发展的生态圈系统？如何借助现有的第三方互联网平台和企业自建平台，整合传统线下平台，有计划、有节奏地推进企业的“全网营销、精准营销、互动营销”？如何构建企业后台的“云数据分析与管理系统”？如何针对小批量、多批次、个性化的消费者，开发企业柔性的“需产供”系统？如何经营和建设面向移动互联网时代要求与挑战的现代营销、管理、服务团队。

解决上述问题，对包括养元在内的所有传统企业来说，是极大的挑战。经过十多年的发展，养元的年销售额达 150 亿元，将来，养元的年销售额将达到 200 亿元，甚至更多。这些成就的取得并不允许养元人骄傲或自我陶醉，养元的故事才刚刚开始。善于超越自我、创新求变、勇立潮头的养元人仍然走在一条创新驱动成长、以智慧点亮未来的道路之上。“鹰的重生”的故事表明那些追求持续卓越、基业长青的企业必然要经历很多磨难。令人感到欣慰的是，面对新时代、新挑战，养元正在逐步蜕变，迎接自己的新生。

感谢姚奎章董事长、范召林总裁及养元各部门员工对本书的大力支持，没有他们的首肯、鼓励和支持，我们很难获得大量一手材料和最新数据。希望养元的发展、情怀与智慧，能为各行各业带来有益的启迪。

感谢智达天下咨询团队的各位兄弟姐妹。在智达天下创业、创智、创新的发展历程中，他们不仅在公司遇到困难时给我鼓励和帮助，而且为智达天下的持续进步、创造佳绩、屡获殊荣贡献了自己最为宝贵的时光、思想、智慧。没有他们在搜集、梳理养元资料、制作课件和写作本书的过程中的辛勤付出，就没有这本书的出版。

感谢《糖烟酒周刊》杂志社和博瑞森图书出版有限公司。多年来，《糖烟酒周刊》杂志社的领导杜建明先生、柳旭波先生、周宁女士、梁剑先生、郭德苍先生及众多其他朋友为养元的发展裂变贡献了宝贵的智慧。博瑞森图书出版有限公司的张本心先生、崔蕾女士和李俊丽女士也在我写作本书的过程中给了我很多帮助，没有他们的关怀与帮助，这本书不会这么快面市。

最后，再一次感谢所有在养元创业崛起之路上奉献青春、心血和智慧的参与者、支持者。正是他们的无私奉献、众志成城使养元克服种种困难，获得今日的成功，他们的支持、鼓励和问候始终激励我们不断前行。

书稿终于付梓，有错误和疏漏之处，求方家指正。

2015 年 4 月 26 日于燕郊

参考书目

[1]（美）菲利普·科特勒，凯文·莱恩·凯勒著，王永贵等译．营销管理（第14版）[M]．北京：中国人民大学出版社，2012.

[2] 吴稼祥．智慧算术－加减谋略论 [M]．上海：三联书店，1997.

[3]（美）里斯，特劳特著，谢伟山，苑爱冬译．定位：有史以来对美国影响最大的观念 [M]．北京：机械工业出版社，2011.

[4]（美）里斯，特劳特著，李正栓，李腾译．商战 [M]．北京：机械工业出版社，2011.

[5] 胡斌，李旭芳．复杂多变环境下企业生态系统的动态演变及运作研究 [M]．上海：同济大学出版社，2013.

[6]（美）艾·里斯，劳拉·里斯著，寿雯译．品类的起源 [M]．北京：机械工业出版社，2013.

[7] 林伟贤．模式2：系统的力量 [M]．北京：北京联合出版公司，2011.

[8]（美）彼得·圣吉．第五项修炼——学习型组织的艺术与实践 [M]．北京：中信出版社，2009.

[9]（美）克莱顿·克里斯坦森．创新者的窘境 [M]．北京：中信出版社，2014.

[10]（美）拉里·博西迪等著．执行：如何完成任务的学问 [M]．北京：机械工业出版社，2011.

[11]（美）吉姆·柯林斯，杰里·波勒斯著，真如译．基业长青 [M]．北京：中信出版社，2009.

［12］陈春花．企业文化管理［M］．广州：华南理工大学出版社，2003.

［13］王祥伍，黄健江．企业文化的逻辑［M］．北京：电子工业出版社，2014.

［14］（美）菲利普·科特勒，（印度尼西亚）何麻温·卡塔加雅，伊万·塞蒂亚万著，毕崇毅译．营销革命 3.0［M］．北京：机械工业出版社，2013.

［15］（美）特伦斯·迪尔，艾伦·肯尼迪著，李原，孙健敏译．企业文化［M］．北京：中国人民大学出版社，2015.

［16］（美）特伦斯·迪尔，艾伦·肯尼迪著，孙健敏，黄小勇等译．新企业文化［M］．北京：中国人民大学出版社，2015.

［17］（美）约翰·科特，詹姆斯·赫斯克特著，李晓涛译．企业文化与经营业绩［M］．北京：中国人民大学出版社，2004.

［18］（美）小托马斯·沃森著，张静译．一个企业的信念［M］．北京：中信出版社，2003.

“本土管理实践与创新论坛”成立

长期以来，中国企业在学习西方管理、本土化实践中不断进步。经济进入新常态，管理也要进入深水区。东西方企业与管理，有共性，也有个性。本土管理领域正在产生自己独特的理论与模式。尤其在移动互联时代，中国的情况与西方更不同，有很多新课题，需要本土专家们一起研究。

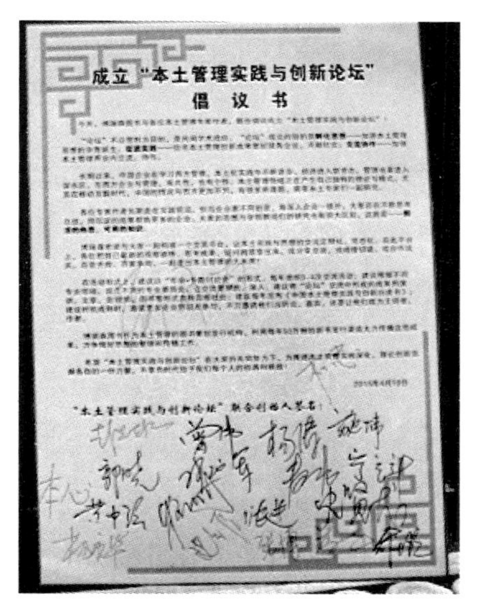

成立“本土管理实践与创新论坛”

倡　议　书

“本土管理实践与创新论坛”联合创始人签名：

为此，博瑞森图书与各位本土管理专家作者，联合成立“本土管理实践与创新论坛”！“论坛”不以盈利为目的。“论坛”的宗旨是：

孵化思想——加速本土管理思想的孕育诞生

促进实践——促进本土管理创新成果更好服务企业、贡献社会

交流协作——加强本土管理界业内交流、协作

通过这个论坛，让本土实践与思想的交流定期化、常态化。在此平台上，各位作者把自己最新的观察感悟、思考成果、疑问困惑拿出来，或分享交流、或碰撞切磋、或合作攻关。通过举办“年度论坛”、出版《年度报告》等方式，百花齐放、百家争鸣，一起走出本土管理的大未来！

“本土管理实践与创新论坛”联合创始人

彭志雄、曾伟、宋新宇、杨涛、施炜、郭晓、张学军、秦国伟、宁立新、黄中强、程绍珊、张进、史贤龙、杨永华、高可为、史立臣、张博、李志华、张本心、余世耀、杜忠（以年龄为序，以示本土管理群体思想传承之意）

博瑞森图书分类导读图＋书目

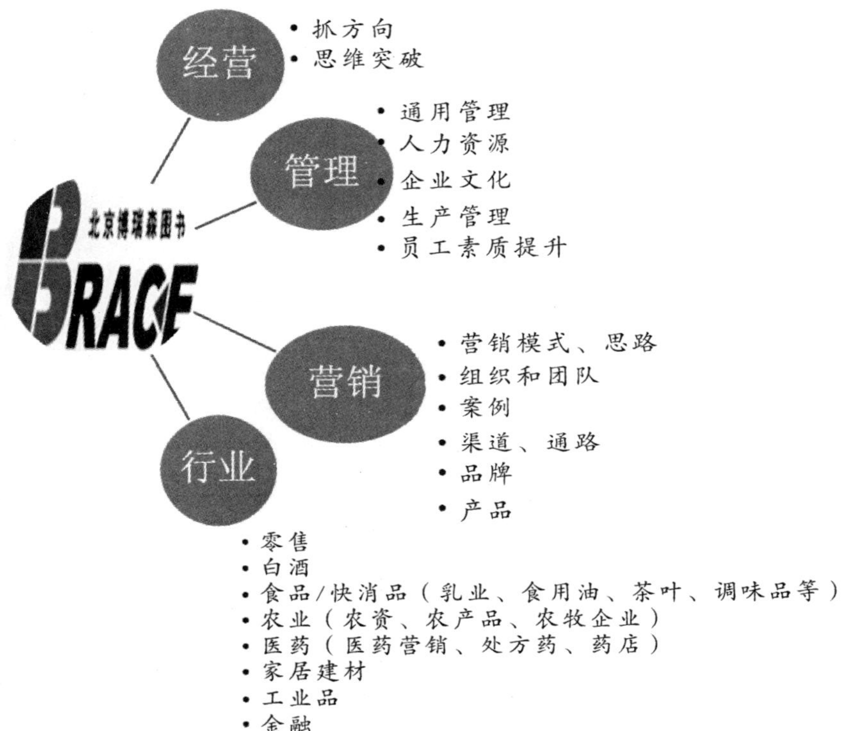

更多实战好书，请关注**“博瑞森管理图书网”**

BRACE http://www.bracebook.com.cn

博瑞森图书：多读干货，少走弯路

行业类：零售、白酒、食品/快消品、农业、医药、建材家居等

	书名．作者	内容/特色	读者价值
零售·超市·餐饮·服装·汽车	1. 总部有多强大，门店就能走多远 2. 超市卖场定价策略与品类管理 3. 连锁零售企业招聘与培训破解之道 4. 中国首家未来超市：解密安徽乐城 5. 三四线城市超市如何快速成长：解密甘雨亭 IBMG 国际商业管理集团 著	国内外标杆企业的经验＋本土实践量化数据＋操作步骤、方法	通俗易懂，行业经验丰富，宝贵的行业量化数据，关键思路和步骤
	涨价也能卖到翻 村松达夫 【日】	提升客单价的15种实用、有效的方法	日本企业在这方面非常值得学习和借鉴
	零售：把客流变成购买力 丁 昀 著	如何通过不断升级产品和体验式服务来经营客流	如何进行体验营销，国外的好经营，这方面有启发
	餐饮企业经营策略第一书 吴 坚 著	分别从产品、顾客、市场、盈利模式等几个方面，对现阶段餐饮企业的发展提出策略和思路	第一本专业的、高端的餐饮企业经营指导书
	赚不赚钱靠店长：从懂管理到会经营 孙彩军 著	通过生动的案例来进行剖析，注重门店管理细节方面的能力提升	帮助终端门店店长在管理门店的过程中实现经营思路的拓展与突破
	汽车配件这样卖：汽车后市场销售秘诀100条 俞士耀 著	汽配销售业务员必读，手把手教授最实用的方法，轻松得来好业绩	快速上岗，专业实效，业绩无忧
白酒	变局下的白酒企业重构 杨永华 著	帮助白酒企业从产业视角看清趋势，找准位置，实现弯道超车的书	行业内企业要减少90%，自己在什么位置，怎么做，都清楚了
	1. 白酒营销的第一本书 2. 白酒经销商的第一本书 唐江华 著	华泽集团湖南开口笑公司品牌部长，擅长酒类新品推广、新市场拓展	扎根一线，实战
	区域型白酒企业营销必胜法则 朱志明 著	为区域型白酒企业提供35条必胜法则，在竞争中赢销的葵花宝典	丰富的一线经验和深厚积累，实操实用
	10步成功运作白酒区域市场 朱志明 著	白酒区域操盘者必备，掌握区域市场运作的战略、战术、兵法	在区域市场的攻伐防守中运筹帷幄，立于不败之地
	酒业转型大时代：微酒精选 2014－2015 微酒 主编	本书分为五个部分：当年大事件、那些酒业营销工具、微酒独立策划、业内大调查和十大经典案例	了解行业新动态、新观点，学习营销方法
快消品·食品	乳业营销第一书 侯军伟 著	对区域乳品企业生存发展关键性问题的梳理	唯一的区域乳业营销书，区域乳品企业一定要看
	食用油营销第一书 余 盛 著	10多年油脂企业工作经验，从行业到具体实操	食用油行业第一书，当之无愧
	中国茶叶营销第一书 柏 龑 著	如何跳出茶行业“大文化小产业”的困境，作者给出了自己的观察和思考	不是传统做茶的思路，而是现在商业做茶的思路
	调味品营销第一书 陈小龙 著	国内唯一一本调味品营销的书	唯一的调味品营销的书，调味品的从业者一定要看
	快消品营销人的第一本书：从入门到精通 刘 雷 伯建新 著	快消行业必读书，从入门到专业	深入细致，易学易懂
	变局下的快消品营销实战策略 杨永华 著	通胀了，成本增加，如何从被动应战变成主动的“系统战”	作者对快消品行业非常熟悉、非常实战
	快消品经销商如何快速做大 杨永华 著	本书完全从实战的角度，评述现象，解析误区，揭示原理，传授方法	为转型期的经销商提供了解决思路，指出了发展方向
	一位销售经理的工作心得 蒋 军 著	一线营销管理人员想提升业绩却无从下手时，可以看看这本书	一线的真实感悟
	快消品营销：一位销售经理的工作心得2 蒋 军 著	快消品、食品饮料营销的经验之谈，重点图书	来源与实战的精华总结
	快消品营销与渠道管理 谭长春 著	将快消品标杆企业渠道管理的经验和方法分享出来	可口可乐、华润的一些具体的渠道管理经验，实战
	成为优秀的快消品区域经理 伯建新 著	37个“怎么办”分析区域经理的工作关键点	可以作为区域经理的‘速成催化器’
	销售轨迹：一位快消品营销总监的拼搏之路 秦国伟 著	本书讲述了一个普通销售员打拼成为跨国企业营销总监的真实奋斗历程	激励人心，给广大销售员以力量和鼓舞

续表

农业	**农资营销实战全指导** 张　博　著	农资如何向"深度营销"转型，从理论到实践进行系统剖析，经验资深	朴实、使用！不可多得的农资营销实战指导
	农产品营销第一书 胡浪球　著	从农业企业战略到市场开拓、营销、品牌、模式等	来源于实践中的思考，有启发
	变局下的农牧企业发展9大策略 彭志雄　著	食品安全、纵向延伸、横向联合、品牌建设……	唯一的农牧企业经营实操的书，农牧企业一定要看
医药	**新医改下医药营销与团队管理** 史立臣　著	探讨新医改对医药行业的系列影响和医药团队管理	帮助理清思路，有一个框架
	医药营销与处方药学术推广 马宝琳　著	如何用医学策划把"平民产品"变成"明星产品"	有真货、讲真话的作者，堪称处方药营销的经典！
	新医改了，药店就要这样开 尚　锋　著	药店经营、管理、营销全攻略	有很强的实战性和可操作性
	电商来了，药店应该怎样开 尚　锋　著	电商崛起，药店该如何突围？本书从促销、会员服务、专业性、客单价等多重角度给出了指导方向	实战攻略，拿来就能用
	在中国，医药营销这样做：时代方略精选文集 段继东　主编	专注于医药营销咨询15年，将医药营销方法的精华文章合编，深入全面	可谓医药营销领域的顶尖著作，医药界读者的必读书
	OTC医药代表药店开发与维护 鄢圣安　著	要做到一名专业的医药代表，需要做什么、准备什么、知识储备、操作技巧等	医药代表药店拜访的指导手册，手把手教你快速上手
建材家居	**建材家居营销实务** 程绍珊　杨鸿贵　主编	价值营销运用到建材家居，每一步都让客户增值	有自己的系统、实战
	建材家居门店销量提升 贾同领　著	店面选址、广告投放、推广助销、空间布局、生动展示、店面运营等	门店销量提升是一个系统工程，非常系统、实战
	10步成为最棒的建材家居门店店长 徐伟泽　著	实际方法易学易用，让员工能够迅速成长，成为独当一面的好店长	只要坚持这样干，一定能成为好店长
	手把手帮建材家居导购业绩倍增：成为顶尖的门店店员 熊亚柱　著	生动的表现形式，让普通人也能成为优秀的导购员，让门店业绩长红	读着有趣，用着简单，一本在手、业绩无忧
工业品	**解决方案营销实战案例** 刘祖轲　著	用10个真案例讲明白什么是工业品的解决方案式营销，实战、实用	有干货、真正操作过的才能写得出来
	变局下的工业品企业7大机遇 叶敦明　著	产业链条的整合机会、盈利模式的复制机会、营销红利的机会、工业服务商转型机会……	工业品企业还可以这样做，思维大突破
	工业品市场部实战全指导 杜　忠　著	工业品市场部经理工作内容全指导	系统、全面、有理论、有方法，帮助工业品市场部经理更快提升专业能力
	工业品营销管理实务 李洪道　著	中国特色工业品营销体系的全面深化、工业品营销管理体系优化升级	工具更实战，案例更鲜活，内容更深化
金融	**交易心理分析** （美）马克·道格拉斯　著 刘真如　译	作者一语道破赢家的思考方式，并提供了具体的训练方法	不愧是投资心理的第一书，绝对经典
	精品银行管理之道 崔海鹏　何　屹　主编	中小银行转型的实战经验总结	中小银行的教材很多，实战类的书很少，可以看看
	支付战争 Eric M. Jackson　著 徐　彬　王　晓　译	PayPal创业期营销官，亲身讲述PayPal从诞生到壮大到成功出售的整个历史	激烈、有趣的内幕商战故事！了解美国支付市场的风云巨变
房地产	**产业园区/产业地产规划、招商、运营实战** 阎立忠　著	目前中国第一本系统解读产业园区和产业地产建设运营的实战宝典	从认知、策划、招商到运营全面了解地产策划
	人文商业地产策划 戴欣明　著	城市与商业地产战略定位的关键是不可复制性，要发现独一无二的"味道"	突破千城一面的策划困局

续表

经营类:企业如何赚钱,如何抓机会,如何突破,如何“开源”			
	书名.作者	内容/特色	读者价值
抓方向	让经营回归简单.升级版 宋新宇　著	化繁为简抓住经营本质:战略、客户、产品、员工、成长	经典,做企业就这几个关键点!
	企业由小到大要过哪些坎 卢　强　著	老板手里的一张“企业成长路线图”	现在我在哪儿,未来还要走哪些路,都清楚了
	企业二次创业成功路线图 夏惊鸣　著	企业曾经抓住机会成功了,但下一步该怎么办?	企业怎样获得第二次成功,心里有个大框架了
	老板经理人双赢之道 陈　明　著	经理人怎养选平台、怎么开局,老板怎样选/育/用/留	老板生闷气,经理人牢骚大,这次知道该怎么办了
	简单思考:AMT咨询创始人自述 孔祥云　著	著名咨询公司(AMT)的CEO创业历程中点点滴滴的经验与思考	每一位咨询人,每一位创业者和管理经营者,都值得一读
	企业文化的逻辑 王祥伍　黄健江　著	为什么企业绩效如此不同,解开绩效背后的文化密码	少有的深刻,有品质,读起来很流畅
	使命驱动企业成长 高可为　著	钱能让一个人今天努力,使命能让一群人长期努力	对于想做事业的人,‘使命’是绕不过去的
思维突破	移动互联新玩法:未来商业的格局和趋势 史贤龙　著	传统商业、电商、移动互联,三个世界并存,这种新格局的玩法一定要懂	看清热点的本质,把握行业先机,一本书搞定移动互联网
	画出公司的互联网进化路线图:用互联网思维重塑产品、客户和价值 李　蓓　著	18个问题帮助企业一步步梳理出互联网转型思路	思路清晰、案例丰富,非常有启发性
	重生战略:移动互联网和大数据时代的转型法则 沈　拓　著	在移动互联网和大数据时代,传统企业转型如同生命体打算与再造,称之为“重生战略”	帮助企业认清移动互联网环境下的变化和应对之道
	创造增量:穿越企业互联网转型的“黑洞” 刘红明　著	传统企业需要用互联网思维去创造增量,而不是用电子商务去转移传统业务的存量	教你怎么在“互联网+”的海洋中创造实实在在的增量
	7个转变,让公司3年胜出 李　蓓　著	消费者主权时代,企业该怎么办	这就是互联网思维,老板有能这样想,肯定倒不了
	跳出同质思维,从跟随到领先 郭　剑　著	66个精彩案例剖析,帮助老板突破行业长期思维惯性	做企业竟然有这么多玩法,开眼界
	麻烦就是需求　难题就是商机 卢根鑫　著	如何借助客户的眼睛发现商机	什么是真商机,怎么判断、怎么抓,有借鉴

管理类:效率如何提升,如何实现经营目标,如何“节流”			
	书名.作者	内容/特色	读者价值
通用管理	1. 让管理回归简单.升级版 2. 让经营回归简单.升级版 3. 让用人回归简单 宋新宇　著	宋博士的“简单”三部曲,影响20万读者,非常经典	被读者热情地称作“中小企业的管理圣经”
	边干边学做老板 黄中强　著	创业20多年的老板,有经验、能写、又愿意分享,这样的书很少	处处共鸣,帮助中小企业老板少走弯路
	阿米巴经营的中国模式 李志华　著	让员工从“要我干”到“我要干”,价值量化出来	阿米巴在企业如何落地,明白思路了
	欧博心法:好管理靠修行 曾　伟　著	用佛家的智慧,深刻剖析管理问题,见解独到	如果真的有‘中国式管理’,曾老师是其中标志性人物

续表

流程管理	1. 用流程解放管理者 2. 用流程解放管理者2 张国祥　著	中小企业阅读的流程管理、企业规范化的书	通俗易懂，理论和实践的结合恰到好处
	跟我们学建流程体系 陈立云　著	畅销书《跟我们学做流程管理》系列，更实操，更细致，更深入	更多地分享实践，分享感悟，从实践总结出来的方法论
战略落地	公司大了怎么管：从靠英雄到靠组织 AMT 金国华　著	第一次详尽阐释中国快速成长型企业的特点、问题及解决之道	帮助快速成长型企业领导及管理团队理清思路，突破瓶颈
	低效会议怎么改：每年节省一半会议成本的秘密 AMT 王玉荣　著	教你如何系统规划公司的各级会议，一本工具书	教会你科学管理会议的办法
	年初订计划，年尾有结果：战略落地七步成诗 AMT 郭晓　著	7 个步骤教会你怎么让公司制定的战略转变为行动	系统规划，有效指导计划实现
企业案例·老板传记	宗：一位制造业企业家的思考 杨　涛　著	1993 年创业，引领企业平稳发展 20 多年，分享独到的心得体会	难得的一本老板分享经验的书
	简单思考：AMT 咨询创始人自述 孔祥云　著	著名咨询公司（AMT）的 CEO 创业历程中点点滴滴的经验与思考	每一位咨询人，每一位创业者和管理经营者，都值得一读
	六个核桃凭什么：从 0 到 150 亿 张学军　著	首部全面揭秘养元六个核桃裂变式成长的巨著	学习优秀企业的成长路径，了解其背后的理论体系
	借力咨询：德邦成长背后的秘密 官同良　王祥伍　著	知名物流企业德邦的真实历史记录，讲述德邦是如何借助咨询公司的力量，进行自身成长与发展的	来自于德邦内部的第一线资料，真实珍贵，令人受益匪浅
	三四线城市超市如何快速成长：解密甘雨亭 IBMG 国际商业管理集团　著	国内外标杆企业的经验＋本土实践量化数据＋操作步骤、方法	通俗易懂，行业经验丰富，宝贵的行业量化数据，关键思路和步骤
	中国首家未来超市：解密安徽乐城 IBMG 国际商业管理集团　著	本书深入挖掘了安徽乐城超市的试验案例，为零售企业未来的发展提供了一条可借鉴之路	通俗易懂，行业经验丰富，宝贵的行业量化数据，关键思路和步骤
人力资源	回归本源看绩效 孙　波　著	让绩效回顾“改进工具”的本源，真正为企业所用	确实是来源于实践的思考，有共鸣
	曹子祥教你做绩效管理 曹子祥　著	复杂的理论通俗化，专业的知识简单化，企业绩效管理共性问题的解决方案	轻松掌握绩效管理
	把招聘做到极致 远　鸣　著	作为世界 500 强高级招聘经理，作者数十年招聘经验的总结分享	带来职场思考境界的提升和具体招聘方法的学习
	人才评价中心．超级漫画版 邢　雷　著	专业的主题，漫画的形式，只此一本	没想到一本专业的书，能写成这效果
	走出薪酬管理误区 全怀周　著	剖析薪酬管理的 8 大误区，真正发挥好枢纽作用	值得企业深读的实用教案
	集团化人力资源管理实践 李小勇　著	对搭建集团化的企业很有帮助，务实，实用	最大的亮点不是理论，而是结合实际的深入剖析
	我的人力资源咨询笔记 张　伟　著	管理咨询师的视角，思考企业的 HR 管理	通过咨询师的眼睛对比很多企业，有启发
	本土化人力资源管理 8 大思维 周　剑　著	成熟 HR 理论，在本土中小企业实践中的探索和思考	对企业的现实困境有真切体会，有启发
	HRBP 是这样炼成的之“菜鸟起飞” 新　海　著	以小说的形式，具体解析 HRBP 的职责，应该如何操作，如何为业务服务	实践者的经验分享，内容实务具体，形式有趣

续表

企业文化	**华夏基石方法：企业文化落地本土实践** 王祥伍　谭俊峰　著	十年积累、原创方法、一线资料，和盘托出	在文化落地方面真正有洞察，有实操价值的书
	企业文化的逻辑 王祥伍　著	为什么企业之间如此不同，解开绩效背后的文化密码	少有的深刻，有品质，读起来很流畅
	企业文化激活沟通 宋杼宸　安　琪　著	透过新任HR总经理的眼睛，揭示出沟通与企业文化的关系	有实际指导作用的文化落地读本
	在组织中绽放自我：从专业化到职业化 朱仁健　王祥伍　著	个人如何融入组织，组织如何助力个人成长	帮助企业员工快速认同并投入到组织中去，为企业发展贡献力量
生产管理	**高员工流失率下的精益生产** 余伟辉　著	中国的精益生产必须面对和解决高员工流失率问题	确实来源于本土的工厂车间，很务实
	车间人员管理哪些事儿岑立聪　著	车间人员管理中处理各种"疑难杂症"的经验和方法	基层车间管理者最闹心、头疼的事，'打包'解决
	1. **欧博心法：好管理靠修行** 2. **欧博心法：好工厂这样管** 曾　伟　著	他是本土最大的制造业管理咨询机构创始人，他从400多个项目、上万家企业实践中锤炼出的欧博心法	中小制造型企业，一定会有很强的共鸣
	欧博工厂案例1：生产计划管控对话录 **欧博工厂案例2：品质技术改善对话录** **欧博工厂案例3：员工执行力提升对话录** 曾　伟　著	最典型的问题、最详尽的解析，工厂管理9大问题27个经典案例	没想到说得这么细，超出想象，案例很典型，照搬都可以了
	苦中得乐：管理者的第一堂必修课 曾　伟　编著	曾伟与师傅大愿法师的对话，佛学与管理实践的碰撞，管理禅的修行之道	用佛学最高智慧看透管理
	比日本工厂更高效1：管理提升无极限 刘承元　著	指出制造型企业管理的六大积弊；颠覆流行的错误认知；掌握精益管理的精髓	每一个企业都有自己不同的问题，管理没有一剑封喉的秘笈，要从现场、现物、现实出发
	比日本工厂更高效2：超强经营力 刘承元　著	企业要获得持续盈利，就要开源和节流，即实现销售最大化，费用最小化	掌握提升工厂效率的全新方法
	比日本工厂更高效3：精益改善力的成功实践 刘承元　著	工厂全面改善系统有其独特的目的取向特征，着眼于企业经营体质（持续竞争力）的建设与提升	用持续改善力来飞速提升工厂的效率，高效率能够带来意想不到的高效益
员工素质提升	**跟老板"偷师"学创业** 吴江萍　余晓雷　著	边学边干，边观察边成长，你也可以当老板	不同于其他类型的创业书，让你在工作中积累创业经验，一举成功
	销售轨迹：一位快消品营销总监的拼搏之路 秦国伟　著	本书讲述了一个普通销售员打拼成为跨国企业营销总监的真实奋斗历程	激励人心，给广大销售员以力量和鼓舞
	在组织中绽放自我：从专业化到职业化 朱仁健　王祥伍　著	个人如何融入组织，组织如何助力个人成长	帮助企业员工快速认同并投入到组织中去，为企业发展贡献力量
	企业员工弟子规：用心做小事，成就大事业 贾同领　著	从传统文化《弟子规》中学习企业中为人处事的办法，从自身做起	点滴小事，修养自身，从自身的改善得到事业的提升

续表

营销类：把客户需求融入企业各环节，提供“客户认为”有价值的东西			
	书名．作者	内容/特色	读者价值
营销模式	**变局下的营销模式升级** 程绍珊　叶　宁　著	客户驱动模式、技术驱动模式、资源驱动模式	很多行业的营销模式被颠覆，调整的思路有了！
	卖轮子 科克斯【美】	小说版的营销学！营销理念巧妙贯穿其中，贵在既有趣，又有深度	经典、有趣！一个故事读懂营销精髓
	弱势品牌如何做营销 李政权　著	中小企业虽有品牌但没名气，营销照样能做的有声有色	没有丰富的实操经验，写不出这么具体、详实的案例和步骤，很有启发
	老板如何管营销 史贤龙　著	高段位营销 16 招，好学好用	老板能看，营销人也能看
	动销：产品是如何畅销起来的 吴江萍　余晓雷　著	真真切切告诉你，产品究竟怎么才能卖出去	击中痛点，提供方法，你值得拥有
组织和团队	**升级你的营销组织** 程绍珊　吴越舟　著	用“有机性”的营销组织替代“营销能人”，营销团队变成“铁营盘”	营销队伍最难管，程老师不愧是营销第 1 操盘手，步骤方法都很成熟
	用数字解放营销人 黄润霖　著	通过量化帮助营销人员提高工作效率	作者很用心，很好的常备工具书
	成为优秀的快消品区域经理 伯建新　著	37 个“怎么办”分析区域经理的工作关键点	可以作为区域经理的‘速成催化器’
	一位销售经理的工作心得 蒋　军　著	一线营销管理人员想提升业绩却无从下手时，可以看看这本书	一线的真实感悟
	快消品营销：一位销售经理的工作心得 2 蒋　军　著	快消品、食品饮料营销的经验之谈，重点突出	来源于实战的精华总结
	销售轨迹：一位快消品营销总监的拼搏之路 秦国伟　著	本书讲述了一个普通销售员打拼成为跨国企业营销总监的真实奋斗历程	激励人心，给广大销售员以力量和鼓舞
	用营销计划锁定胜局：用数字解放营销人 2 黄润霖　著	全方位教你怎么做好营销计划，好学好用真简单	照搬套用就行，做营销计划再也不头痛
	快消品营销人的第一本书：从入门到精通 刘　雷　伯建新　著	快消行业必读书，从入门到专业	深入细致，易学易懂
营销案例	**解决方案营销实战案例** 刘祖轲　著	用 10 个真案例讲明白什么是工业品的解决方案式营销，实战、实用	有干货、真正操作过的才能写得出来
	招招见销量的营销常识 刘文新　著	如何让每一个营销动作都直指销量	适合中小企业，看了就能用
	我们的营销真案例 联纵智达研究院　著	五芳斋粽子从区域到全国/诺贝尔瓷砖门店销量提升/利豪家具出口转内销/汤臣倍健的营销模式	选择的案例都很有代表性，实在、实操！
	中国营销战实录：令人拍案叫绝的营销真案例 联纵智达　著	51 个案例，42 家企业，38 万字，18 年，累计 2000 余人次参与……	最真实的营销案例，全是一线记录，开阔眼界
	双剑破局：沈坤营销策划案例集 沈　坤　著	双剑公司多年来的精选案例解析集，阐述了项目策划中每一个营销策略的诞生过程，策划角度和方法	一线真实案例，与众不同的策划角度令人拍案叫绝、受益匪浅

续表

产品	**产品炼金术Ⅰ:如何打造畅销产品** 史贤龙　著	满足不同阶段、不同体量、不同行业企业对产品的完整需求	必须具备的思维和方法,避免在产品问题上走弯路
	产品炼金术Ⅱ:如何用产品驱动企业成长 史贤龙　著	做好产品、关注产品的品质,就是企业成功的第一步	必须具备的思维和方法,避免在产品问题上走弯路
	新产品开发管理,就用 IPD 郭富才　著	10 年 IPD 研发管理咨询总结,国内首部 IPD 专业著作	一本书掌握 IPD 管理精髓
品牌	**中小企业如何建品牌** 梁小平　著	中小企业建品牌的入门读本,通俗、易懂	对建品牌有了一个整体框架
	采纳方法:破解本土营销 8 大难题 朱玉童　编著	全面、系统、案例丰富、图文并茂	希望在品牌营销方面有所突破的人,应该看看
	中国品牌营销十三战法 朱玉童　编著	采纳 20 年来的品牌策划方法,同时配有大量的案例	众包方式写作,丰富案例给人启发,极具价值
渠道通路	**快消品营销与渠道管理** 谭长春　著	将快消品标杆企业渠道管理的经验和方法分享出来	可口可乐、华润的一些具体的渠道管理经验,实战
	传统行业如何用网络拿订单 张　进　著	给老板看的第一本网络营销书	适合不懂网络技术的经营决策者看
	采纳方法:化解渠道冲突 朱玉童　编著	系统剖析渠道冲突,21 个渠道冲突案例、情景式讲解,37 篇讲义	系统、全面
	学话术　卖产品 张小虎　著	分析常见的顾客异议,将优秀的话术模块化	让普通导购员也能成为销售精英
	销售:如何与客户高层打交道 贺兵一　著	一套完整有效的销售策略	有工具,有方法,有案例,通俗易懂